GÜNTER BAYER (HRSG.)

Das Buch der HAUS REPARATUREN

GÜNTER BAYER (HRSG.)

Das Buch der HAUS REPARATUREN

Reparieren leicht gemacht durch Profitips

Abdichtungen, Dach, Decke, Fassade, Fenster, Fußböden, Garten, Haustechnik, Möbel, Treppe, Türen, Wand, Werkzeug.

EB

EBERHARD BLOTTNER VERLAG · TAUNUSSTEIN

Alle in diesem Buch enthaltenen Ratschläge sind sorgfältig erwogen und geprüft. Eine Garantie hierfür kann jedoch nicht übernommen werden. Die Haftung von Autoren und Verlag für Personen-, Sach- und Vermögensschäden ist ausgeschlossen.

Die Autoren der Beiträge:
Dietrich Engelhard, Eva Grothe, Peter Himmelhuber, Stefanie Kunz (Kaleidoskop), Heinz-Alfred Losch, Thomas Pochert (TOM-Foto), Wolfgang Schmidt.

Fotos: Quellenangaben auf den einzelnen Seiten im Buch

Das vorliegende Buch ist in Zusammenarbeit mit dem Fachschriften-Verlag, Fellbach, entstanden.

CIP-Titelaufnahme der Deutschen Bibliothek:

Das Buch der Hausreparaturen:
Reparieren leicht gemacht durch Profitips /
hrsg. von Günter Bayer.-

Taunusstein: Blottner, 1995
ISBN 3-89367-049-1

NE: Bayer, Günter [Hrsg.]

ISBN 3-89367-049-1

Bildrechte: Archiv Fachschriften-Verlag GmbH & Co. KG, Fellbach
Gestaltung: Grafik Atelier GmbH, Fellbach
Umschlaggestaltung: Werner Schur, Fellbach
Herstellung: Siegfried Forisch, Fellbach / Eberhard Blottner, Taunusstein
Druck: Druckhaus Darmstadt GmbH, Darmstadt
Printed in Germany

REPARATUR-WEGWEISER

ABDICHTUNGEN

DACH

FASSADE

FENSTER UND TÜREN

FUSSBÖDEN

GARTEN

HAUSTECHNIK

MÖBEL

TREPPEN

WAND UND DECKE

WERKZEUG

Alle Hersteller-Anschriften und Kontaktadressen finden Sie auf Seite 128.

Profitips

Fuge zwischen Arbeitsplatten schließen

Arbeitsplatten in der Küche müssen absolut dicht aneinander stoßen. Sonst dringt Schmutz in die Fuge, Feuchtigkeit läßt das Plattenmaterial aufquellen und die Beschichtung kann sich ablösen.

Am besten wären Arbeitsplatten aus einem Guß. Aber so beliebt auch U- oder L- Küchen sein mögen, Arbeitsplatten gibt es nur als Meterware – und auch die hat eine begrenzte Länge.

Daß sie neuerdings fast nur noch mit abgerundeten Kanten produziert werden, hat den Vorteil, daß damit auch die heikle vordere Klebekante der Plattenbeschichtung entfällt. Andererseits bringt diese Rundung größere Probleme mit sich, wenn man Platten rechtwinkelig stoßen will.

1. So ist der Schaden vorprogrammiert: Stumpfe Kante nicht abgedichtet, und ein großer Spalt aufgrund der Rundung an der Plattenvorderkante.

2. Die beiden Küchenarbeitsplatten auseinanderziehen und die offene Schnittkante der stumpfen Platte mit Silikonmasse bestreichen.

Profitips

Laibungsfuge neu verfüllen

Sind Fenster ausgetauscht worden, kommen meist noch einige Arbeiten hinterher. So müssen zum Beispiel die Fugen zum Mauerwerk hin neu verfüllt und abgedichtet werden.

Dichtigkeit an der Fassade ist das A und O, um Folgeschäden von vornherein auszuschließen. Das gilt besonders dort, wo Fassaden durch andere Bauteile unterbrochen werden, wo verschiedene Materialien zusammentreffen oder wo durch Renovierungseingriffe Fassaden neue Bauelemente erhalten haben. Ein besonders wichtig zu nehmender Bereich ist beispielsweise der Fenster-Mauerwerk-Anschluß. Werden neue Fenster eingebaut oder findet eine Fassadenrenovierung mit Wärmedämmplatten statt, muß die Fuge zwischen dem Fensterblendrahmen und der Mauer beziehungsweise Dämmplatte erneut fachgerecht abgedichtet werden, denn Fugen und Anschlüsse unterliegen einer starken Belastung. Unterschiedliche Baustoffe reagieren mit unterschiedlichen Formveränderungen. Demzufolge muß die Fugenmasse Scherkräfte sowie Zug- und Druckbewegungen auffangen. In keinem Fall darf die Fuge durch kapillares Wasser unter- oder hinterwandert werden.

Fenster-Mauer-Anschlußfugen sind also Dehnungsfugen. Dabei ist eine Dreiflankenhaftung der Fugenmasse zu verhindern. Dies geschieht etwa durch Einlegen einer geschlossenzelligen Rundschnur aus hochelastischem Polyäthylen-Schaumstoff, wie es etwa die Albon Rundschnüre von Remmers sind. Solche Hinterfüllmaterialien gibt es in verschiedenen Durchmessern, so daß für jede

1. Offene Fugen sind rasch zu schließen. Fenster-Mauer-Fugen verfüllt man zunächst mit einer Rundschnur, und zwar so, . . .

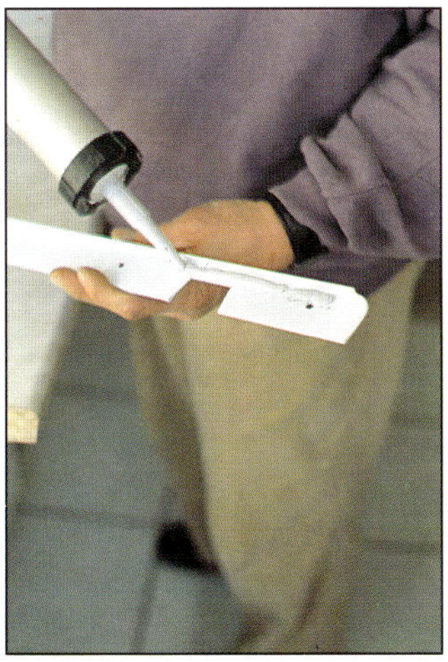

3. **Auch auf das Verbindungsprofil gibt man vorsichtshalber einen Strang Silikonmasse.**

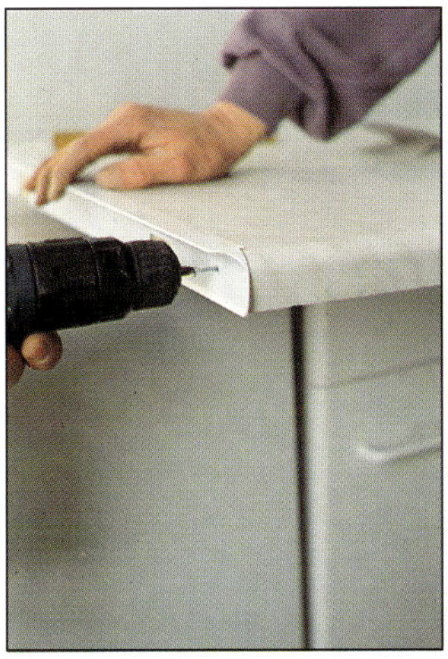

4. Das Verbindungsprofil wird lediglich an der stumpfen Kante angeschraubt.

5. Waagerechte überprüfen, die Platten zusammenschieben, dann die Plattenverbinder (Spannschlösser) auf der Unterseite festziehen.

Werden die Platten auf ganz professionelle Art mit dem richtigen Werkzeug verbunden, sind Stöße (je nach Dessin) kaum wahrzunehmen. Doch diese Technik beherrschen manchmal nicht einmal sogenannte Spezialisten. Die Rundung und der dadurch entstehende Spalt müssen daher meistens überbrückt, die offene Schnittstelle der stumpfen Kante in jedem Fall abgedichtet werden. Es gibt für solche Überbrückungen spezielle Verbindungsprofile. Hersteller Döllken beispielsweise bietet Metallprofile in unterschiedlichen Verrundungen für verschiedene Arbeitsplattentypen an. Problemlöser für 30 sowie 40 Millimeter Plattenstärke sind erhältlich. (60 Zentimeter lang, weiß, silbern oder bronzefarben.)

Auch wo Küchenarbeitsplatten längs gestoßen werden müssen, entstehen gefährliche Feuchtigkeits-Schwachstellen. Die unbeschichteten Schnittstellen dichtet man mit Silikon ab. Dieses einfach direkt aus der Kartusche auf die Schnittkanten geben und mit einem Spachtel oder befeuchteten Fingern verteilen. Dann zieht man die Platten mit Hilfe besonderer Arbeitsplattenverbinder fest zusammen. Oder aber man überbrückt die Stoßstelle mit der T-förmigen, oben abgerundeten Döllken-Dichtungsleiste. Diese überdeckt dann auch gleichzeitig die kleinen Absplitterungen an der Beschichtung, die beim Ablängen der Platten meist entstehen. ■

Werkzeugkasten

Wasserwaage, Schrauber oder Schraubendreher, Pistole für Silikonkartuschen, Spachtel.

Fotos: T. Kocher

Fugenbreite die entsprechende Schnur eingesetzt werden kann. Die Rundschnur wird einfach zwischen Blendrahmen und Laibungsabschluß eingeschoben, und zwar so, daß sie etwa 5 Millimeter zurückspringt. Somit ist für die nachfolgende Dichtungsmasse ein rückwärtiger Abschluß gegeben, tiefe Fugen schlucken nicht Unmengen des Dichtstoffes und das Silikon haftet nur an Mauer und Holz und kann sich so bis zu 25 Prozent ausdehnen (Zweiflankenhaftung!).

Als Dichtungsmasse sollte ein Produkt auf Silikon-Kautschuk-Basis verwendet werden, da hiermit eine hohe Bewegungsaufnahme gegeben ist. Bei glatten oder porösen Untergründen empfiehlt sich eine Vorbehandlung der Fugenflanken mit einem Primer. Anstrichverträgliche Elastikmassen (zum Beispiel Albardin) haben zudem den Vorteil, daß beim Fassaden-oder Fensteranstrich die Farbe auch auf der Fugendichtung haften bleibt. ■

2. . . . daß die Silikonmasse nicht zu dick aufgetragen werden muß. Das Silikon haftet dann an nur zwei Flächen, am Rahmen und am Mauerwerk.

3. Bei unregelmäßigen Fugenflanken, hier zum Beispiel Klinkermauer mit tieferer Verfugung, sollte die Dichtmasse gut mit dem Finger und einem Glättemittel angedrückt werden.

Abdichtung beim Fenstereinbau hinter der Laibung

- Montageschaum
- Hinterfüllmaterial
- Dichtungsmasse

Werkzeugkasten

Staubsauger zum Fugenreinigen, Schere oder Messer, Kartuschenpistole.

Fotos: Remmers

Profitips – Duschtassenrand neu eindichten

Wo Fliesen an Einbauteile stoßen, kann es Anschlußprobleme geben. Mit einem Sanitärprofil lassen sich Silikonfugen ersetzen und man hat einen dauerhaft dichten Wandanschluß.

Ob Badewannen, Waschtische oder wie im dargestellten Fall eine Duschtasse, im Bad geht's an diesen Stellen immer naß zu. Sanitärobjekte werden zwar an die jeweilige Wand „angebunden", sind jedoch nie starr mit ihr verbunden. Das hat Folgen für die Abdichtung des Wandanschlußbereiches. Denn wird eine Wanne befüllt, erwärmt sie sich und dehnt sich dabei aus oder wird eine Duschtasse betreten und belastet, entstehen Randbewegungen. Mit elastischem Silikon können diese zwar aufgefangen werden, Silikon als Material ist jedoch anfällig für Verschmutzung, die Flankenhaftung läßt nach, Ränder lösen sich vom Untergrund. Des weiteren verliert es seine Elastizität. Wer diese Probleme vermeiden will, verzichtet auf Silikon und setzt dafür ein spezielles Sanitär-Randprofil ein.

Allerdings ist eine solche Reparaturmaßnahme nur dann möglich, wenn entweder das gesamte Bad ohnehin neu verfliest werden muß oder die letzte Fliesenreihe um den Wannenrand herum schadhaft ist beziehungsweise sich schadenfrei entfernen läßt. Denn das Randprofil kommt unterhalb der Fliesen zu liegen, wird also im Zuge einer Verfliesung eingebaut. Es schafft dauerhaft funktionssichere, flexible, glatte und pflegeleichte Übergänge.

Die winkelförmige Schiene ist aus pilzbefall-resistentem Hart-/Weich-PVC. Der harte Profilteil ist mit einem gelochten Befestigungsschenkel versehen, der unter den Fliesen im Kleber verankert wird. Am anderen Schenkel befindet sich eine Weichlippe, an die ein Steg aus hartem Material angeformt wurde. Dieser Steg hat eine Selbstklebeschicht, mit dem

1. Silikonfugen an Sanitärobjekten halten nicht immer, was sie versprechen: Ablösungen, Verschmutzungen Fugenbildung können auftreten.

Profitips – Undichte Fliesenflächen abdichten

Wenn's von der Decke tropft, ist oft nicht der Abfluß, sondern die Fliesenfläche undicht.

Konstruktionsfehler oder Baumängel sind die Ursachen, wenn Wasser durch gerissene Fliesen und undichte Fugen dringen kann. Ersatzfliesen sind meistens weder vorhanden noch nachzukaufen und die alten Fliesen viel zu schön, um sie einfach zu überkleben. Um solche Flächen zu restaurieren, muß man zunächst einmal loses Fugenmaterial mit stumpfer Schraubendreher- oder Messerklinge herauskratzen und lockere Fliesen lösen. Sehr vorsichtig und notfalls in Einzelteilen. Das Scherbenpuzzle gleich wieder zusammenlegen. Ist alles lockere Material entfernt, wird der Untergrund

1. Messerklinge und stumpfer Schraubendreher sind geeignete Werkzeuge zum Auskratzen der alten Fugen.

saniert. Fehlstellen mit Schnellzement ausspachteln. Zu waagerechte Flächen mit imprägnierten Gipskartonplatten unterfüttern, damit das Wasser in Zukunft besser abläuft. Eine dünne Schicht Epoxidharzspachtel dichtet den Untergrund ab.

Von den Fliesen alle Fugen- und Klebemörtelreste entfernen. Gebrochene Platten mit Epoxidharz-Kleber wieder zusammensetzen. Dazu erst die Oberfläche mit dem Lappen vorsichtig von der Mitte zu den Rändern hin dünn mit Vaseline einreiben. Es darf keine Vaseline auf die Klebeflächen geraten. Den Zweikomponen-

2. Plattenstreifen zum Niveauausgleich auf Schnellzement verlegen.

tenkleber so dick auf die Klebekanten auftragen, daß er beim Zusammendrücken aus der Fuge quillt. Durch die Vaseline kann der Kleber nicht auf der Fliesenfläche haften. Wenn er fest, aber noch nicht ausgehärtet ist, wird er mit scharfer Stecheisenklinge abgestoßen. Bei langsam abbindenden Typen (24 Stunden) je nach Raumtemperatur etwa nach sechs Stunden. Schnelleres Härten im Backofen ist möglich und vorteilhaft, aber nur dem Erfahrenen im Umgang mit härtbaren Kunsthar-

2. **Untere Fliesenreihen entfernen (oder auch alle Fliesen) und Fliesenkleber neu aufziehen.**

3. Das Randprofil auf Länge absägen, im Eck als Gehrung. Die Selbstklebeschicht freilegen und dann das Profil in das noch frische Kleberbett drücken.

das Profil an dem Sanitärobjekt dicht verklebt werden kann. Beweglich wird das ganze auf Grund der flexiblen, höhenverschiebbaren Verbindung zwischen Steg und Hauptprofil. Die Weichlippe liegt eng am Wannenrand auf, überdeckt die Klebeverbindung und gibt so doppelten Schutz vor Wasser. Wer also auf Nummer Sicher gehen will, tauscht bei einer Renovierung eine alte, unansehnliche und undichte Silikonfuge gegen das Randprofil aus oder baut dieses gleich vorweg mit ein. ■

Werkzeugkasten

Messer oder Schraubendreher, Meißel, Säge, Zahnspachtel.

4. Die Schienen sollten so sitzen, daß die Selbstklebeschichten dicht am Sanitärrand aufliegen.

5. Die Fliesen stehen auf dem Profil auf und werden ins Kleberbett gedrückt. Man sieht nachher nur noch die weichen Dichtlippen auf dem Wannenrand.

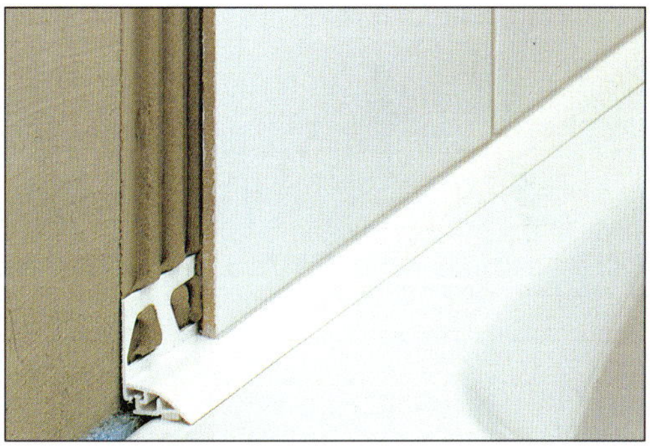

Fotos: Schlüter-Systems

zen zu raten. Anwärmen der Fliesenscherben dagegen auf max. + 50 Grad Celsius (man kann sie gerade noch anfassen) läßt den Kleber in der Fuge besser zerfließen und bewirkt damit fast unsichtbare Fugen. Außerdem erreicht man ein besseres Füllen der abgesplitterten Glasurkanten.

Zum Verkleben ist Epoxidharzfliesenkleber das sicherste Material. Er ist auch in dünner Schicht wasserdicht. Den Kleber am besten auf die Fliesenrückseite auftragen. Der Verlegevorgang läßt sich so leichter beeinflussen. Zum elastischen Ausfugen die Fugenränder mit Klebefilm eingrenzen. Die Fuge mit der Silicon-Kartusche ausspritzen und die Oberfläche mit nassem Finger ebnen. Spülmittel im Wasser erleichtert das Glätten. ■

Werkzeugkasten

Schraubendreher, Messer, Spachtel, Stechbeitel und Silicon-Kartusche

3. Mit dem Stechbeitel die Fliesenkanten säubern. Die Fliesen dazu auf ebener Fläche festhalten, damit es keinen Bruch gibt.

4. Die Scherben auf einer Plastikfolie zusammenkleben.

5. Die Fliesen vollflächig mit Expoxidharzkleber verkleben, so wird's wasserdicht.

6. Die Anschlußfugen müssen mit Silicon dicht und dauerelastisch ausgespritzt werden.

7. Wieder dicht: Nach der Reparatur läßt sich die Dusche wieder problemlos benutzen.

Profitips

Schadhafte Brennkammer sanieren

Öfen, Herde, Kamine oder Kachelöfen sind im Brennkammerbereich häufig mit Schamottesteinen ausgekleidet. Wenn Wandungen rissig sind oder gar Fehlstellen aufweisen, muß etwas getan werden.

Heiß geht es her in einem Brennraum eines Kamins oder eines Ofens. Und damit die Hitze auch gehalten werden kann, sind diese Bereiche entweder aus doppelwandigem Stahl oder Guß oder aber aus Schamottesteinen ausgemauert. Diese speichern die erzeugte Wärme optimal, was der Raumerwärmung zugute kommt. Doch schaut man sich Brennkammern vor allem älterer Kamine und Öfen an, entdeckt man doch eine Menge Schäden. Risse in den Schamotteaufmauerungen, Fehlstücke, locker sitzende Steine oder undichte Fugen zwischen den Steinen. Damit die Wärmespeicherfähigkeit nun bestmöglich ausgenutzt werden kann, aber auch aus sicherheitstechnischen Gründen, empfiehlt sich eine regelmäßige Inspektion der Brennkammer und eine Sanierung bei entsprechenden Schäden. Wir zeigen, wie Sie Schamottewandungen ausbessern können beziehungsweise Fehlstellen mit neuen Schamottesteinen schließen, damit die Wände des Feuerraums wieder lückenlos dicht werden.

Wichtig dabei ist vor allem das richtige Material. Wie gesagt, im Brennraum herrschen hohe Temperaturen. Wenn Sie also hier Risse abdichten, Schamotteelemente neu einsetzen oder flicken wollen oder lose Steine wieder festmör-

1. Dieser Brennraum ist nicht mehr vollständig. Es fehlt die obere Reihe Schamotte.

2. Neue Steine zurechtsägen und trocken einpassen. Fugen mit einrechnen!

Profitips

Klinkerabdeckung abdichten

Nach den ersten Schwundfugen in Klinker- oder Fliesenbelägen können sich schnell ganze Platten lösen. Deshalb sollten Sie den Anfängen wehren und den entstandenen Schaden rechtzeitig ausbessern.

Klinkerabdeckungen auf Lichtschächten oder Mauern und Sohlbänken sollte man unverzüglich sanieren, sobald man Schäden entdeckt und solange das Wetter halbwegs trocken und frostfrei ist. In feine Schwundfugen können Wasser und Samen eindringen. Das Eis bei Frost und später die Wurzeln sprengen zuerst die Mörtelfugen und später auch das Mörtelbett.

Mit dem Wasserstrahl des Hochdruckreinigers sind Grünzeug und Schmutz schnell entfernt. Mit Messer und Bürste dauert es etwas länger, bis man die Ausdehnung des Schadens eingrenzen kann.

In diesem Bereich zunächst nur den Fugenmörtel mit altem Schraubendreher oder Fliesenmeißel Stück für Stück lockern und herausbrechen. Sonst sperren sich die Klinkerplatten und werden beim Herausheben womöglich beschädigt.

Loses oder poröses Material vom Untergrund ebenfalls bis auf festen Grund entfernen. Die Mörtelreste an den Klinkerplatten mit Hammer und Meißel entfernen. Dabei verhindert Holz als Unterlage Beschädigungen und Bruch.

Bei noch festem, glattem und trockenem Untergrund (eventuell mit Heißluft trocknen) genügt es, die Klinkerplatte mit Zweikomponentenkleber oder Epoxidharzspachtel aufzukleben. Sonst den Untergrund mit Fertigmörtel auffüllen und Platten naß in naß einbetten. Das heißt Klinkerplatten naß machen, trockenes Fliesenkleberpulver auf die nasse Mörtelfläche aufstreuen und die Platten auflegen. Oder eine dünne

Können Pflanzen erst einmal Wurzeln treiben, entfaltet die Natur auch schnell ihre ganze Sprengkraft.

1. Um Plattenschäden zu vermeiden, den Mörtel vorsichtig stückweise entfernen.

2. Wenn zwei Fugen frei sind, läßt sich die Platte mit dem Stoßspachtel anheben.

3. Die alte Ausmauerung von Ruß und Ascheresten befreien, die neuen Teile gut annässen

4. Neuteile mit dem Altbestand vermörteln und die Fugen untereinander dicht und glatt füllen.

5. Sind Schamottesteine ausgebrochen, lose Teile und Mörtelreste entfernen bzw. abkratzen.

teln müssen, brauchen Sie einen feuerfesten Mörtel, der 1000 Grad Celsius ohne Schaden standhalten kann. Pyro-Mörtel oder Feuerzement ist ein Fertigprodukt-Trockenmörtel, dem nur noch sauberes Wasser zugegeben werden muß und der dann hydraulisch abbindet. Die Wassermenge richtet sich dann nach der Ausbesserungsmaßnahme. Beim Ausflicken von Schadstellen oder beim Ausfugen muß der Feuermörtel eine etwas steifere Konsistenz haben als beispielsweise zum Vermauern von Schamottesteinen. Im übrigen nur so viel Feuerzement anmachen, wie in einer Stunde verarbeitet werden kann. Wie Sie dann im einzelnen vorgehen, zeigen im Detail die Abbildungen. Nach einer erfolgten Reparatur sollte die Feuerstelle nicht gleich wieder in Betrieb genommen werden. Mindestens 24 Stunden warten. ■

6. Verunreinigungen auf den Flächen und in den Lücken mit nassem Pinsel gut abreiben.

7. Lücken mit Bruchstückchen und Feuerzement "stopfen", dann Innenwand überziehen.

Werkzeugkasten

Spachtel oder kleine Kelle, alter Schraubenzieher, harter Pinsel, Trennschleifer oder Steinsäge.

Fotos: Pyro-Schmitt

3. Mit einem Fliesenhammer, Fliesenmeißel und etwas Gefühl die alten, noch haftenden Mörtelreste völlig entfernen.

4. Zum Auffüllen der Hohlräume entweder Fertigmörtel oder auch gleich Fliesenkleber – je nach Größe der Hohlräume – anmischen.

5. Epoxidharzspachtel füllt die offenen Fugen und überzieht mit einer dünnen Schicht auch die alten Fugen absolut wasserdicht.

6. Überschüssige Spachtelmasse läßt sich mit einem Scotch-Britt Haushaltsschwamm und Wasser leicht wieder abwaschen.

Kleberschlämme (-schlempe) aufbringen. Die läßt sich gleichmäßiger verteilen. Bedenken Sie, daß der im Freien eingesetzte Fliesenmörtel oder -kleber frostbeständig sein muß.

Durch Hin- und Herbewegen die Platte auf das ursprüngliche Niveau bringen. Dabei soll der Mörtel schon zum Teil von unten die Fuge füllen. Mit der Schiene eines Anreißwinkels oder der Wasserwaage kontrollieren, ob die bisherige Klinkerebene eingehalten wird.

Wenn die Ursache nur Pfusch bei der ursprünglichen Verarbeitung war, genügt Fugenmörtel zum Ausfugen. Bei besonders belasteten Flächen besser Epoxidharzspachtel zum Verfugen nehmen. Der ist absolut wasserdicht und darüber hinaus auch elastischer als Mörtel. ■

Werkzeugkasten

Anreißwinkel, Bürste, Fliesenhammer, Fliesenmeißel, Hammer, Messer, Mörtelkelle, Schleifvliesschwamm, Schraubendreher, Stoßspachtel, Wasserwaage.

Text und Fotos: Dietrich Engelhard

Profitips

Balkonboden neu beschichten

Balkone oder Terrassenflächen über Wohnräumen müssen dicht sein. Sind etwa Altbeläge oder Zementestriche undicht, muß nicht von Grund auf saniert werden. Es geht auch mit einer nachträglichen Abdichtungsmaßnahme.

Jeder Hausbesitzer kennt das Problem: Undichte Balkone und Terrassen. Feuchtigkeit dringt in die tieferen Schichten oder in die Unterkonstruktion ein und verursacht dort und an der Unterseite Schäden, die unübersehbar sind. Ursache können Setzrisse in einem Fliesenbelag sein, Abplatzungen durch Frosteinwirkung, undichte Fugen oder auch unfachmännisch aufgebrachte Zementestriche. Damit solche Altbeläge und Untergründe wieder dicht werden, packt man das Problem direkt an der Oberfläche an. Flüssiger Kunststoff heißt das Zauberwort und die Methode nennt sich Balkon- und Terrassenbeschichtung. Dabei geht es im Grunde genommen darum, daß die schadhaften Flächen einen Überzug bekommen, der alle Undichtigkeiten von oben abschließt. So kann ein Fliesenboden bleiben und die Fugen müssen nicht ausgekratzt und mühsam neu verfüllt werden. Daneben hat man jedoch

1. Langweilig grau und undicht war dieser Balkonboden. Er wurde abgedichtet und dekorativ beschichtet. Auch rissige Fliesenbeläge lassen sich mit einem Überzug wieder dicht bekommen.

Profitips

Regenfallrohr eindichten

Wo Regenfallrohre durch einen Balkonboden führen, ist immer eine kritische Stelle. Damit keine Feuchtigkeit eintritt, muß gut abgedichtet werden. Hier eine Methode mit einer Gummimanschette.

Nicht selten kommt es vor, daß horizontale Flächen von Regenfallrohren durchstoßen werden. So zum Beispiel bei Flachdachgaragen, wo der Regenablauf durch die Decke ins Innere geführt wird oder an Balkonen, wo ein Fallrohr vom darüberliegenden Dach herunterläuft, die Bodenplatte durchdringt, um dann in's Kanalrohr zu münden. An diesen Durchgängen kann es deshalb zu Undichtigkeiten kommen, Feuchtigkeit dringt ein und verursacht Schäden sowohl an der Bodenplatte als auch an der Balkonunterseite. Risse, abblätternde Anstriche und Flecken sind deutliche Zeichen.

Am Beispiel eines Balkons mit auskragenden Balken und einem lose verlegtem Belag zeigen wir, wie ein Kupferfallrohr eingedichtet werden kann. Das Ganze geschieht im Rahmen der Flächenabdichtung, die mit einer Gummiplane erfolgt. Damit das Fallrohr später gegebenenfalls auch wieder einmal augetauscht werden kann (Beschädigung, Alterung), darf es nicht fest eingebaut sein. Deshalb wird zuerst ein Kupferstutzen angefertigt und über das durchlaufende Fallrohr gestülpt. Es ergibt sich somit eine Rohr-in-Rohr-Konstellation. Der Stutzen wird auf der Balkonplatte befestigt und anschließend mit einer Flüssigdichtmasse überstrichen. Dabei vor allem die Randbereiche gut behandeln.

Nun kann die Abdichtungsbahn verlegt werden. Beim Freischneiden des Stutzens beziehungsweise bei dessen Umlegung mit der Plane ist wichtig, daß er eher zu stramm durch den Kreisausschnitt paßt als zu locker. Die

1. Der Sonderfall: Das Regenrohr muß auf seinem Weg nach unten durch eine Balkonplatte hindurchlaufen.

2. Fußplatte des Stutzens auf dem Boden befestigen und die Ränder mit Dichtfolie streichen.

2. Mit einer flauschigen Fellrolle zunächst den farbigen Grundanstrich auftragen.

3. Solange dieser noch frisch ist, Farbchips einstreuen. Sie haften gleich an. Trocknen lassen.

4. Der durchsichtige Überzug umschließt die Plättchen und sorgt für eine glatte Fläche.

mit diesem Verfahren auch die Möglichkeit, einer Fläche eine völlig neue Optik zu verleihen. So können etwa unattraktive Fliesen- oder Plattenbeläge aufgepeppt werden, indem eine Neubeschichtung mit Farbchips vorgenommen wird, oder eine graue Estrichfläche erhält einen Überzug mit bunten Quarz-Einstreuungen, die sogar für mehr Rutschsicherheit sorgen. Deswegen läßt sich dieses Verfahren auch auf Treppen anwenden. Anhand der Abbildungen können Sie die Vorgehensweise verfolgen. Wir zeigen hier die wichtigsten Arbeitsschritte bei der Beschichtung eines Zementestrichs mit Flüssigkunststoff und Chipseinlage. Das Produktsystem Coetrans (Hersteller: Coelan) besteht aus einer Grundfarbe, der Farbchipsmischung und der transparenten, UV-beständigen Endbeschichtung. Der „Neubelag" trägt nicht dick auf und bringt somit keine Aufbauprobleme.

5. So sieht der sanierte Balkon heute aus. Er wirkt frisch und einladend und Wasser kann keinen Schaden mehr anrichten.

Nach gründlicher Reinigung und Trocknung des Untergrundes wird eine der drei Grundfarben (grau, beige, grün) aufgegossen und verteilt. Bei Fliesenbelägen sorgt ein zusätzlicher Primer für noch bessere Haftung. In die nasse Schicht werden dann sofort die Kunststoffplättchen gleichmäßig übergestreut. Nicht zu dicht und nicht zu dick! Erst wenn dieser Auftrag getrocknet ist, erfolgt der Schutzüberzug. Die transparente Kunststoffmasse wird ausgegossen und mit der Rolle auf der ganzen Fläche verteilt. ■

Werkzeugkasten

Reinigungswerkzeuge (Bürste, Schrubber, Sauger etc.), 2 Mohairrollen, Gummihandschuhe.

Fotos: Coelan

3. Die Abdichtplane auslegen und für den Stutzen einen Kreis so herausschneiden, daß er …

4. … eng über die Hülse gezogen werden kann. Unten kann dann ein kleiner „Stehbund" bleiben.

5. Den Stutzen mit einem selbstklebenden Gummistreifen ummanteln. Manschette anrollen.

6. Am Übergang zwischen Manschette und Plane sorgt eine Silikonspur für eine dichte Nahtstelle.

7. Den über dem Belag liegenden Manschettenteil mit entsprechend hohen Rosetten abdecken.

Plane sollte den Stutzen eng umschließen und nachher ganz auf den Boden gezogen werden. Nun wird der Stutzen noch mit einer Gummimanschette versehen. Sie soll ebenfalls eng anliegen, damit sich von vornherein zwischen Stutzen und Gummi keine Feuchtigkeit einschleichen kann. Mit ihrer Klebeschicht hält die Manschette auch auf Kupfer sehr gut.

Ein Bereich, der jetzt noch undicht sein kann, ist die Fuge zwischen Plane und Manschette. Hier wird mit Anschlußpaste eine feuchtigkeitsabsperrende Naht gezogen. Damit ist der Stutzen eingedichtet, das Fallrohr kann wieder eingesteckt werden. Wenn der Belag liegt, sieht man, wie weit die Gummimanschette über diesen herausragt. Wegen des Schutzes vor UV-Strahlen, aber auch aus optischen Gründen, soll die Manschette oberhalb des Belags abgedeckt werden, am besten mit einer kupfernen Rosette. ■

Werkzeugkasten

Hammer oder Schraubendreher, Pinsel, Schere, Metallroller, Kartuschenpistole, Blechschere

Abdichtung: Saargummi, Fotos: WS

Profitips — Durchfeuchtete Mauer trockenlegen

Aufgestiegene Feuchtigkeit führt an Wänden zu Putzablösung oder Frostabsprengung. Eine nachträgliche horizontale Kapillarwassersperre macht Mauern trocken.

Wo heute Dachpappe, nicht wasserleitende Baustoffe oder Bleche ein Aufsteigen der Erdfeuchtigkeit verhindern, müssen bei Altbauten meist nachträglich Sperrschichten eingebaut werden, denn nahezu jeder Baustoff leitet die Feuchtigkeit in seinen Poren und Mörtelfugen in die Höhe. Putz- und Mauerschäden sind die Folge. Auch werden Salze mittransportiert. Diese kristallisieren bei der Verdunstung des Wassers, Ausblühungen entstehen.

1. Die feuchte Wand weist sichtbare Schäden auf: Putz und Anstrich bröckeln großflächig ab.

Profitips — Nasses Mauerwerk abdichten

An Gebäuden, die einem starkem Wasserdruck ausgesetzt sind, können Wände total durchnäßt sein. Im Extremfall kann auch Wasser fließen.

Sanierung ist selbst im letztgenannten Fall möglich. Die Abdichtung wird mit Hilfe eines speziellen Systems (Wastop von Collares) sogar ausschließlich durch Arbeiten an der Innenseite der Kellerwand erzielt. Während bei lediglich feuchten Wänden das Aufbringen von sogenannter Schlämme und Paste genügt, gliedert sich die Abdichtung und Absperrung von Fließwasser in mehrere Arbeitsgänge.

Ist die schadhafte Wand verputzt, muß zunächst im Umkreis von fünfzig Zentimeter um die Schadensstelle herum der Putz entfernt werden. Sind Mauerwerksfugen gänzlich ausgefüllt, die Fugen ein bis zwei Zentimeter tief freilegen. Je besser und tiefer alter Mörtel und Putz entfernt werden, umso besser kann das Sanierungsmittel wirken.

Geben Sie nun etwa einen viertel Liter Wastop in ein kleines Gefäß und halten Sie gleichzeitig eine Handvoll Zement bereit. Dann tragen Sie mit einem breiten Pinsel die Flüssigkeit pur auf die Wasserdurchbruchsstelle (Risse) auf. Dort wird anschließend sofort der Zement aufgedrückt und mit der flachen Hand (Schutzhandschuh!) verrieben. Bei starkem Wasserlauf muß der Zement etwa eine Minute lang fest angedrückt werden. Diese Tätigkeit wiederholt man so oft, bis kein Wasser mehr aus der Wand quillt. Anschließend wird eine Schlämme angerührt, die aus zehn Liter Wasser, 2,5 Kilogramm Zement und 0,5 Liter Wastop besteht (reicht für etwa 10 Quadratmeter). Die Schlämme mit einem Quast dünn auftragen und in die Fugen drücken. In unserem Fall war die gesamte Wand feucht und daher insgesamt sanierungsbedürftig. Die erste Schlämmeschicht muß auf einen ausreichend nassen Untergrund aufge-

1. Fließendes Wasser im Haus ist nicht immer ein Zeichen von Komfort. Wenn es aus der Wand rinnt, muß es gestoppt werden. Wastop mit dem Pinsel unverdünnt auf die Stelle auftragen,...

Eine dauerhafte Schadensbekämpfung und Mauertrokkenlegung kann erst erfolgen, wenn die Feuchtigkeitszufuhr gestoppt wird. Hierzu bietet sich das Injektionsharzverfahren mit Hydral HS an. Dabei werden von außen Bohrungen im Abstand von 8 bis 15 Millimeter über Bodenniveau angebracht. Wenn von innen her gebohrt werden soll, setzt man so tief wie möglich an, also etwa oberhalb des Kellerbodens. Je nach Saugfähigkeit der Wand liegt der Bohrdurchmesser zwischen 15 und 25 Millimeter. Um die entsprechenden Bohrungen auch richtig ausführen zu können, ist es ratsam, vor der Ausführung der Sanierungsmaßnahme eine unverbindliche Schadensanalyse mit Feuchtigkeitsmessung am Objekt vornehmen zu lassen. Es gibt Mauertrockenlegungsbetriebe, die Selbermachern mit Rat und Tat zur Seite stehen. (In unserem Fall ist dies die Firma Bischoff in Baiersbronn.) Die Bohrtiefe

2. Je nach Wandstärke und Mauermaterial werden in gleichmäßigen Abständen Bohrungen erstellt. Zirka 10 cm über dem Boden schräg nach unten ansetzen.

3. In die gereinigten Löcher Dosierkartuschen einstecken und ganz auslaufen lassen.

4. Dann Löcher mit einem fetten Zementmörtel verschließen. Nach 6 Monaten verputzen.

sollte auf jeden Fall bei 95 Prozent der Wandstärke liegen, in einem schrägen Winkel von 30 bis 45 Grad nach unten. In die gereinigten Bohrlöcher werden die Dosierkartuschen eingesteckt. Die hohe Kriechfähigkeit des Mittels ermöglicht eine gleichmäßige Durchtränkung der Mauer, ein spezielles Injektagesystem verhindert ein Überlaufen.

Das so eingebrachte Mittel bildet nach Reaktion mit der vorhandenen Feuchtigkeit eine absolut wasserundurchlässige Sperrschicht. Jetzt kann die Trocknung erst beginnen. Die Löcher werden noch mit einem fetten Zementmörtel (1 Teil Sand, 3 Teile Zement) verschlossen. Der schadhafte Putz sollte allerdings erst nach 4 bis 6 Monaten ausgebessert werden. ■

Werkzeugkasten

Hammer, Meißel, Bohrhammer mit Spiralbohrer, Hilfslatte, Staubsauger, Maurerkelle.

Fotos: Bischoff

2. ...um sofort Zement aufreiben zu können. Vorgänge wiederholen, bis kein Wasser mehr austritt.

3. Jetzt die Schlämme in einem Eimer anmachen und mit einem Quast zweimal dünn auftragen.

4. Die Paste hingegen wird per Traufel von unten nach oben etwa 10 mm stark aufgezogen.

5. Schicht antrocknen lassen. Dann Haftbrücke aus Zement und kalkfreiem Sand anwerfen.

6. Den mit Wastop angereicherten Endputz auftragen und mit einem Reibebrett glattziehen.

tragen werden, die zweite hingegen wird auf die angetrocknete erste Schicht aufgebracht, also frühestens nach zwei Stunden. Dann mit einem Spachtel eine sogenannte Paste von unten nach oben auftragen. Da die Paste schnell anzieht, immer nur eine „Zweistundenmenge" anrühren (Mischverhältnis: 5 Liter Wasser, 10 bis 12 Kilogramm Zement, 1 Liter Wastop. Dies reicht für ein bis drei Quadratmeter bei einer Schichtstärke von 10 Millimeter). Mit der Paste können gleichzeitig Wandunebenheiten ausgeglichen werden. Nach dem Antrocknen folgt ein Spritzbewurf aus Zement und kalkfreiem Sand (1:5), der als Haftbrücke für den Abschlußputz dient. Dieser besteht dann aus Wasser sowie einem Teil Zement und vier Teilen kalkfreiem Sand zusätzlich einer Beigabe von einem Liter Wastop pro hundert Liter Putz. ■

Werkzeugkasten

Eimer, Mischkübel, Quast, Pinsel, Traufel, Kelle, Reibbrett, Schutzhandschuhe, eventuell Hammer, Meißel, Drahtbürste.

Fotos: Wastop/Collares

Profitips

Alu-Dampfsperre abdichten

Löcher und Lücken in einer Dampfsperre dürfen nicht sein. An einer Folie zeigen wir, wie Schäden sich ausbessern lassen und wie Stöße und Überlappungen abgedichtet werden.

Beliebt beim Dachausbau sind Dämmatten, die bereits mit einer Alufolie versehen sind beziehungsweise eine Alubedampfung als Sperrschicht aufweisen. Man hat also beim Einbringen zwischen die Sparren gleich in einem für Dämmung und Dichtigkeit gesorgt. Doch solche Dämmsysteme mit Multifunktion haben auch so ihre Probleme. Die Luft- und Dampfdichtigkeit der Aluminiumhaut ist insofern anfällig, als sie leicht beschädigt wird. Beim Transport vom Baumarkt zur Baustelle, zu Hause beim Ausrollen und Zuschneiden, beim Dachdämmen selbst oder später beim Verkleiden der Dachschräge. Aber auch beim nachträglichen Aufbringen von Alufolien von der Rolle ist ohne Sorgfalt schnell ein Schaden da.

Dampfsperren sollen verhindern, daß der Wasserdampf der Raumluft in die Wärmedämmung, ins Gebälk oder unter die Dachhaut dringt. Durch offene Fugen und undichte Stellen (Knicke, Wandanschlüsse, Überlappungen, Stöße) oder an sichtbaren Beschädigungen (Löcher, Risse, Ablösungen der Alu-Bedampfung) tritt Feuchtigkeit dampfförmig vom Innenraum her in die Dach-beziehungsweise Dämmkonstruktion ein. Bei niedrigen Außentemperaturen, aber auch während eines kühlen Regentages im Sommer kommt es dann zu einer Tauwasserbildung und dadurch zu einer Durchfeuchtung der Konstruktion.

Solche Luftlecks müssen unbedingt vermieden werden. Und da Alufolien besonders gefährdet sind, kommt man um Reparaturmaßnahmen an Schadstellen und Vorkehrungsmaßnahmen beim Dachdämmen nicht herum.

1. Glück im Unglück: Diesen Schaden sieht man wenigstens und kann ihn beheben. Feine Risse jedoch (etwa an Knickstellen) sind ebenfalls Luftlecks, durch die Feuchtigkeit austreten kann.

Profitips

Folienanschluß dicht ausbilden

Beim Dämmen einer Dachschräge werden meist Folien über die Dämmschicht gezogen. Leider wird dabei oft der Anschluß zu den Dachfenstern oder Giebelwänden falsch ausgeführt.

Folien aus Polyäthylen oder Aluminium werden als sogenannte Dampfsperren auf der Dämmstoffschicht verlegt, damit weder Luft noch Feuchtigkeit in die Dämm- und Dachkonstruktion eindringen kann. Mit der Flächenabdichtung der Dämmstoffe meinen dann viele, genügend getan zu haben. Doch das ist ein Trugschluß. Denn dampf- und luftdicht wird eine Folienhaut erst dann, wenn auch Fugen und Schadstellen sorgfältig abgedichtet (vergleiche obenstehenden Tip) und alle Anschlüsse fachmännisch ausgeführt worden sind. Wir zeigen hier als Negativbeispiel eine unsachgemäß durchgeführte Dampfsperren-Verlegung (hier rechts) und im folgenden die richtige Vorgehensweise beim luftdichten Anschluß an eine Giebelwand.

Überall wo eine Dachschräge durchbrochen wird (Dachflächenfenster, Schornstein, Zwischenwand) oder endet (Giebelwand), wird auch die Folienabdichtung unterbrochen beziehungsweise ergeben sich Randbereiche, die bei falscher Ausführung Bauschäden nach sich ziehen können. Folien dürfen hier nicht irgendwie enden. Sie müssen bis an alle Bauteile herangeführt, ihre Ränder besonders abgedichtet werden. An Giebelwandanschlüssen verlegt man dann zunächst direkt in der Ecke zwischen Schräge und Wand ein Komprimierband. Anschließend führt man die Folie von der Schräge her mit etwas Überstand über die Giebelwand. Damit nun der Anschluß dicht wird, tackert man die Folie nicht einfach an, sondern legt in der Kehle eine Dachlatte als Druckleiste an und verschraubt sie mit dem Sparren.

1. Bauschaden vorprogrammiert: Bei diesen Fensteranschlüssen liegen Dämmung und Balken frei. Die Folien sind falsch verlegt, da sie nicht zum Fenster reichen. Die mit Feuchtigkeit angereicherte Raumluft kann ungehindert Dämmstoff oder Holz erreichen.

2. Mit selbstklebender Folie (z.B. Alufix von Wanit) Rißbereich großzügig überlappend abdecken. Faltenbildung möglichst vermeiden und Reparaturstück gut andrücken.

3. Stöße von angetackerten Randleistenmatten, auch wenn diese sich berühren und auf den ersten Blick Dichtigkeit vermitteln, mit Klebefolie dampf- und luftdicht verschließen.

Offensichtliche Schäden deckt man beispielsweise mit selbstklebenden Alufolien ab. Hierbei darauf achten, daß die Risse auch nicht zu knapp überklebt werden und daß die Klebfolie vollflächig und randdicht aufliegt. Andere Schwachpunkte, wie zum Beispiel Stöße von Randleistenmatten, die punktuell angetackert wurden oder Überlappungsbereiche von später aufgebrachten, querverlaufenden Alufolienbahnen, lassen sich mit entsprechenden Klebefolienstreifen abdichten. Wer meint hierauf verzichten zu können, hat langfristig Bauschäden vorprogrammiert.

Das gilt auch für die Bereiche zwischen Dachschräge und Giebelwand, bei Schornsteindurchgängen, an Dachfenstern oder bei eingezogenen Firstdecken. Unsachgemäß ausgeführte Anschlüsse müssen schnellstens korrigiert werden. Besser ist allerdings, es gleich richtig zu machen. Wie dann vorgegangen wird, soll allerdings auf einer anderen Reparaturkarte noch genau beschrieben werden. ■

Werkzeugkasten

Schere, eventuell Tapezierbürste zum Glattstreichen.

Fotos: Wanit Universal

2. Einen luftdichten Giebelwandanschluß erhält man, wenn zunächst ein Komprimierband in die Kehle geklebt wird. Die Folie (z.B. die Dachsperre Super von Wanit) wird dann darübergezogen ...

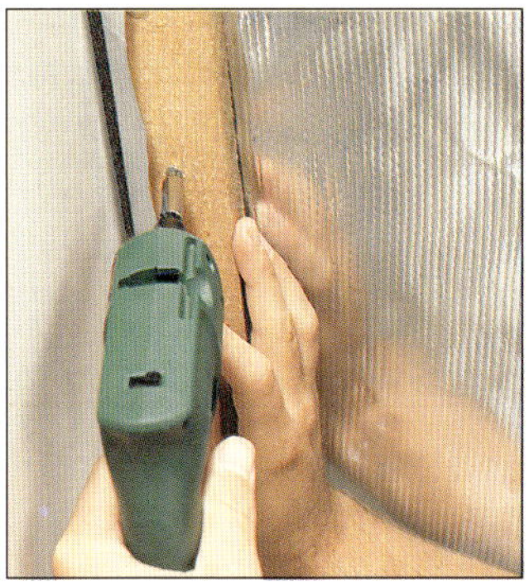

3. ... und mit einer Dachlatte gut gegen die Giebelwand gedrückt. Gleichzeitig Latte anschrauben.

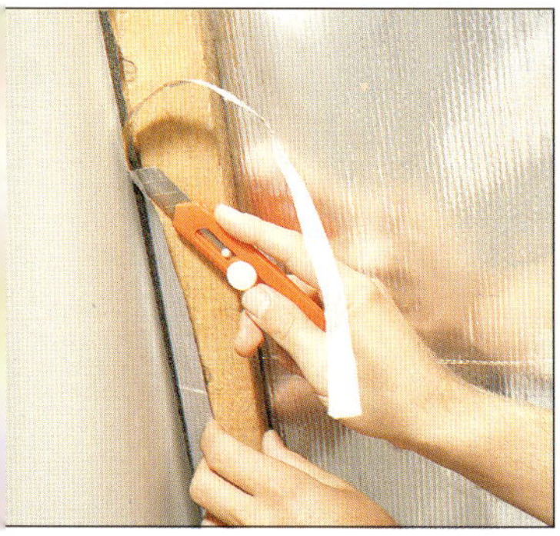

4. Mit einem Messer den Folienüberstand an der Latte entlang abnehmen, bevor dann...

5. ...auf der weitergeführten Lattunterkonstruktion Profilbretter aufgebracht werden.

6. Bei Bauplatten Fugenband auf die Kanten kleben, dann die Platte gegen die Wand pressen.

Als etwas weniger aufwendig ist die Lösung mit Span-, Gipskarton- oder Gipsfaserplatten anzusehen. Hierbei wird erst die Dampfsperrenfolie verlegt und ihr Rand etwa fünf Zentimeter in die Ebene der Giebelwand gezogen. Die später an die Giebelwand angrenzenden Bauplatten werden vor ihrer Montage an der Dachschräge an der betreffenden Stirnseite mit dem Spezialdichtband ausgestattet. Beim Anbringen dieser Platten ist dann darauf zu achten, daß sie mit Druck gegen die Giebelwand gepreßt werden. Das Komprimierband sorgt so für eine dauerhafte Dichtigkeit zwischen Platte, Folie und Wand.

Bei Dachflächenfenstern, Kaminen oder Pfetten verfährt man übrigens ebenso, denn der Grundsatz lautet: Dämmung und Dachsparren dürfen nirgends freiliegen, Anschlüsse dürfen keine Fugen aufweisen, durch die dann Raumluft und -feuchtigkeit wandern kann. ■

Werkzeugkasten

Schere, Messer, Elektro- oder Handtacker, Säge, Schrauber.

Fotos: Wanit-Universal

Profitips

Lose Firsthaube sicher befestigen

Dachschaden im wahrsten Sinne des Wortes: Ein umstürzender Baum hat ein paar Firsthauben zertrümmert und gelöst. Jetzt hilft richtiges Material und sicheres Vermörteln.

Wenn Stürme toben, Bäume stürzen oder einem mal was auf's Dach gefallen ist, sind nicht selten die exponiertesten Bereiche eines Daches gefährdet. Und das sind eben die Firsthauben. Aber auch von früher her schon schlecht vermörtelte Dachhauben, ein falsch angemischter Mörtel (etwa zuviel Sandanteil), Temperaturschwankungen oder Bewegungen aus der Dachhaut selbst können Ursache sein für das Ablösen von Eindeckungselementen. Wenn ein Schaden vorhanden ist, aber auch Firsthauben nur lose sind, ist umgehend für Abhilfe zu sorgen beziehungsweise rasch vorbeugend einzugreifen.

Bevor wir sagen, wie Sie bei einer Reparatur vorgehen sollten, zuerst noch ein Wort in Ihrem eigenen Interesse: Es ist nicht jedermanns Sache, auf's Dach zu steigen. Überlassen Sie die Arbeit einem Fachmann mit entsprechender Ausrüstung, wenn Sie meinen, sich auf einem Dach nicht sicher genug zu fühlen!

Nun zur Arbeitsweise selbst. Alle losen Hauben abnehmen und von alten Mörtelresten befreien. Auch die Firstabschlußziegel sollten gesäubert werden. Zur Neuvermörtelung setzt man dann ein spezielles Reparaturprodukt ein: einen Dachdeckermörtel, zum Beispiel der K 09 F von Quickmix. Dieser ist mit Fasern angereichert, die während des Verarbeitens dem Mörtel eine bessere Standfähigkeit ermöglichen und nach Aushärtung die Zugfestigkeit erhöhen. Der Mörtel hat auch ein hohes Haftvermögen, läßt die Ziegel das Wasser nicht wegsaugen und läßt sich gut und formstabil verstreichen. Da er zudem rasch aushärtet, wird

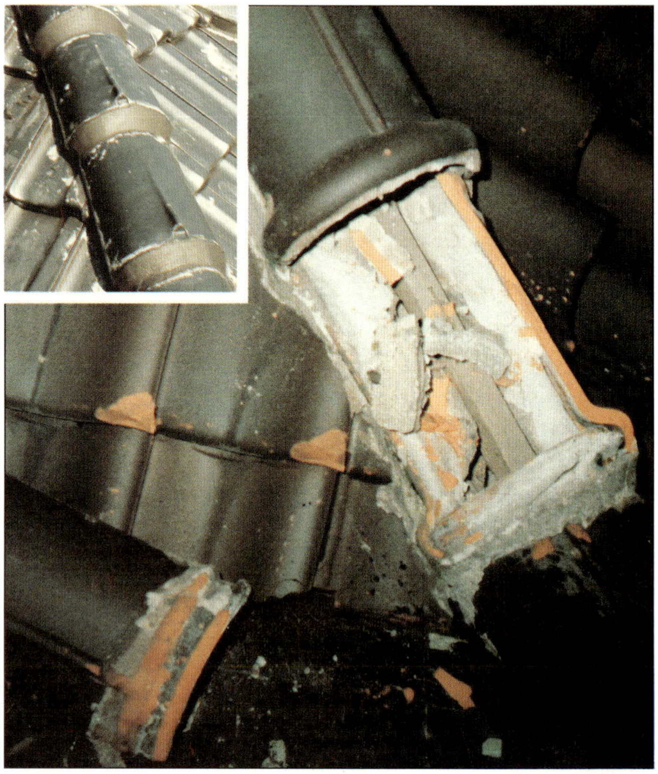

1. Scherbenhaufen, lose Firsthauben und undichte Fugen: Solche Schäden sind schnellstens zu beheben. Wenn alle beschädigten Teile ersetzt und die Altmörtelbatzen entfernt sind, wird neu vermörtelt. Der Firstabschluß ist regensicher und ansehnlich ausgebildet.

Profitips

Vermooste Dächer reinigen und schützen

An Dachziegeln setzt sich vor allem dort Moos fest, wo sich Feuchtigkeit lange hält. Und das ist im Falzbereich. Damit man auf Dauer ein sauberes Dach erhält, bietet sich folgende Methode an.

Dacheindeckungen aus Ton, Beton oder Kunstschiefer halten als der Witterung ausgesetzte Bauteile Umwelteinflüssen auch nicht mehr auf Dauer stand. Beide Materialien sind Untergründe, die saugende Eigenschaft haben. Die porige Oberfläche nimmt die mit dem Regen eingebrachten Feinstanteile an Schmutz auf und hält sie fest. Mit der Zeit bildet sich ein ausreichender Nährboden für das Mooswachstum. Besonders an sonnenunbeschienenen Norddächern, an beschatteten Kehlen oder an Dächern in der Nähe von dichterem Baumbestand treten solche Vermoosungserscheinungen auf. Dabei ist zunächst weniger die Pfannenfläche betroffen, als vielmehr der Falzbereich. Hier können sich sogar dicke Moospolster bilden, die ihrerseits wieder die Feuchtigkeit wie ein Schwamm halten und Ausblühungen verursachen, dann nämlich, wenn das heraussickernde und ablaufende Wasser verdunstet und die enthaltenen Salze auf den Ziegeln auskristallisieren.

Wer auf Dauer solche Auswirkungen vermeiden möchte, muß die Oberfläche der Eindeckung behandeln. Dazu gibt es spezielle Dachanstriche. Wichtig ist dabei, daß nach einer erfolgten Dachreinigung und -behandlung das Eindeckungsmaterial wasserdampfdurchlässig bleibt, also nicht „dicht" gemacht wird. Das leisten die entsprechenden Mittel. Die in unserem Fall eingesetzte „Dach-Farbe" von Südwest Lacke ist zudem zähelastisch, so daß auch die Temperaturschwankungen problemlos mitgemacht werden können. Sie weist den Schmutz so ab, daß er sich nicht mehr im Poren-

1. Algen, Moos, Dreck und Ausblühungen machen Dächer nicht nur unschön, sondern beeinträchtigen auch die Schutzfunktion.

2. Die erste Firsthaube innen an den Rändern gut mit Dachdeckermörtel bestreichen.

3. Ebenso die Kontaktflächen zu den Ziegeln. Am Außeneck noch eine Scherbe einlegen.

4. Haube aufdrücken, ausrichten und überschüssigen Mörtel mit der Kelle glatt abziehen.

5. Die nächsten Elemente verlegt man gleichermaßen. An der Überlappung Wulst aufbringen.

die Bildung häßlicher Kalkfahnen vermieden, zum Beispiel bei einem plötzlichen Witterungsumschwung.

Ist der Mörtel angemacht, beginnt man an der äußersten Firsthaube. Man bestreicht deren Innenkanten satt mit dem Mörtel, ebenso die oberen Kantenbereiche der firstabschließenden Dachpfannen. Ganz außen legt man noch eine Ziegelscherbe auf und gibt Mörtel reichlich dazu, damit an der Ortgangspitze die Haube auch sicher verklebt wird. Haube gut andrücken, herausquillenden Überschuß abnehmen und glätten.

Um die nächsten Hauben sicher mit den vorhergehenden Hauben zu verbinden, sollte dann auch jeweils auf das bereits verlegte Element ein dickerer Mörtelwulst aufgetragen werden. Somit werden auch die Elementstöße dicht. Optisch perfekt sieht die ganze Sache schließlich aus, wenn die Mörtelfugen schön glattgestrichen worden sind. ■

Werkzeugkasten

Maurerhammer, Drahtbürste, Kelle, evtl. Gummihammer.

Fotos: Quickmix

2. Verschmutzte, verwitterte Dächer werden im Hochdruckverfahren gereinigt, dann …

3. … im noch nassen Zustand mit Dachfarbe zweimal beschichtet. Diese Arbeiten nicht bei drohendem Regen, Nebel oder Frost angehen.

4. So sehen sanierte Dachziegel aus. Die elastische Beschichtung glänzt seidenmatt auf und sorgt so für ein natürliches Erscheinungsbild.

gefüge von Ziegel oder Pfanne festsetzen kann. Und damit ist Moosbildung fast unmöglich.

Nach der manuellen Grobreinigung und Entfernung von Moospolstern, Flechten und Schmutzansammlungen wird die Dachfläche per Hochdruckreiniger oder Dampfstrahlgerät porentief gereinigt, wobei immer in Wasserablaufrichtung gearbeitet werden soll. Bei algenbefallenen Flächen kann man noch ein Reinigungsmittel (Südwest Imposal M 34) zugeben. Anschließend erfolgt die Schutzbeschichtung mit Dach-Farbe.

Diese ist auf Reinacrylatbasis aufgebaut und in unterschiedlichen Farbtönen erhältlich. Sie kann aufgestrichen, aufgerollt oder im Airless-Spritzverfahren aufgebracht werden. Sind die Tondachziegel oder Betonpfannen noch feucht, kann die Dach-Farbe sofort zweimal unverdünnt aufgetragen werden. Ansonsten muß erst noch vorgenässt werden. Die Dacheindeckung ist dann bereits nach zwei Stunden überarbeitbar, nach zirka vier Stunden regenbelastbar.

Da man Arbeiten auf dem Dach nicht immer selbst ausführen möchte und auch nicht immer die entsprechenden Geräte zur Verfügung stehen, sei noch darauf hingewiesen, daß es auch Fachbetriebe gibt, die solche Dachbeschichtungen beziehungsweise Dachimprägnierungen durchführen. ■

Werkzeugkasten

Spachtel (Grobreinigung), Hochdruck- oder Dampfstrahlgerät, Pinsel, Rolle oder Spritzgerät (Düsenweite: 0,53 - 0,79 mm).

Fotos: Südwest Lacke, Bautenschutz Wiedemeier

Profitips

Faserzementplatten kleben

Bei kritischen Stellen auf dem Dach kann es leicht zum Bruch kommen.

Unachtsamkeit in der Bauphase, aber auch versteckte Materialfehler zeigen sich oft erst nach vielen Jahren. Eines Tages geben die Platten den normalen Spannungen und Bewegungen nach. Gut, wenn man solche Schäden bei regelmäßiger Inspektion erkennt. Auch Sturmschäden lassen sich so vermeiden.

In Spannungsrisse kann Regen eindringen. Reparaturband aus Aluminiumfolie, dick mit Dichtmasse beschichtet, verschließt Risse in Platten, die sonst noch stabil genug sind. Befestigungen zuvor entfernen und anschließend durch neue ersetzen. Die Ecken vom Reparaturband rund beschneiden, um Angriffsflächen zu verkleinern.

1. Befestigungspunkte sind oft Schwachstellen und bedürfen der Beobachtung. Reparaturband aus Aluminium dichtet Schäden ab und läßt sich anschließend im passenden Farbton überstreichen.

Profitips

Antennenmastdurchführung abdichten

Der Antennenmast schwankt häufig im Wind. Nur eine hochelastische Abdichtung verhindert eindringenden Regen.

Hauptursache für Schäden unter der Dacheindeckung ist ständig vorhandene Nässe. Die Abdichtung um den Antennenmast ist eine besonders heikle Stelle, weil sie neben der Witterung auch noch die Bewegungen vom Mast aushalten muß. Herkömmliche Dichtungsmasse reicht hier nicht aus. Mit besonders elastischem Dichtungsband läßt sich jedoch eine zuverlässige Abdichtung erreichen. Diese wird zusätzlich mit einem Faltenbalg aus PVC-Dachfolie geschützt.

Bei Arbeiten auf dem Dach zuerst an die Sicherheit denken. Auf Sicherungsgurt, gesicherte Leiter und Werkzeugablage darf man nicht verzichten. Versprödete Dichtungsmasse und loses Material entfernen und für saubere

1. Das alte Dichtungsmaterial an der neuralgischen Stelle vollständig entfernen und für saubere Kontaktflächen sorgen.

2. Die Dichtungsschnur füllt alle Zwischenräume und dient als Basis der Dichtungsschicht.

3. Die Folienschablone so zuschneiden, daß der Balg möglichst frei von Falten ist.

Für gebrochene Formteile zunächst ein Modell anfertigen, im dem sich das Teil in seiner ursprünglichen Form ohne Zwang fixieren läßt. So bleibt die Kleberfuge frei von Spannungen. Epoxidharzkleber ist das geeignete Bindemittel. Von unten mit Klebeband verschlossen, läßt sich die Fuge ganz ausfüllen. Mit Warmluft angewärmter Kleber fließt leichter in den Spalt.

Auch auf dem Dach kann man abgebrochene Teile wieder ansetzen. Auf gesäuberter Fläche läßt sich Silicon als Kleber verwenden. Zunächst einige Häufchen als Auflage und zum Ausrichten aufbringen. Auf die Bruchkante soviel Dichtmasse auftragen, daß sie bei leichtem Zusammendrükken der Teile herausquillt. Mit nassem Finger (Spülmittel) den Wulst ebnen und glätten. ■

Werkzeugkasten

Messer (Schere), Fön, Sicherheitsgurt, Siliconkartusche.

2. Widerlager und Stützen halten gebrochene Teile zusammen. Kleber mit 24 Stunden Härtezeit verwenden.

3. Die Bruchfuge nicht zusammenpressen, sondern nach und nach mit Kleber füllen.

4. Hilfsmittel so sicher wie möglich improvisieren. Nur die eigene Sorgfalt ist Ihr Schutz.

5. Auf sauberem Untergrund findet der Siliconkautschuk für die Punktverklebung Kontakt.

6. Dichtstoff-Punkte so dick auftragen, daß sie sich leicht zusammendrücken lassen.

Fotos und Text: Dietrich Engelhard

4. Beim Anlegen der Fix-Band-Zuschnitte immer von unten nach oben arbeiten.

5. Nach und nach einen Dichtungskegel aufbauen, das Material per Walze fest andrücken.

6. Der schützende Balg aus Dachfolie wird oben mit einer Rohrschelle befestigt

7. Bei Wellplatten kann man ihn unten mit Blindnieten und dünnen Aluprofilen befestigen.

Kontaktflächen sorgen. Dichtungsschnur aus PE-Schaum füllt die Hohlräume um den Mast und ist Auflage fürs Dichtungsband.

Eine provisorisch um den Mast gelegte dünne Folie ist Schnittmuster für den Faltenbalg. Die eigentliche Abdichtung besteht aus dachziegelartig übereinandergeschichteten Bogenzuschnitten.

Fix-Band mit Faservlies als Oberseite ist elastischer und besser zu formen als Fix-Band mit Alu-Oberschicht. Rund geschnittene Ecken an den Zuschnitten schmiegen sich besser an.

Der Faltenbalg wird um den Mast gelegt und mit einer Schlauchschelle aus Edelstahl rostfrei befestigt. Die Enden sollten sich auf der Nordostseite gut fünf Zentimeter überdecken.

Damit der Wind die Folie nicht doch noch abhebt, kann man sie mit einem dünnen Aluflachprofil und Blindnieten auf der Dachdeckung befestigen. ■

Werkzeugkasten

Stoßspachtel, Schere, Silikonwalze, Schraubendreher, Blindnietzange, Universalmesser.

Text und Fotos: D. Engelhard, Fix-Band: Teroson

Profitips — Blasen in Bitumenbahnen glätten

Eingedrungenes Wasser an undichten Stellen kann zu Blasenbildung in einer Dachabdichtungsbahn geführt haben. Solche Schäden gilt es zu beheben.

Viele Bauwerksteile eines Hauses reagieren empfindlich auf Feuchtigkeit. Ganz besonders sind die Teile betroffen, die Grund-, Sicker- oder Regenwasser ausgesetzt sind. Flachdächer gehören immer dazu. Deshalb ist eine regelmäßige Inspektion eines Garagendachs oder des Hausdachs anzuraten. Sollte sich dann einmal herausstellen, daß durch irgendwelche Undichtigkeiten sich schon Blasen gebildet haben, eine Bitumenbahn sich also punktuell bereits abgelöst und hochge-

1. Bei Dachreparaturen ist Sorgfalt angesagt. Bevor eine Blase neu verklebt wird, muß sie aufgeschnitten, geöffnet und gut getrocknet werden.

Profitips — Kupfer schutzbeschichten

Will man den roten Metallfarbton von Kupfer erhalten, muß dieses gestrichen werden. Auch ablaufende Kupfersalze kann man mit einer Beschichtung vermeiden.

Kupfer färbt sich an der Luft zunächst braun und bildet schließlich das grüne, unlösliche Kupfersalz (Kupfercarbonat). Dieses schützt das darunterliegende Kupfer. In Verbindung mit der Umweltverschmutzung entstehen heute aber zunehmend auch lösliche Kupfersalze. Diese können ausgewaschen werden und so die Fassade verschmutzen.

Wenn Kupfer auch nicht zum Schutz des Metalls gestrichen werden muß, gibt es dennoch Gründe für eine Beschichtung. Eine dauerhafte Beschichtung ist aber nur auf gründlich gereinigtem Kupfer möglich. Zur Reinigung von korrodierten, fleckigen Kupferflächen eignet sich etwa zehnprozentige Salzsäure in Spiritus am besten. Diese Lösung wird auf die Kupferfläche aufgetragen. Anschließend wird die Fläche mit einem Kunststoffschleifvlies gründlich geschliffen, bis das Kupfer einen gleichmäßig reinen Metallfarbton aufweist. Danach muß gründlich mit klarem Wasser nachgewaschen werden.

Vorsicht! Salzsäure wirkt stark ätzend. Schützen Sie Ihre Augen mit einer Schutzbrille und die Hände mit säurebeständigen Gummihandschuhen. Füllen Sie die Säure nur in säurebeständige Kunststoffbehälter. Metallgefäße werden von der Säure zerfressen. Übrig bleibende Säurereste müssen als Sondermüll entsorgt werden.

Nach dem Trocknen kann das Kupfer beschichtet werden. Dazu eignen sich besonders

1. Kupfer hat die Eigenschaft, sich farblich zu verändern. Wenn jedoch Kupferbauteile grüne Kupfersalze freigeben und Flecken verursachen, ist eine Reinigung und Beschichtung angesagt. Auch gleich von Beginn an kann das schöne Kupferrot erhalten werden.

wölbt hat, ist es Zeit, sich um eine sichere Reparaturlösung zu bemühen.

Für solche Fälle eignen sich spachtelbare beziehungsweise streichfähige Bitumenmassen, weil sie nicht nur dem Wasser standhalten, sondern auch gegen viele Schadstoffe bestehen und Dächer sicher abdichten. Wer Bitumenbahnreparaturen selbst ausführt, sollte, wenn möglich, auch auf do-it-yourself-spezifische Produkte und Verfahren zurückgreifen.

Größere Blasen erkennt man mit dem bloßen Auge, kleinere findet man durch leichtes Abklopfen der Oberfläche. Gelöste Stellen klingen hohl. Alle Blasen werden zunächst kreuzförmig aufgeschnitten. Damit der Bereich gut lüften kann, Ränder hochklappen, Untergrund austupfen und an der Luft trocknen lassen. Versprödete Blasen abstoßen und entfernen. Die so geöffnete Stelle mit Bitumenspachtelmasse bestreichen und die Dachpappenränder

2. Erst dann kann die Spachtelmasse (hier Bautaplast 1) in die Öffnung gebracht werden.

3. Ränder wieder nach unten in die Masse drücken, nochmals überspachteln und glätten.

4. Als Schutzbeschichtung für die gesamte Dachfläche bietet sich abschließend ein Bitumenlack (Bautaplast DL) an, der dünn aufgerollt wird.

wieder niederlegen und eindrücken. Die gesamte Schadstelle wird dann noch einmal überspachtelt und geglättet.

Wenn alle Blasen entfernt und behandelt worden sind, ist zu empfehlen, die Dachfläche insgesamt mit einem Dachlack, einem scharzen Bitumen-Schutz und Schönheitsanstrich zu überarbeiten. Die Reparaturstellen verschwinden optisch (manchmal sieht man ja auf Garagendächer herunter) und die alten Dachbahnen werden gefestigt, da eine solche Dachbeschichtung fähig ist, tief in Bitumenbahnen einzudringen. Mit einer langen Stilrolle läßt sich der Dachlack gleichmäßig dünn auftragen. Ihr Dach sieht dann wieder aus wie neu und ist auch wieder absolut dicht. ■

Werkzeugkasten

Messer, saugfähiger Lappen, schmale Zungenkelle oder Spachtel, Fellrolle.

Fotos: Bauta

gut Zwei-Komponenten-Acrylharzlacke, wie sie in der Fahrzeuglackierung eingesetzt werden. Diese Lacke sind wasserklar und haften ausgezeichnet, sind leider aber auch teuer. Vor der Verarbeitung wird der Stammlack je nach Fabrikat 2 : 1 oder 3 : 1 mit dem Härter vermischt und mit 10 bis 15 Prozent Verdünnung gut verarbeitbar eingestellt. 2-K-Acrylharzlacke trocknen sehr rasch an. Dies können Sie etwas verzögern, wenn Sie einen „langen" Härter verwenden.

Etwas weniger beständig aber einfacher zu verarbeiten und billiger sind die sogenannten Einkomponenten-Acrylharzlacke. Im Innenraum können auch Nitrokombilacke, zum Beispiel Zaponlack eingesetzt werden. Die am häufigsten als Malerlacke angebotenen Alkydharzlacke (meist als Kunstharzlacke bezeichnet) sind ungeeignet. Sie reagieren mit Kupfer zu grünen Salzen.

Wie bei allen Metallbeschichtungen hängen Haltbar-

2. Die Kupferfläche mit Spiritus reinigen, dem etwas zehnprozentige Salzsäure zugesetzt wurde. Handschuhe unbedingt anziehen!

3. Kupfer nun mit einem Kunststoff-Schleifvlies abreiben, bis der Metallton erscheint. Mit Wasser gründlich nachreinigen und trocknen lassen.

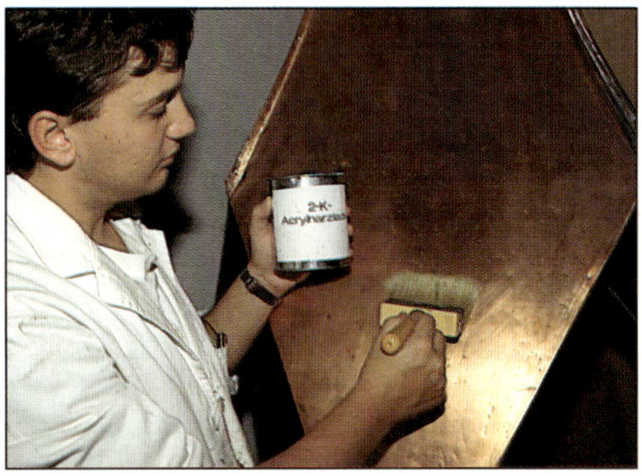

4. Die Beschichtung zur Konservierung erfolgt mit farblosem Acrylharzlack und breitem Pinsel. Drei Anstriche sind zu empfehlen.

keit und Schutz auch von der erzielten Schichtdicke ab. Deshalb sollten mindestens drei Anstriche ausgeführt werden. Zwischen den Anstrichen ist eine Trockenzeit von einem Tag einzuhalten. ■

Werkzeugkasten

Schwamm, Schleifvlies, Pinsel, Lackierrolle oder Spritzpistole, Schutzbrille und -handschuhe.

Text und Fotos: Michael Bablick

Profitips

Risse in Dachrinne schließen

Selbst eine angerostete und undicht gewordene Dachrinne kann wieder funktionstüchtig gemacht werden. Mit einer speziellen Abdichtmasse läßt sich der Schaden recht schnell beheben.

1. Schäden an der Dachrinne können sich schnell auch auf das Dach und die Fassade eines Gebäudes auswirken. Wer rasch handelt, kann das Ganze in Grenzen halten und dabei auch noch die alte Dachrinne wieder dicht bekommen.

Wenn Dachrinnen ihren tiefsten Punkt nicht am Fallrohr, sondern irgendwo sonst entlang der Traufe haben, sind ihre Tage bald gezählt. Denn anstatt abzulaufen, bleibt ein Teil des Niederschlagswassers in der Vertiefung stehen, Schmutz sammelt sich an, in dem sich auch an warmen Tagen die Feuchtigkeit hält, im Winter gefriert das Wasser und Frostschäden entstehen. Dazu kommt, daß bei starkem Regen die Rinne an besagter Stelle überläuft und so auch Schäden am Dach oder an der Fassade des Hauses entstehen können. Da heißt es schnell handeln und zuerst das Gefälle der Rinne durch Zurechtbiegen der Rinnenhalter wieder in Ordnung zu bringen.

Die beschädigte Stelle der Rinne aus Blech oder Zink kann man mit einem faserhaltigen Abdichtstoff retten (hier: Regendicht, SFS Stadler). Zunächst werden die Schmutzablagerungen mit Hilfe von Spachtel und Drahtbürste entfernt, dann die Rinne sorgfältig ausgefegt.

Nur wenige Millimeter breite Risse schließt man laut Produktinformation, indem man das gummiartig auftrocknende Mittel quer zu den Rissen per Pinsel satt aufträgt. Bei großen Rissen werden die Randbereiche eingestrichen, ein Fugenband eingelegt und dieses dann gut deckend bestrichen.

Das faserhaltige Produkt ist ebenso zum Abdichten von Fugen zwischen einzelnen Rinnenabschnitten verwendbar. ■

2. Den angeschwemmten Schmutz mit einem Spachtel lösen und entfernen.

3. Mit einer Bürste auch Staub entfernen, damit das Abdichtmittel gute Haftung finden kann.

4. Quer zu den Rissen wird das faserhaltige Mittel aufgetragen (Bei großen Rissen mit Einlage).

5. Die Problemstelle der Dachrinne ist sofort nach dem Auftragen des Mittels wasserdicht.

Werkzeugkasten

Spachtel, Drahtbürste, Bürste, Pinsel, evtl. Schere

Fotos: SFS Stadler

PLANEN BAUEN

Die richtigen Ratgeber machen Planungen sicher und Eigenleistungen erfolgreich!

EB

EBERHARD BLOTTNER VERLAG
D-65219 TAUNUSSTEIN

Ein ganzes Haus zum halben Preis

Vom Keller bis zum Dach: Tips & Tricks für den Selbstbau

Von Ronald Meyer. 124 Seiten im Großformat mit 368 farbigen Bildern und vielen Übersichten. Fester Einband.

DM 37,– (öS 290,– / sFr 38,–) ISBN 3-89367-052-1

Der farbige Text- und Bildbericht über die Verwirklichung eines Traumes vom selbstgebauten Haus! Von der Objektplanung über die Ermittlung selbstbautauglicher Baumaterialien bis zur Ausführung aller Bauleistungen. Es entstand kein "Billighaus": alles solide und gekonnt verarbeitet, modern und geschmackvoll gestaltet. Es zahlt sich aus, diesen detailgenauen Erfahrungsbericht zu kennen!

Das Buch vom Dachausbau

Dachräume zum Wohlfühlen: Ideen, Details, Beispiele

Von Horst Fischer-Uhlig. 5., bearbeitete Auflage. 128 Seiten im Großformat mit 300 farbigen Bildern. Fester Einband.

DM 34,80 (öS 272,– / sFr 35,80) ISBN 3-89367-021-1

Eines der erfolgreichsten Dachausbau-Bücher! Mit vielen Hinweisen für Planung, Ausführungstechnik, Raumgestaltung, die unterm Dach tatsächlich realisiert worden sind: von Grundrißplanung, Dachaufbau und Dachdämmung bis zu Innenausbau, Werkstoffen, Belichtung und Installation.

Die 77 Schritte zum selbstgebauten Haus

Von Ronald Meyer. 228 Seiten im Großformat mit 686 farbigen Fotos und Zeichnungen sowie 24 Tafeln und Übersichten. Fester Einband.

DM 39,80 (öS 310,– / sFr 41,–) ISBN 3-89367-051-3

Das systematische Handbuch für den Hausbau in eigener Regie. Planungshilfe und Nachschlagewerk für jeden Arbeitsschritt: Grundstückskauf, Bauvorbereitung, Kalkulation. Behandlung aller Bauabschnitte (Gewerke). Viele Details, alles farbig und leicht verständlich.

Hausmodernisierung von A bis Z

Der sichere Weg:
Bescheid wissen und erfolgreich planen

Von Horst Fischer-Uhlig. 2. Auflage. 384 Seiten mit 613 Beschreibungen von Modernisierungsaufgaben, 416 Abbildungen und 21 Tafeln. Fester Einband.

DM 48,– (öS 375,– / sFr 49,–) ISBN 3-89367-031-9

Das richtige Maß an Informationen: Einführung, Begriffserklärungen und Lösungsmöglichkeiten für 613 Modernisierungsaufgaben in Haus und Wohnung. Hilft Schäden zu beseitigen und vor Schäden zu schützen. Sehr nützlich für Gespräche und Verhandlungen mit Architekt, Handwerker, Bauaufsicht, Baustoffhändler.

Das Buch der Hausreparaturen

Reparieren leicht gemacht durch Profitips: Abdichtungen, Dach, Decke, Fassade, Fenster, Fußböden, Garten, Haustechnik, Möbel, Treppe, Türen, Wand, Werkzeug

Herausgegeben von Günter Bayer. 128 Seiten im Großformat mit 752 farbigen Bildern. Fester Einband.

DM 38,80 (öS 303,– / sFr 39,80) ISBN 3-89367-049-1

120 Reparaturanleitungen für die Beseitigung der meisten im und am Haus auftretenden Schäden. Leicht verständlich auch für gelegentliche Heimwerker. 752 Darstellungen in Farbe. Jeder Reparaturtip mit Werkzeugangabe!

REPARIEREN

Profitips

Durchfeuchteten Putz sanieren

Nässe und Frost bringen mit der Zeit jeden herkömmlichen Putz zum Platzen. Problemzonen, beispielsweise an der Wetterseite, brauchen deshalb eine Spezialbehandlung.

Durch Feuchtigkeit und Frost geriet diese Türlaibung im Sockelbereich immer wieder in einen desolaten Zustand. Einfach überstreichen hat, wie man deutlich sieht, nichts gebracht.

Wer nicht alle zwei Jahre neu verputzen und streichen will, muß zusehen, daß Feuchtigkeit erst gar nicht mehr ins Mauerwerk eindringen kann. Steigt diese von unten auf, muß die Wand zuvor durch eine horizontale Kapillarsperre geschützt werden. Ist sichergestellt, daß die ständig wiederkehrenden

1. Ein Feuchtigkeitsschaden wie dieser kann nicht einfach durch Zumörteln und Überstreichen behoben werden.

2. Den zermürbten und aufgebrochenen Putz mit Hammer und Meißel entfernen.

3. Die restlichen losen Teile mit der Drahtbürste beseitigen.

Profitips

Sandende Betonwand sanieren

Sandende Betonwände sind eine schlechte Basis für einen neuen Anstrich. Sie müssen zuerst einmal vorbehandelt werden.

Eindringende Feuchtigkeit oder miserabler Mörtel können Ursachen für dauerhaft sandende Wände oder Betonsockel sein. Im ersten Fall muß durch entsprechende Isolierung das Eindringen von Wasser beziehungsweise Wasserdampf gestoppt werden. Erst danach kann die Sanierung der sichtbaren Oberfläche beginnen. Zuerst ist eine gründliche Reinigung der Wand erforderlich. Verwenden Sie am besten eine Wurzel- oder sogar eine Drahtbürste, um Schmutz, Anstrichreste und alle weiteren losen Partikel von der Wand zu entfernen. Dann kann grundiert werden. Normalerweise genügt hierzu ein umweltfreundlicher Tiefengrund ohne Lösemittel, der mit der Rolle oder einer Deckenbürste unverdünnt aufgetragen wird, zum Beispiel Knauf Tiefengrund. Bei sehr stark sandenden Untergründen zweimal grundieren. Sollte dies zur Verfestigung der Wandoberfläche immer noch nicht reichen, bleibt nur die Behandlung mit einem lösemittelhaltigen Tiefengrund. Achtung: Spritzer von Tiefengrund im nassen Zustand und mit viel Wasser entfernen. Nach dem Trocknen der Grundierung (zirka drei Stunden) kann gleich weitergearbeitet werden. Da die Oberfläche unserer Wand bereits stark verwittert ist, empfiehlt sich das Auftragen einer neuen Putzschicht oder einer Ausgleichsmasse, die sich als schnell härtender Füllspachtel besonders gut auch für kleinere Stellen eignet. Sie kann in einer Schichtdicke von etwa drei bis 30 Millimetern aufgezogen werden. Da die Ausgleichsmasse schnell härtet und nur etwa 15 Minuten verarbeitbar ist, dürfen Sie nur kleine Mengen ansetzen, die Sie sofort verarbeiten können. Dazu jeweils 3,5 Raumteile Ausgleichsmasse in einem Raumteil klarem Wasser klumpenfrei anrühren und gleich verarbeiten. An kleineren Stellen läßt sich die Ausgleichsmasse sehr gut mit einer Spachtel auftragen, bei großflächigen Arbeiten besser eine Traufel verwenden. Weitere Arbeiten wie das Feinspachteln der Oberfläche können bereits eine Stunde nach dem Aufziehen der Ausgleichsmasse erfolgen. Vor einer Beschichtung mit Fliesen, Putz oder Farbe sollte jedoch mindestens zwei Tage gewartet werden, besser sogar noch länger, bis die Oberfläche richtig durchgetrocknet ist. Verwenden Sie als Anstrich eine diffusionsoffene Dispersionsfarbe, die die Wand-

1. Auf stark sandenden Oberflächen hält kein Anstrich. Erst nach einer Vorbehandlung findet hier die Farbe den nötigen Halt.

Schäden nur vom Schlagregen herrühren, kann die Sanierung sofort nach dieser Anleitung erfolgen.

Als erstes entfernen Sie den zermürbten und aufgebrochenen Putz sehr sorgfältig. Grundsätzlich sollte dabei großflächiger gearbeitet werden als sich der Schaden selbst zeigt.

Dann bearbeiten Sie die offene Stelle kräftig mit einer Stahlbürste, bis sämtliche losen Teile beseitigt sind. Anschließend braucht das offengelegte Mauerwerk einige Tage Zeit, um restlos austrocknen zu können. Wer den Vorgang beschleunigen will, kann unterstützend auch ein Warmluftgebläse einsetzen.

Nun wird per Naß in Naß-Technik ein Isolieranstrich (Wikulac FH 20 von Südwest) mit dem Pinsel aufgetragen, bis von der Flüssigkeit nichts mehr aufgesaugt wird, der Untergrund also völlig gesättigt ist.

An den letzten, nassen und noch klebrigen Anstrich wird jetzt sofort Quarzsand angestreut. Dieser Sand schafft die erforderliche Grundlage dafür, daß der Außenputz später gut

4. Isoliermittel (z.B. Wikulac FH 20 von Südwest) naß in naß bis zur Sättigung auftragen.

5. An den nassen, noch klebrigen Isolieranstrich wird jetzt sofort Quarzsand gestreut.

8. Durch die Sperrschicht unter dem Putz ist das Mauerwerk fortan geschützt.

6. Am nächsten Tag bereits kann mit einem Außenputz neu verputzt werden.

7. Abschließend werden Hauswand und Türlaibung mit Fassadenfarbe neu gestrichen.

daran haften kann.

Mit den Putzarbeiten beginnen Sie tags darauf. Erst ein Unterputz (ein paar Haftrillen mit der Kelle einritzen), später folgt der Oberputz. Lassen Sie dem Material immer genügend Zeit zum Trocknen, auch vor dem abschließenden Anstrich. ■

Werkzeugkasten

Hammer, Meißel, Stahlbürste, eventuell Heißluftgebläse, Kelle, Pinsel für Isolierung und Anstrich.

Fotos: Südwest

2. Mit der Bürste werden der Untergrund gereinigt und alle losen Partikel entfernt.

3. Zur Verfestigung des Untergrunds wird lösemittelfreier Tiefengrund aufgetragen.

4. Aus 3,5 Teilen Pulver und einem Teil Wasser wird die Ausgleichsmasse angerührt.

5. Die Ausgleichsmasse wird mit einer Traufel aufgezogen und glattgestrichen.

6. Vor dem Streichen die neu entstandene Oberfläche am besten nochmals grundieren.

7. Mit verdünnter Farbe vorstreichen. Der zweite Anstrich kann nach 24 Stunden erfolgen.

oberfläche weiterhin atmen läßt. Vor der Farbbeschichtung nochmals grundieren. Für gleichmäßige Deckung des Anstrichs zuerst mit 10 bis 20 Prozent Wasserzusatz vorstreichen. Nach frühestens 24 Stunden kann dann der zweite Anstrich mit unverdünnter Farbe erfolgen. Zuerst die Ecken und Kanten mit einem Pinsel vorstreichen, bevor die Fläche dann mit Bürste oder Rolle beschichtet wird. Beim Rollen nur mit wenig Druck arbeiten, damit die Farbschicht auf der Wand nicht zu dünn wird. Streichen Sie zusammenhängende Flächen am Stück und vermeiden Sie Pausen, weil sich sonst an den Absätzen unschöne Markierungen zeigen. Wer keinen reinen Weißton wünscht, kann farbige Fassadenfarbe verwenden oder die weiße Grundfarbe abtönen. Um Farbunterschiede zu vermeiden, immer die Gesamtmenge zum Beispiel in einem Faß auf einmal abtönen. ■

Werkzeugkasten

Bürste, Spachtel oder Traufel und übliches Streichwerkzeug (Pinsel, Deckenbürste, Rolle).

Text und Fotos: H-A Losch

Betonflächen instandsetzen

Wenn Beton an Wänden, Mauern oder Brüstungen schichtweise abplatzt, so daß der Armierungsstahl sichtbar wird, sollte man sich mit der gründlichen Betonsanierung nicht allzu viel Zeit lassen.

Selbst Beton ist nicht sicher vor Angriffen der aggressiven Schadstoffe in der Luft und es kann so zu Abplatzungen oder Ausbrüchen kommen. Gerade dann auch, wenn ursprünglich Verarbeitungsfehler vorlagen: Falsche Zusammensetzung des Betons, unzureichende Durchmischung mit Kiesnestern als Folge, zu dünne Überdeckung der Stahleinlagen. Die Schäden können aber auch ganz einfach eine Altersfrage sein: Das Kohlendioxid der Luft dringt mit den Jahren in den Beton ein. Dieser verliert dadurch seine alkalischen Eigenschaften und kann die Stahleinlagen nicht länger vor dem Rosten schützen. Die Einlagen korrodieren, nehmen dabei an Volumen zu, die überdeckende Betonschicht wird, ähnlich wie beim Spaltenfrost, abgesprengt.

In jedem Fall müssen die offenen „Wunden" schnellstens behandelt werden, damit sich der Schaden in Grenzen hält.

Je nach Ausmaß der Zerstörung und Anforderung an die Statik des betroffenen Bauteils bieten Hersteller die unterschiedlichsten Sanierungsverfahren an. Wir stellen hier die „Dünnschich-

1. Wer Bauteile aus Beton am Haus hat, kennt meist auch dieses Schadensbild: Freiliegende und rostende Armierung.

Lehmgefach erneuern

Fassaden müssen intakt sein, wenn sie Schutzfunktion erfüllen sollen. Ist etwa ein Fachwerkfeld schadhaft, muß man es sanieren oder erneuern. Sehen Sie, wie man es zum Beispiel mit Lehm macht.

Bröckelnder Putz, frei gewordenes Ausfachungsmaterial und Löcher und Risse in der Gefachwandung sind typische Schäden an alten Fachwerkhäusern. Und dann ist gründliche Sanierung angesagt. Wenn das Denkmalamt mitredet auch eine Sanierung nach historischem Vorbild. Eine traditionelle Ausfachungsmethode ist beispielsweise die mit Stakhölzern, Horizontalgeflecht und Lehmbewurf. Wir zeigen die wichtigsten Schritte, wie hierbei ein Gefach ausgefüllt wird.

Bei diesem Verfahren wird keine eigentliche Mauer erstellt. Im Prinzip geht es um das Aufbauen einer Art Gitter-Grundkonstruktion, die als Bewehrung dient für den dann aufzubringenden Lehmputz. Dabei kommen nur Naturprodukte zum Einsatz: Eiche- (auch Buche-) Stakhölzer, Weiden- oder Haselruten als Flechtmaterial sowie ein Lehmputz, angereichert mit Strohhäcksel und Schweinsborsten.

Zunächst überprüft man die Vertiefungen im Gebälk zur Aufnahme der Stakhölzer. Sind sie nicht mehr tauglich, kerbt man neue aus. Die Eichestaken werden dann nach altem Muster erneut angeordnet und stehend eingebaut. Waagerecht dazu flicht man nun die Ruten zu einem nicht zu dichten Geflecht zusammen. Dabei dienen am Gebälk befestigte Leisten dem Außenhalt. Bevor der Lehmbewurf erfolgt, müssen alle Flächen und Gefachteile, die mit Lehm in Berührung kommen, mit Lehmschlemme behandelt werden. Die Fachwerk-Sichtflächen dagegen sollten vor Kontakt mit Lehm geschützt werden, da sich dieser nur schwer

Wenn Wände so aussehen, ist eine Gefachausbesserung unumgänglich. Unser Beispiel ist ein Haus, das im Zuge eines Selbstbau-Seminars von Lehm-Spezialist Klaus Schillberg saniert wurde.

2. Alle losen Betonteilchen entfernen, dann die Schadensstelle sandstrahlen. Hier wird ein spezielles Strahlmittel mit der Bezeichnung Sakresiv verwendet.

3. Die Betonstähle werden gleich anschließend mit einem Korrosionsschutz gestrichen.

4. Die Reprofilierungsfläche vornässen und mit Grobmörtel vollständig auffüllen.

5. Den angesteiften Grobmörtel abreiben, seine Oberfläche aber rauh belassen, …

6. … damit später der Feinmörtel beim Abspachteln der Reparaturstelle gut haftet.

tige Betoninstandsetzung“ mit dem Sakret PCC-System vor.

Die Prozedur beginnt mit dem Entfernen aller losen Betonteilchen, dann wird das Armierungseisen sandgestrahlt. Als Strahlmittel kommt „Sakresiv“ in Normalkörnung zum Einsatz. Die so weiter freigelegten und entrosteten Betonstähle werden anschließend allseitig zweimal mit dem Korrosionsschutz des Herstellers (zweikomponentig, auf Epoxidharzbasis) eingestrichen.

Bei den zum Einsatz kommenden Mörteln handelt es sich um kunststoffmodifizierte, zementgebundene Produkte. Der Grobmörtel PCC 2 wird auf die zuerst noch vorgenäßte Reprofilierungsfläche eingebracht. Ist der Grobmörtel angesteift, wird er mit einem Reibebrett abgerieben. Die Oberfläche soll rauh bleiben, wenn sie anschließend noch abgespachtelt werden soll. Hierzu wird dann Feinmörtel mit der Bezeichnung PCC 06 verwendet. ■

Werkzeugkasten

Meißel, Hammer, Sandstrahlgerät, Pinsel, Kelle, Reibebrett.

Fotos: Sakret

1. In den Zwischenraum Stakhölzer einbauen, rechts und links Halteleisten befestigen.

2. Ruten von unten nach oben so einflechten, daß ein grobmaschiges Flechtwerk entsteht.

3. Lehmputz (z. B. NLP-1 von Naturbau) breiig anmachen und als Haftschlämme aufbürsten.

4. Beidseitig das Stroh-Lehmgemisch anwerfen. Erste Schicht mit den Fingern bearbeiten, dann trocknen lassen und Zweitbewurf aufbringen.

5. Die Gefache sind nun so ausgebildet (vgl. Abb. 4, rechter Rand), daß eine griffige Oberfläche für den Endputz und den Anstrich vorhanden ist.

wieder entfernen läßt. Also streicht man das später noch sichtbare Holz mit Grundieröl.

Der Lehmbewurf schließlich geschieht in zwei Arbeitsgängen und zwar jeweils immer von beiden Seiten gleichzeitig. Der erste Anwurf sollte 3,5 cm stark sein. (Mischverhältnis: 1 Teil Lehmgrundputz, 2 Teile Maurersand, 2 Teile Strohhäcksel, 1 Teil Schweinsborsten.) Für die zweite Schicht wird noch die Oberfläche aufgerauht, indem mit den Fingern Löcher eingedrückt werden. Nach Trocknung der Grundlage kommt der Zweitbewurf. (Mischverhältnis: 1 Teil Putz, 1,5 Teile Quarzsand, 2 Teile Häcksel, 1 Teil Borsten.) Zur besseren Aufnahme eines späteren Kalkputzes (speziell auf der Wetterseite!) sollte man die Oberfläche wieder mit Löchern versehen, bei einem Lehmaußenputz genügt ein leichtes Aufkämmen des Putzes. ■

Werkzeugkasten

Bohrmaschine mit Quirl oder Betonmischer, Mörtelwanne, Stechbeitel, Gartenschere, Pinsel, Deckenbürste, Holzkamm.

Text und Fotos: K. Schillberg

Profitips

Mauerfugen nachbessern

Manchmal hält nur noch Fassadenfarbe den Mörtel in der Mauerfuge. Dann wird es höchste Zeit für eine dauerhafte Fugenfüllung.

Mürbe Mörtelfugen im Verblend- oder Sichtmauerwerk sind zwar ärgerlich, aber nicht ungewöhnlich. Die Ursache ist Pfusch, sogenannte Sandnester durch ungenügendes Mischen des Fugenmörtels per Hand, der sich meistens leider erst lange nach Ablauf der Gewährleistungsfrist bemerkbar macht.

Unter einer guten Fassadenbeschichtung fallen diese Stellen zudem auch noch kaum auf. Häufig wird man erst aufmerksam, wenn der Mörtel durch gefrierendes Wasser bereits zerstört ist.

Solange der Schaden eng begrenzt ist, kann man ihn mit neuem Fugenmörtel schnell beheben. Dafür ist zunächst der mürbe Mörtel möglichst tief und soweit erkennbar auszukratzen.

Alte Stecheisen oder Schraubendreher, die in die schmalen Fugen passen, sind dafür gut geeignet. Aber möglichst nicht die Verblend- oder Vormauerschale nach innen durchstoßen, sonst können frischer Mörtel oder Wasser in die dahinter liegende Luft- oder Dämmschicht gelangen.

Bevor der neue Mörtel in die Fuge kommt, muß sie naß sein, damit die Mischung nicht „verbrennt", das heißt zu schnell abbindet, weil die trockenen Mauersteine zuviel Wasser aufsaugen. Auch das kann eine mögliche Ursache für spätere Schäden sein.

Den fertig gemischten Trokkenmörtel nur mit wenig Wasser zu einer steifen, aber nicht trockenen Mischung nach Gebrauchsanleitung auf der Verpackung verarbeiten. Ist der Mörtel zu schlank, fließt er leicht wieder aus der Fuge.

Zuerst die senkrechten Stoßfugen und gleich daran anschließend die waagerechten Lagerfugen füllen. Mit der schmalen Fugenkelle soviel Mörtel wie möglich in den Hintergrund

1. Sichtbar ist oft nur der Anfang des Übels. Meistens geben auch die benachbarten Fugen schon dem Druck einer Klinge nach.

2. Den alten Mörtel nicht ganz so tief, wie die Mauerschale dick ist, lösen und auskratzen.

3. Mit dem Wasserstrahl werden die letzten Reste ausgespült und die Mauersteine eingenäßt.

Profitips

Klinker-Vorsatzschale verankern

Risse in einer Verblendschale deuten oft auf gebrochene bzw. nicht vorhandene Halteanker hin. Damit nichts Größeres passiert, sollte man die Vorsatzfassade erneut sichern.

Zweischaliges Mauerwerk besteht aus einer tragenden Wand und einer Vorsatzschale aus Klinkern oder anderen Verblendern. Diese vorgesetzte Fassadenschale wird dabei nicht einfach vorgemauert, sondern muß auch punktuell mit dem Tragmauerwerk verbunden werden, vor allem dann, wenn zwischen Vorwand und Tragmauer eine Luftschicht vorhanden ist oder etwa Dämmaterialien eingebaut worden sind. Diese Verbindung leisten im Regelfall Drahtanker, die eine starre Verankerung zwischen den beiden Schalen ermöglichen.

Doch sind bei zweischaligem Mauerwerk Drahtanker durchgerostet, abgebrochen oder waren sie schon gar nicht vorhanden, kann sich die Vorsatzschale teilweise ablösen und es können durch die unterschiedlichen Bewegungen der entkoppelten Bauteile Risse entstehen. Man sollte also bei so großen Schäden nicht einfach die Risse neu verfugen, sondern die gesamte Vorsatzschale neu verankern, um sicherzugehen, daß nicht an anderer Stelle ähnliche Schäden auftreten.

Mit dem neuen Fischer Verblendsanieranker-System ist eine Vorsatzschale wieder DIN-gerecht saniert. Wir beschreiben hier das Grundprinzip der Ankersetzung. Wer so etwas vorhat, sollte sich zusätzlich technische Informationen (Rasterplan der Bohrpunkte, Lösungen für spezielle Wandbereiche etc.) direkt beim Dübelhersteller Fischer besorgen oder im Eisenwaren- und Baustoffhandel nachfragen. Es gibt zwei Ausführungen: Den Anker VBS für Beton und Vollsteine und den VBS-N (mit Netz) für Lochsteine. Mit beiden ist eine unsichtbare und flexible Anbin-

1. Solche Risse kommen nicht von ungefähr. Meist sind alte Drahtanker durchgerostet oder die Verblendschale wurde ganz ohne Befestigungsanker hochgezogen. Für eine Neuverankerung wird zunächst mit einem 12 Millimeter-Bohrer durch die Fugen gebohrt.

4. Eine Hilfsschalung an der Mauerkante verhindert, daß Mörtel aus den Stoßfugen fällt.

5. Die Mischung am besten mit der Fugenkelle von der Maurerkelle in die Öffnungen schieben.

6. Mit Kies, Handfeger, Schlauchstück und Fugenkelle läßt sich die Oberfläche angleichen.

7. Ein kleiner Farbroller erleichtert das Auftragen neuer Farbe über den erneuerten Fugen.

drücken und an der Frontfläche kräftig festbügeln. Der Fugenmörtel muß guten Kontakt zu den Steinflächen bekommen.

Für den vorderen Zentimeter der Fuge läßt sich dann eine etwas trockenere Mischung besser verarbeiten und an die vorhandene Form und Struktur anpassen. Bei vollfugig gemauertem Sichtmauerwerk mit einem Schlauchstück die Oberfläche als meist schwache Hohlkehle mit rauher Oberfläche ausführen und bei Verblendsteinen mit glatt gebügelter Oberfläche schräg nach vorn zur Oberkante der Verblendsteine auslaufend.

Mörtelreste sollten Sie, solange sie noch frisch sind, mit einem Handfeger von den Steinen entfernen. Sind sie erst einmal angetrocknet, lassen sie sich nur umständlich abkratzen. ■

Werkzeugkasten

Farbroller, Fugenkelle, Maurerkelle, . Schlauchstück, Kratzwerkzeug (alter Schraubendreher oder altes Stecheisen), Handfeger/Bürste und Wasserschlauch.

Text und Fotos: Dietrich Engelhard

2. Mit dem Setzgerät die Sanieranker (hier z. B. mit Netz) in die Löcher stecken. Zur Verdeutlichung zeigen wir die Position v o r der Wand.

3. Die Anker durchstoßen also die Vorsatzschale und gehen bis in die Mauer. Auf die Spitze …

4. … wird die Mörtelpresse aufgesetzt. Mit kontinuierlichem Druck kann dann der fließfähige Injektionsmörtel FIC eingespritzt werden.

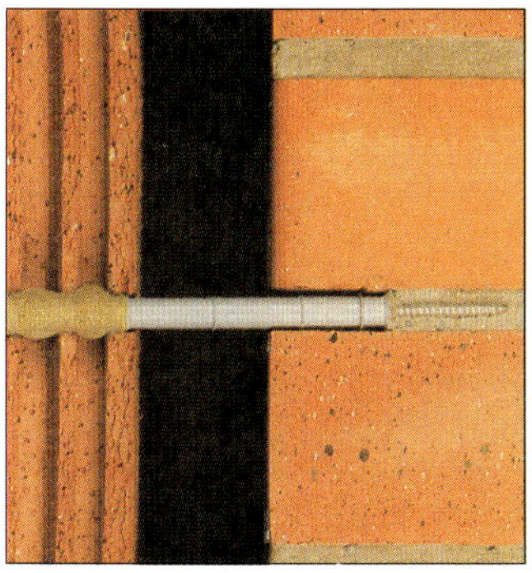

5. Im Lochstein wird der Mörtel im Netz gehalten und „verzahnt" so mit dem Mauerwerk.

6. Wenn das Loch verfüllt ist, Mörtel glätten. Die Sanierung hinterläßt so keinerlei Spuren.

dung möglich, da es sich hier um eine „weiche" Verankerung handelt, bei der temperaturbedingte Bewegungen der Vorsatzschale aufgenommen werden.

Pro Quadratmeter Wandfläche setzt man dann fünf Anker. Dabei wird immer am Kreuzpunkt einer Stoßfuge mit einer Lagerfuge durch die Vormauerung in die tragende Hauswand eingebohrt. Nun steckt man die Anker so weit ein, daß ihre Metallspitzen im Loch noch zu sehen sind. Hierauf setzt man dann der Reihe nach einen Injektionsadapter auf und spritzt mit einer Mörtelpresse den mineralischen Fließmörtel ein. Dieser tritt hinten im Bohrloch aus und verbindet sich mit der Mauer. Bei Lochsteinen füllt der Mörtel das Netz, beult es entsprechend der Steinhohlräume aus und setzt so den Anker fest. Zum Schluß werden noch die Fugenrisse gefüllt. ■

Werkzeugkasten

Bohrmaschine, VBS-Sanierset mit Bohrer SDS 200 12 x 400 x 450, Ankern, Ankersetzgerät, Injektionspresse und Mörtel.

Fotos: Fischer

Profitips

Rostiges Balkongeländer renovieren

Rost stört nicht nur das ästhetische Empfinden, er verkürzt auch die Lebensdauer von Metallteilen erheblich. In drei Schritten kann dem Schaden begegnet werden.

Rost ist ein Oxidationsprodukt, das überall dort entsteht, wo ungeschütztes Eisen mit Luftsauerstoff und Wasser reagieren kann, also ein chemischer Prozeß in Gang gesetzt wird. Hier hilft nur ein Anstrich mit ausreichender Schichtdicke und richtigem Aufbau. Besonders in Ecken, dort wo sich Regenwasser oder feuchter Niederschlag sammeln, ist die Gefahr der Rostbildung am größten. Deshalb muß bei einem Neuanstrich hierauf geachtet werden.

1. Wenn die losen Teile entfernt worden sind, arbeitet man zunächst mit einer Drahtbürste das Grobe weiter herunter.

2. Mit dem Topfbürstenvorsatz geht die Rostentfernung zügiger. Schutzbrille aufsetzen.

3. Geschliffen werden die blanken Teile am günstigsten mit einem Winkelschleifer.

Profitips

Roststellen versiegeln

Wenn sich Feuchtigkeit einen Weg durch schützende Lackschichten bis aufs blanke Eisen gebahnt hat, beginnt der Rostfraß. Eine Versiegelung kann den Vorgang verzögern.

Dieser Wind-, Lärm- und Sichtschutzaufsatz einer Balkonbrüstung mußte ganz einfach korrodieren. Der äußere Rahmen ist aus eisenhaltigem Metall (im Gegensatz zum inneren, intakten Alurahmen) und hat an seinem exponierten Standort lediglich eine (viel zu dunkle) Lackschicht als Wetterschutz.

Zudem ist der Rahmen einfach direkt auf die Brüstung aufgesetzt – mit offenen Fugen. Die hier entstandenen Feuchtigkeitsnester hätten durch Abdichten mit Silikonmasse vermieden werden können. Doch deshalb jetzt gleich die ganze Konstruktion wegzureißen, wäre übertrieben.

Zur Behandlung von Rostschäden werden von der Industrie die unterschiedlichsten „Mittelchen“ angeboten, besonders für den Automobilbereich, weil hier ein besonders großer Absatzmarkt besteht. Ein Großteil davon, insbesondere sogenannte Rostumwandler, ist aber leider völlig unwirksam. Doch es gibt auch Produkte mit Prüfungszeugnissen der Bundesanstalt für Materialforschung oder eines TÜV. Solche bieten, frühzeitig aufgebracht, einen langen Korrosionsschutz oder vermögen den Rostfraß durch Versiegeln zu stoppen.

Ökologisch unbedenklich ist wohl keines dieser Produkte. Die hier verwendete Bob-Rostversiegelung von Weyer ist beispielsweise als mindergiftig eingestuft. Da sie aber Wirkung zeigt, kann der Austausch rostbefallener Teile hinausgezögert werden, und das ist ja auch ein positiver Umweltaspekt.

Beim Bearbeiten von Roststellen denkt der Vernünftige an

1. Konstruktive Fehler, die exponierte Lage und die aggressiven Schadstoffe der Luft sind Gründe für den Rostfraß am Rahmen dieses Schall-, Wind- und Sichtschutzes auf der Balkonbrüstung.

4. **Der Antirostgrund von Glasurit ist sehr dick und muß zweimal aufgetragen werden.**

Als erstes immer lose Anstrichteile und Rostplatten mit einer Spachtel manuell entfernen. Dann mit Drahtbürste und grobem Schleifpapier nacharbeiten oder Elektrowerkzeuge einsetzen. Die von Rost befallenen Stellen müssen soweit wie möglich auf das blanke Metall durchgeschliffen werden. An Stellen, an denen Maschinen nicht herankommen, mit Schleifpapier (Körnung 60 oder 80) sorgfältig zu Ende schmirgeln.

5. Für den Schlußanstrich am besten eine Schaumstoffrolle einsetzen. Der Acryllack verläuft dann gleichmäßig. Mit dem Pinsel können noch Ecken vorgestrichen werden oder ...

6. ... man streicht das ganze Geländer so. Hauptsache man kommt überall herum.

7. So macht der Balkon wieder Laune und ist eine Zierde von außen wie von innen.

Nach dieser gründlichen Vorarbeit das Bauteil von Öl, Fett und Schmutz säubern. Nun alle entrosteten Stellen zweimal mit Antirostgrund behandeln. Dabei ist eine hohe Dickschichtqualität Garant für zuverlässigen Schutz. Für den Schlußanstrich gibt es heute dann die Möglichkeit, metallische Untergründe mit wasserverdünnbaren Acryllakken zu streichen. Während der Farbauftrag mit einer schmalen Schaumstoffrolle auf ebenen Flächen nicht nur schneller geht, sondern sich der Lack auch gleichmäßiger verteilt, erreicht man mit dem Pinsel die schwerer zugänglichen Stellen. Wichtig beim Schlußanstrich ist auf jeden Fall, daß alle Flächen behandelt werden. Das klappt, wenn man ganz systematisch vorgeht. ■

Werkzeugkasten

Spachtel oder Kittmesser, Schleifpapier, Schleifvorsätze, Rundpinsel, Schaumrolle.

Fotos: Glasurit

2. Die losen Lackschichten und den Rost so gut wie möglich entfernen (Schutzbrille tragen).

3. Die dünnflüssige Rostversiegelung so auftragen, daß sie auch in die feinsten Ritzen läuft.

4. Nach frühestens einer Stunde die versiegelte Stelle mit der Grundierung bestreichen.

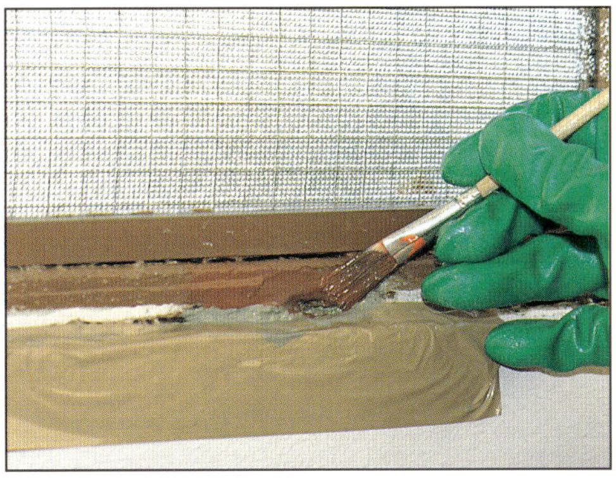

5. Tags darauf kann dann der Deckanstrich mit einem herkömmlichen Lack erfolgen.

seine Gesundheit und schützt Augen und Atemwege beim Entfernen der Lack- und Rostschichten, gerade wenn dabei eine Stahldraht-Scheibenbürste oder ein Winkelschleifer eingesetzt wird. Die Arbeiten finden im Freien oder bei guter Belüftung statt.

Der Rost muß nicht unbedingt völlig beseitigt werden. Wo möglich, entfernt man ihn natürlich. Die anschließend aufgetragene Rostversiegelung fließt aber auch dorthin, wo man beim Entrosten mit dem Werkzeug nicht hinkommt. Die Versiegelung muß ein bis zwei Stunden trocknen.

Dann wird die speziell darauf abgestimmte blei- und chromatfreie Bob-Grundierung aufgetragen. Diese dringt in die Oberfläche des versiegelten Untergrundes ein und füllt eventuell verbliebene Poren und Risse aus. Tags darauf kann die behandelte Stelle mit einem herkömmlichen Lack überstrichen werden. ■

Werkzeugkasten

Bohrmaschine, Draht-Scheibenbürste, Augen- und Atemschutz, Pinsel, Handschuhe

Fotos: F. Röhlich

Profitips

Risse in Holzbalken schließen

Massivholzbalken haben den Nachteil, daß sie mit der Zeit reißen und klaffende Risse hinterlassen. Wir zeigen, wie Sie diese verschwinden lassen können.

Wer mit Holz baut – vor allem, wenn es sich um massives Bauholz handelt – muß wissen, daß Holz immer ein „lebender" Baustoff bleibt. Und so sind Massivholzbalken immer der Gefahr ausgesetzt, daß sie einmal reißen und dann Risse und Aufspaltungen entstehen. Im Prinzip gehört das dann eben zum Oberflächenbild. Und meist stört das ja auch nicht. Dachsparren, Fachwerkhölzer, Balkonpfosten, Vordachkonstruktionen oder auch Carport- und Pergolapfosten, die naturbelassen oder braun lasiert worden sind, werden durch solche Risse optisch kaum beeinträchtigt. Anders dagegen ist es bei weiß oder hell gestrichenen Konstruktionen oder bei Balken, die noch einen hellen Anstrich erhalten sollen. Hier setzen sich die Risse als dunkle oder gar schwarze Linien oder unförmige Fugen so deutlich von der Umgebung ab, daß sie das Gesamtbild schon stören können.

Mit solchen Schönheitsfehlern muß man jedoch nicht auf Dauer leben. Wer makellose weiße Hölzer haben möchte, kann sich elegant aus der Affäre ziehen. Zur Sanierung rissiger Balken gibt es eine spezielle Masse (Reparaturspachtel von Molto), die sich für jede Rißform und -tiefe eignet und zudem überstreichbar ist. Vorteil gegenüber einer Ausbesserung mit einem Holzspan: Der Spachtel kann bis auf den Rißgrund eingebracht werden und es erfolgt eine paßgenaue Verfüllung auch bei unförmigen und ungleichmäßig weiten Rissen mit durchgängiger Flankenhaftung. Außerdem ist das Material trotz seiner Oberflächenhärte noch elastisch genug, um zukunftige Holzbewegungen aufzufangen.

Das Verfüllen sieht im einzelnen nun folgendermaßen aus: Zunächst sollte der Spalt gesäubert und von losen Splittern und Fasern befreit werden, wobei nach einer „Trockenreinigung" noch eine tiefergehende Säuberung mit Pinselreiniger oder Verdünner folgen sollte. (Nicht mit Wasser annässen.) Nun kann die Füllmasse mit einer Spachtel eingedrückt werden. Die Masse ist so eingestellt, daß bei senkrechten Balken nichts ausläuft und auch tiefe und breite Risse auf einmal ausgestopft werden können, ohne daß das Material schrumpft. Soll eine ganz glatte Oberfläche entstehen, kann etwas Wasser aufgesprüht und die Masse mit dem Spachtelblatt abgezogen werden, oder aber man rührt das Material im Gebinde gut um, wodurch es sich verflüssigt. Dann lassen sich auch feinere Risse besser füllen. Nach dem Aushärten wird der geschlossene Balkenriß beigeschliffen und der Umgebung farblich angepaßt beziehungsweise das ganze Bauteil neu gestrichen. Der Riß ist völlig verschwunden. ■

Klaffende Wunde an einem Holzbalken: Anhand eines Modells demonstrieren wir, wie Sie rasch wieder zu einer ganz makellosen Oberfläche kommen.

1. Schmutz, loses Splitterholz und Späne sollten mit einem Stechbeitel ausgeräumt werden.

2. Damit auch tief unten gute „Haftbedingungen" herrschen, mit Verdünnung auswaschen.

3. Jetzt die geschmeidige Masse eindrücken, mit der Oberfläche bündig abziehen und glätten.

4. In größere Risse kann man Steinchen einspachteln, die dann aber gut umhüllt sein müssen.

5. Die trockene Spachtelung mit dem Holz bündigschleifen und, falls gewünscht, feinschleifen.

6. Der Balken ist fertig für den Anstrich. Wenn eine hochdeckende Farbe (hier z. B. von Sadolin) verwendet wird, ist von ursprünglichen Rissen …

7. … nichts mehr zu sehen. Besonders weiße Holzbauteile profitieren von einer solchen vorbeugenden oder nachträglichen Maßnahme.

Werkzeugkasten

Stechbeitel, Pinsel, Spachtel, Bandschleifmaschine.

Fotos: WS

Fensterdichtungen erneuern

Fensterdichtungen werden mit der Zeit porös und brüchig. Man sollte sie, zumindest abschnittsweise, durch neue Dichtungsbänder ersetzen, damit die Fenster wieder optimal schließen.

Für die meisten Fenstertypen sind Dichtungsbänder im Fachhandel für Beschläge erhältlich. Oft hat auch der Schreiner, der die Fenster anfertigte, noch Reservebänder auf Vorrat.

Das neue Dichtungsband muß exakt dieselben Maße haben wie das alte Band. Nehmen Sie dieses oder das auszutauschende Teilstück davon als Muster mit zum Händler. Das alte Band läßt sich mit sanfter Gewalt rundum aus der Fräsnut ziehen. Meist haben die Fenster jeweils zwei Dichtungsbänder, so daß sie noch leidlich schließen, wenn eines davon entfernt wird. Nach dem Kauf dient das alte Band als Vorlage beim Zuschneiden des neuen Bandes beziehungsweise des kurzen Austauschteiles.

Die Enden des neuen Dichtungsringes oder des Teilstückes werden auf Gehrung im 45 Grad Winkel abgeschnitten. Zum Verbinden an den Gehrungsschnitten eignet sich Spezialkleber, meist ein Sekundenkleber, der ebenso im Beschlaghandel erhältlich ist. Gleichermaßen wird dann – falls vorhanden und ebenfalls schadhaft – der zweite Dichtungsring ausgewechselt oder geflickt.

Nach der Erneuerung der Dichtungsbänder wird das Fenster noch an den Nachstellschrauben exakt justiert, damit es leicht gängig ist und gut schließt. ■

1. Eine deformierte oder brüchige Dichtung sollte umgehend erneuert werden. Also das Dichtungsband vorsichtig aus der Nut ziehen.

2. Neuen Ring zuschneiden, beziehungsweise den defekten Bereich abschneiden und ein entsprechendes neues Stück auf Gehrung ablängen.

3. Durch die Gehrungsschnitte ergeben sich größere Kontaktflächen für die Verklebung.

4. Die neue oder geflickte Dichtung wieder in die Fräsnut eindrücken. Dabei hilft ein stumpfer Gegenstand.

5. Abschließend das Fenster an den Nachstellschrauben exakt ausrichten.

Werkzeugkasten

Messer (Teppichmesser), Sekundenkleber, Winkelmesser, Schraubendreher, Schraubenschlüssel, Inbusschlüssel (je nach Einstellmechanismus)

Text und Fotos: P. Himmelhuber

Profitips – Verfaultes Rahmeneck kitten

Dort, wo Feuchtigkeit in einen Fensterrahmen eingedrungen ist, muß mit Holzfäulnis gerechnet werden. Solche Stellen gilt es rasch zu sanieren.

Holz im Außenbereich ist Wind und Wetter ausgesetzt. Und gerade an Fenstern der Wetterseite können Feuchteschäden am Holz auftreten, vor allem im Eckbereich, wenn sich Leimfugen geöffnet und Wassernester gebildet haben. Das Holz verfault von innen heraus.

Als dauerhafte und rasche Reparaturlösung bietet sich das Verkitten mit einer Zwei-Komponenten-Masse an, denn meist sind solche Stellen so unförmig und schwer zugänglich, daß man mit neuem

1. Hier war was faul: Die Rahmeneckverbindung ging auseinander, Wasser drang ein und ließ das Holz von innen her faulen. Zur Behebung des Schadens zunächst alles morsche Holz entfernen und Stelle austrocknen lassen.

Profitips – Fensterlack abbeizen

Es gibt unterschiedliche Vorgehensweisen beim Entfernen von schadhaftem Fensterlack. Hier beschreiben wir die Abbeizmethode.

Fensterlack soll das Holz von Rahmen und Flügel vor sämtlichen Witterungseinflüssen schützen. Dabei wird er selbst mit Regelmäßigkeit schadhaft, muß entfernt und neu aufgetragen werden. Je nach baulicher Voraussetzung verwittert die Beschichtung gleichmäßig oder nur teilweise. (In unserem Fall waren Fensterrahmen- und Flügelholz drei Jahre zuvor total überarbeitet worden und noch in einem sehr guten Zustand, abgesehen eben vom unteren, äußeren Flügelholz.)

In solchen Fällen muß man zur Erhaltung des gesamten Bauteils selbstverständlich nur für die besonders belasteten Teile die Renovierungsintervalle verkürzen.

Ganz schnell, fast lautlos und ohne Staubaufwirbeln können Sie solche Teilerneuerungen von Lackbeschichtungen unter Einsatz von speziellen Abbeizmitteln angehen. Mit einem entsprechenden Produkt geht's sogar ohne Entwicklung giftiger Dämpfe oder Gestank.

Hier wurde „Dilunett" von Owatrol verwendet. Mit Ausnahme von Zweikomponentenanstrichen (Polyurethan, Epoxy), Einbrennlacken und Zelluloselacken lassen sich damit fast alle Lacke, Lasuren und Antifoulingfarben „abstrippen". Das Mittel ist laut Herstellerangaben frei von Lösungsmitteln sowie biologisch abbaubar. Haut und Augen müssen Sie dennoch gut davor schützen, schließlich ist es ja so aktiv, daß es Altanstriche abbeizt!

Das Mittel ist gebrauchsfertig, aufgrund seiner Gelkonsistenz verdunstet es nicht und ein einziger Auftrag ohne Folienabdeckung genügt.

Vor dem Ablaugen legt man erst noch Pappe auf dem Fensterbrett beziehungsweise dem Fußboden aus. Denn obwohl das Mittel nicht tropft, kann's beim Ent-

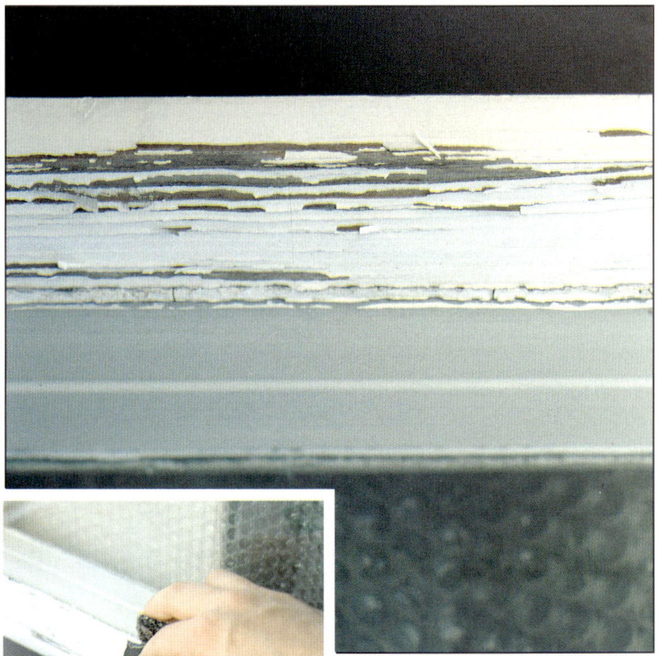

1. Nur am unteren, äußeren Flügelholz ist der Lack verwittert, doch dadurch ist das ganze Bauteil gefährdet.

2. Die abgeplatzten Lackteile entfernt man mechanisch mit Hilfe von grobem Schleifpapier.

Holz schlecht ausflicken kann. Das Woodfill-Reparatursystem beispielsweise ist sowohl für Fäulnisschäden als auch für Absplitterungen oder Ausrisse geeignet. Die Reparaturmasse ist feuchtigkeitsbeständig und schrumpft nicht. Zunächst muß die Schadensstelle vorbereitet werden. Lose und morsche Teile so weit herausstemmen, bis man auf gesundes Holz stößt. Dann die Stelle säubern und austrocknen lassen. Nun werden mittels einer Dosierkartusche die beiden Komponenten (Füllmasse und Härter) gemischt, wobei das Verhältnis automatisch stimmt und die erforderliche Menge genau bereitgestellt werden kann.

Mit einem Spachtel läßt sich die Reparaturmasse sogleich schichtweise in die Schadensstelle einbringen. An den Seiten dabei gut andrücken und die Oberfläche schließlich bündig mit dem Holz glattstreichen. Aufgrund der guten Modellierbarkeit können Innenecken akkurat im Winkel ausgebildet werden. Ebenso auch Außenecken, Kanten oder Profilierungen. Nach etwa einer Stunde ist die Holzfüllmasse schon schleifbar und kann auch gleich gestrichen werden. Da die Masse sogar nach dem Aushärten noch elastisch bleibt, gibt es später keine Risse und Fugen zum Holz hin. Die Fäulnisstelle ist dauerhaft saniert und abgedichtet. ■

2. Die angemachte Füllmasse mit einem Spachtel schichtweise in das Loch drücken.

3. Dabei für die Eckausformung und einigermaßen saubere Übergänge sorgen.

4. Die Feinarbeit kommt eine Stunde später mit dem Schleifen. Dann folgt der Neuanstrich.

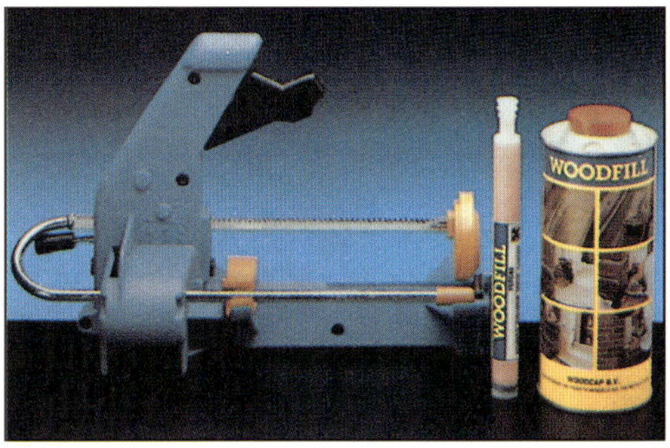

Werkzeugkasten

Stechbeitel, Hammer, Kartusche, Spachtel, Schleifpapier

Fotos: SFS

3. Die Reparaturstelle zunächst mit einem feuchten Schwämmchen entstauben.

4. Dann das Abbeiz-Gel mit einem Pinsel satt auf die abzulösende Lackfläche auftragen.

5. Ist die Reaktion mit dem Lack abgeschlossen, die zähe Masse mit dem Spachtel entfernen.

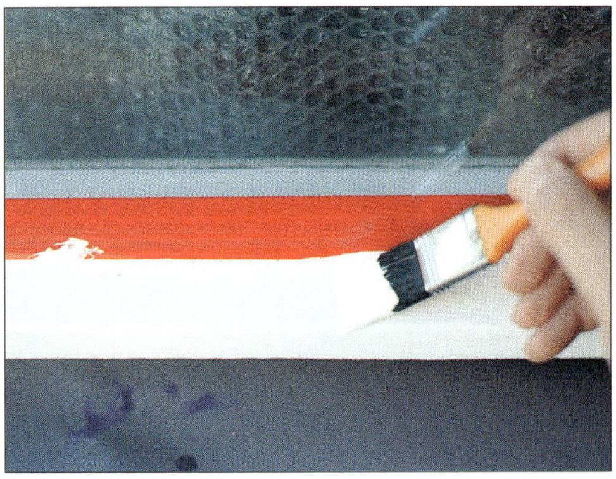

6. Scheibe abkleben, eventuell Glasnut mit Silikon ausspritzen, dann zweimal lackieren.

fernen der aufgequollenen Farbe und beim Neuanstrich zu Verschmutzungen kommen. Wer sicher gehen will, daß nicht zuviel abgebeizt wird, kann jetzt die Reparaturstelle abkleben. Dann entfernt man lose Lackteile mit grobem Schleifpapier und entstaubt anschließend mit einem feuchten Schwämmchen.

Mit einem Pinsel tragen Sie nun den Abbeizer satt auf den Altanstrich auf. Nach einer gewissen Einwirkzeit, je nach Dicke und Schichtenzahl fünfzehn oder mehr Minuten, wird das Mittel dunkler. Damit ist die chemische Reaktion abgeschlossen und die aufgequollene Farbe kann mit einem scharfen Spachtel abgestoßen werden.

Abschließend müssen die freigelegten Stellen mit Essigwasser neutralisiert werden. Sobald das Holz wieder völlig trocken ist, bekommt es einen Vor- und einen Deckanstrich. ■

Werkzeugkasten

Schleifpapier, Schwamm, zwei Pinsel, Spachtel, Klebeband Schutzhandschuhe.

Fotos: HUM

Profitips

Zerschlissenen Rolladengurt flicken

Angerissene Gurte brauchen nicht gleich ganz ausgetauscht zu werden.

Klar, wer halbe Sachen haßt, wechselt doch den ganzen Gurt aus. Unsere Methode mittels Schnell-Reparatur-Set bietet sich deshalb in Fällen an, wo der Rolladenkasten unzugänglich ist oder eben erst frisch tapeziert wurde.

Wichtige Voraussetzung: Das letzte Stück des alten Gurtes muß noch in Ordnung sein. In diesen oberen Gurtbereich wird mit dem Tapetenmesser vorsichtig ein waagrechter Schnitt gelegt, gerade so breit, daß das Umknickteil des Federstahlverbindungsstückes aus dem Reparaturset, an dem der neue Gurt hängt, durchpaßt. Dazu drückt man den Gurt etwas zusammen. Nun wird eben dieses Umknickteil durchgesteckt und umgeknickt.

1. Falls der Rolladenkasten, warum auch immer, nicht zugänglich ist, können Sie solch ein Gurtstück dennoch austauschen.

2. Im oberen Bereich des Gurtes mit dem Cutter einen waagrechten Schnitt legen.

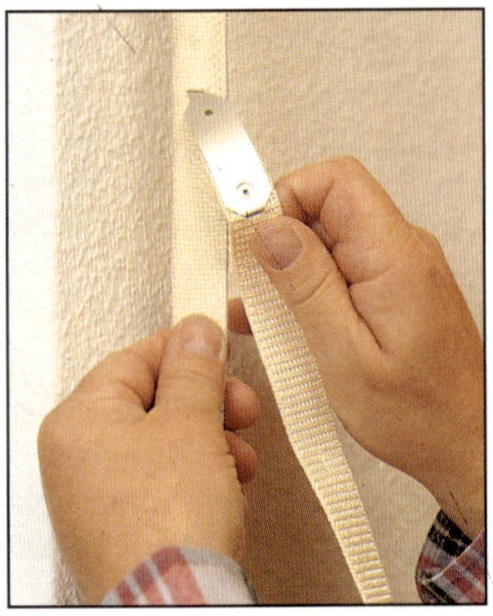

3. Das Umknickteil durchschieben und umknicken.

Profitips

Aufrollmechanik austauschen

Eine gebrochene Feder im Gurtaufroller legt einen Rolladen buchstäblich still. Da hilft nur das Austauschen der defekten Aufrollmechanik.

Im Dunkeln munkeln kann auch etwas Reizvolles haben. Doch wenn ein defekter Rolladen einen dazu zwingt, ist es schnell aus mit der Freude. Läßt sich dieser nicht mehr betätigen, liegt es meist am Gurtaufroller, besser gesagt am Aufrollmechnismus. Der eigentliche Schuldige ist dann auch rasch gefunden: Die gebrochene Feder im Aufrollgehäuse.

Bevor man nun versucht, dieses gewaltsam zu öffnen, um eventuell die Feder zu reparieren oder eine neue einzusetzen, ist es sinnvoller, einen neuen Aufroller einzubauen. Besorgen Sie sich einen solchen beim Rolladenbauer und zeigen Sie ihm das alte Modell, so daß er das entsprechende Ersatzteil aushändigen kann. Bei alten Modellen wird sich wohl kaum exakt das gleiche finden lassen, aber wichtig sind ja auch nur die Einbautiefe und der ungefähre Schraublochabstand an der Deckplatte.

Die Montage des neuen Gurtaufrollers geht nun folgendermaßen vor sich. Man zieht den Rollladen nach oben und sichert ihn gegen Herunterfallen ganz oben am Gurteintritt mit zwei Wäscheklammern. Über das dann freigelegte untere Gurtende schiebt man die neue Abdeckplatte und fixiert sie weiter oben am besten ebenfalls mit einer Klammer. Darauf achten, daß der Riemen sich nicht verdreht. Nun kann man ungehindert weiterarbeiten. Das Gurtende wird durch den Schlitz der Montageplatte geführt. Damit nun der Gurt sicher auf dem Aufrollrad fixiert werden kann, ist es ratsam, nicht das alte Loch, das eventuell auch schon ausgeleiert ist, zu benutzen, sondern ein neues zu erstellen. Und da die Gurte meist in der Länge gut bemessen sind, können auch ein paar Zentimeter abgeschnitten werden, um für das Loch eine

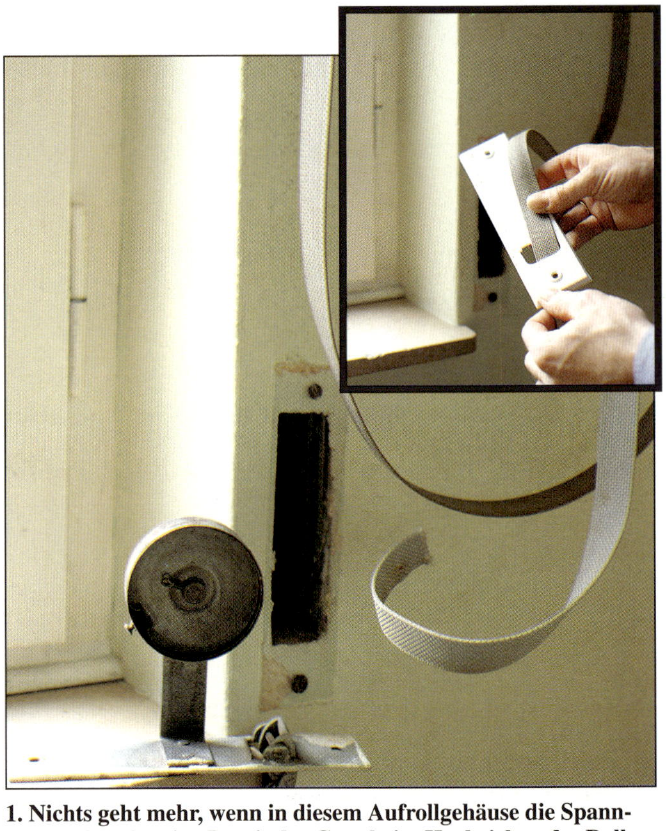

1. Nichts geht mehr, wenn in diesem Aufrollgehäuse die Spannfeder gebrochen ist. Damit der Gurt beim Hochziehen des Rolladens wieder unter Spannung auf dem Rad aufgewickelt werden kann, muß der Aufroller ganz ausgetauscht werden. Zur Montage des neuen wird dann zuerst dessen Abdeckplatte eingefädelt.

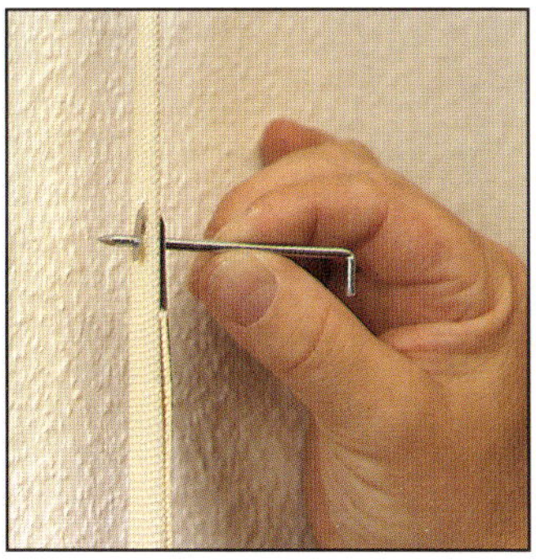

4. **Mit einem Dorn den Rollladengurt durchstoßen und den Niet ganz durchstecken.**

5. **Den Niet auf einer geeigneten Unterlage (notfalls zweiter Hammer) breitschlagen.**

6. **Gurt gut festhalten und den unteren, verschlissenen Teil jetzt erst abschneiden.**

7. **Die Verbindungsstelle zum Schutz vor Verletzungen und zur Tarnung überkleben.**

8. **In der Aufrollmechanik müssen altes und neues Gurtstück ausgewechselt werden.**

9. **Ohne Öffnen des Rolladenkastens wurde der Gurt wieder voll funktionsfähig gemacht.**

Damit durch die beiden Löcher im Federstahlplättchen eine dauerhafte Nietverbindung hergestellt werden kann, wird der Gurt mit einem Dorn durchstoßen, der Niet durchgesteckt und breitgeklopft. Der obere Teil des alten Gurtes und das neue Gurtstück sind nun fest miteinander verbunden, das untere, verschlissene Gurtstück kann abgeschnitten werden. Dabei sollte man den geflickten Gurt gut festhalten. Sobald die Verbindungsteile zum Schutz vor Verletzungen und zur Tarnung mit einem Struktur-Klebestreifen abgeklebt wurde, kann der Rollladen nach unten gelassen werden. Nun die Aufrollmechanik herausnehmen, alten Gurt entfernen, neuen analog zum alten einbauen und die Mechanik wieder einbauen. ■

Werkzeugkasten

Cutter, Dorn, Hammer, Zange, Schraubendreher

Fotos: Thomas Pochert

2. **Ohne zu verdrehen wird der Gurt durch die Montageplatte geführt und am Ende gelocht.**

3. **Gurt vom Schlitz der Montageplatte kommend übers Rad legen und am Dorn festhaken.**

4. **Damit der Gurt aufgewickelt werden kann, drückt man den aufgebogenen Blechhaken ein.**

5. **Er darf nicht mehr überstehen, wenn der Aufroller langsam unter Spannung ins Drehen kommt.**

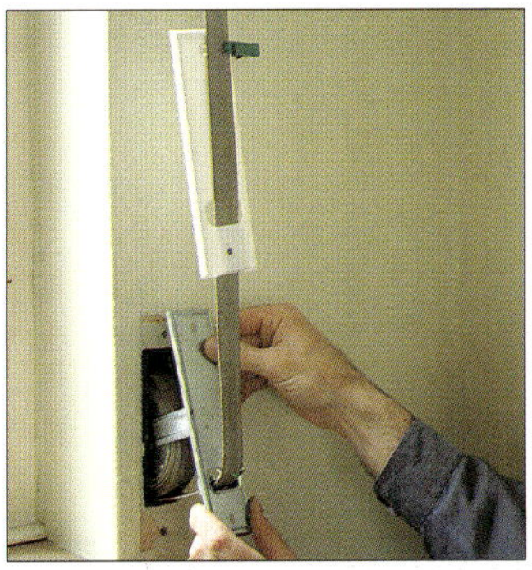

6. **Stramm aufgerollt läßt sich nun das ganze Einbauteil in den alten Gurtkasten einstellen.**

7. **Kunststoffabdeckung herunterziehen und mit der Montageplatte zusammen anschrauben.**

reißfeste Umgebung zu haben. Gelocht werden kann übrigens recht einfach mit der Lochzange. Der Aufnahmedorn am Aufroller ist meist T-förmig ausgebildet und der Gurt muß möglichst eng übergezogen werden. Also am besten ein schmales, längliches Loch in Gurtrichtung erstellen, dann den Gurt querlegen, T-Flügel durchstecken und Gurt wieder um 90 Grad drehen.

Nun muß der Gurt noch aufgewickelt werden. Da die neue Mechanik ja bereits vorgespannt und auch gesichert ist, muß erst der Arretierhaken am Gehäuse eingedrückt werden, um die Federspannung freigeben zu können. Jetzt den Gurt eng führend aufrollen, wobei das Rad langsam zum Drehen gebracht werden soll. Man wickelt so weit auf, bis sich der Aufroller in den Mauerkasten einschieben läßt. Zusammen mit der Kunststoffabdeckplatte kann er dann meist wieder an den alten Schraubstellen befestigt werden. ■

Werkzeugkasten

Schraubwerkzeug, Lochzange oder Messer, Schere, Klammern

Fotos: WS

Profitips

Gebrauchsspuren an Türen beseitigen

Wasserflecken, Ausbleichungen, Trittspuren, Fettschlieren und Lackschäden verunstalten Zimmertüren. Deshalb tut eine Renovierung dringend not.

Türen sind markante Elemente in einem Raum, ihre Fläche ist einem stets vor Augen. Da stören Gebrauchsspuren ungemein. Wie oft werden Türen mit Füßen getreten, und da bleiben dann schwarze Striemen. Wie oft sind schmutzige Hände am Werk und hinterlassen unansehnliche Flekken und Schlieren. Aber auch Fleckbildung durch Spritzer oder zu aggressive Putzmittel sowie Aufhellungen aufgrund intensiver Sonnenbestrahlung sind nicht gerade eine Zier. Solche Makel oder Schäden,

Zimmertür mit Limbafurnier in neuem Glanz. Die Gegenüberstellung (kleines Bild) zeigt deutlich den Unterschied zwischen schadhaftem und renoviertem Türblatt.

Profitips

Ausrißstelle am Türblatt reparieren

Einbruchschäden an Türen oder sonstige Ausrißstellen in Holz lassen sich mit einer Spachtelmasse perfekt reparieren. Wir zeigen die Methode am Beispiel einer Tür.

Wo rohe Gewalt im Spiel war, hinterläßt der Tatort meist auch deutliche Spuren. In unserem Fall war dem Einbrecher eine verschlossene Tür im Weg. Er verschaffte sich dennoch Zugang, wie man sieht: Das Türblatt riß im Schloßbereich großflächig ab. Solche Schäden können auch bei harmloseren Situationen entstehen. Es reicht schon, wenn man seinen Schlüssel verloren hat.

Wer einen so beträchtlichen Schaden reparieren will, muß keineswegs Schreiner sein. Eine ebenso gute wie zuverlässige Möglichkeit, Holzausrisse zu ersetzen, ist die Spachtelmethode. Von Henkel gibt es ein neues Material, das als Kombination zwischen Klebeharz und Füllspachtel angesehen werden kann. Der Ponal duo besteht aus Harz und Härter, die im Verhältnis 2:1 vermischt und dann aufgetragen werden. Nach Aushärtung ist das Material bearbeitbar wie Holz. Es ist wasserfest und in der Konsistenz so, daß es auch an senkrechten Flächen nicht abläuft.

Geht es nur darum, auf Holz eine neue Deckschicht und glatte Oberfläche aufzubauen, wird die Masse einfach auf den rohen Untergrund aufgezogen und später glattgeschliffen. Die Übergänge sollten vorher ebenfalls von Lack und sonstigen trennenden Schichten befreit werden. In Fällen, wo jedoch Hohlräume überbrückt werden sollen, so zum Beispiel beim Türschloßkasten, geht man folgendermaßen vor.

Man füllt den Hohlraum entweder mit dem alten Einlaßschloß oder, falls nicht mehr vorhanden, mit einem entsprechend dicken, glattflächigen Stück Holz, Kunststoff oder auch Styropor. Damit dann diese „Füllung“ auch wieder leicht entfernt werden kann, sollte sie auf der zu

1. Bruch-Holz: Ein erheblicher Schaden, vor dessen Reparatur man jedoch nicht kapitulieren muß. Statt mit Holz wird mit neuartiger Spachtelmasse verlorengegangene Substanz ersetzt.

die vor allem oberflächlicher Art sind – also nicht tiefer gehende Kratzer oder Dallen – sind relativ leicht zu beseitigen, eine Türfläche wieder gut in Schuß zu bringen.

Obwohl diese Gebrauchsspuren meist punktuell auftreten, ein Türblatt also nicht auf seiner gesamten Fläche beschädigt ist, empfiehlt es sich, die ganze Tür beziehungsweise die gesamte reparaturbedürftige Türseite einer Renovierung zu unterziehen. Dazu Tür aushängen, Drückergarnitur (eventuell auch das Schloß) abschrauben und Tür auf schonender Unterlage ablegen. Die ramponierte Seite wird nun von ihrer alten Lackschicht befreit. Damit verschwinden zugleich die häßlichen Flekken, Aufhellungen, Schlieren und Fettspuren.

Hierfür kann man einen Verdünner einsetzen, der Klarlacke und Holzsiegel anlöst. Mit einer nicht zu harten Bürste oder mittelgrober Stahlwolle werden auch gleich die Poren gereinigt. Da Verdünnung rasch verdunstet, sollte zügig gearbeitet werden – am besten übrigens an der frischen Luft. Zwischendurch das Türblatt mit einem Lappen abwischen.

1. Die alte lackierte Türblattfläche mit lacklösendem Verdünner abreiben. Eine kleine Bürste oder Stahlwolle holen Lack- und Fettreste auch aus den feinen Poren.

2. Nach Trocknung die Türseite mit feinem Schleifpapier (am Klotz) überarbeiten.

3. Ein breiter Flachpinsel trägt den Lack bequem auf. In Maserrichtung streichen!

Die trockene Fläche ist dann sorgfältig mit Schleifpapier (Körnung 180/220) anzuschleifen. Nach dem Entstauben kann ein Lack mit breitem, weichem Flachpinsel aufgetragen werden. Ein Probeanstrich vorab an unverfänglicher Stelle (am Drückerschild) ermittelt den richtigen Farbton. Falls ein Klarlack das Türblatt zu hell erscheinen läßt, streicht man nach einem Zwischenschliff ein weiteres Mal, oder man wählt einen entsprechend abgetönten, dunkleren Lacktyp aus. ■

Werkzeugkasten

Arbeitsböcke, Schraubendreher, Bürste, Stahlwolle, Lappen, Schleifklotz, Schleifpapier, Flächenstreicher.

Fotos: Clouth

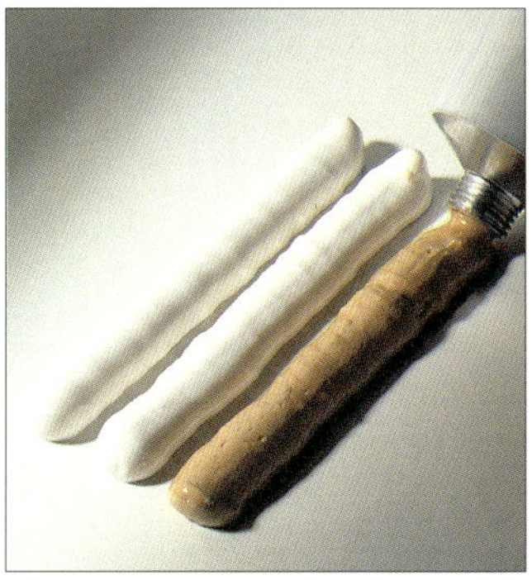

2. Im Verhältnis 1:2 die beiden Komponenten Härter und Harz auf glatter Fläche ausdrücken.

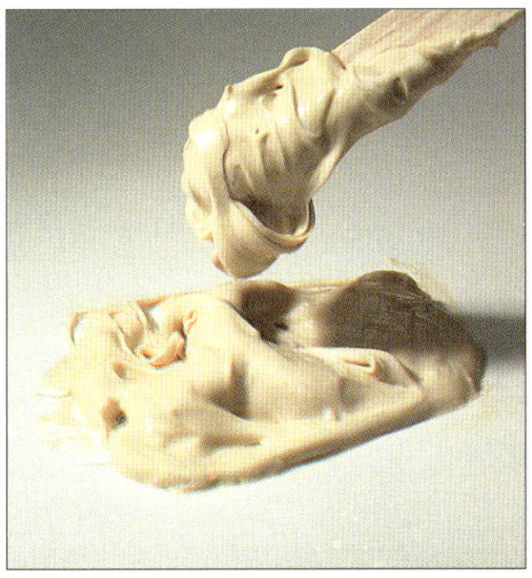

3. Mit einem Holzstäbchen so lange vermengen, bis der Farbton der Masse gleichmäßig ist.

4. Mit einer kleinen Kunststoffspachtel das Füll-und Beschichtungsmaterial glatt aufziehen.

5. Im getrockneten Zustand läßt sich die Schadstelle dann wie Holz bohren und glattschleifen.

6. Hat man das ganze Türblatt geschliffen und lackiert, ist die Reparatur nicht mehr zu sehen.

spachtelnden Seite mit Polyethylen-Folie (PE) abgedeckt werden, denn die Spachtelmasse klebt daran nicht fest. Mit Hilfe dieser Hinterfüllung ist es dann ein leichtes, die jetzt noch verbleibende Vertiefung zu füllen und das Material an die Umgebung anzubinden. Nach dessen Aushärtung die Folie herausziehen und das Füllstück entfernen. Der jetzt frei dastehende überbrückende Steg aus Spachtelmasse ist so stabil, daß hier nichts mehr brechen kann. Wenn die Bohrungen für Drücker und Schloß erstellt sind, wird der Bereich weiträumig geschliffen, um dann wie die ganze Tür überlackiert zu werden. Wer die Tür hingegen lieber lasieren möchte, kann die gelblich helle Spachtelmasse auch einfärben, um etwa den Farbton des Holzes zu treffen. Das geschieht entweder mit Pulverbeize (aber ohne Wasser beimengen!) oder durch maximal drei Prozent einer Holzlasur (z.B. Gori Compact-Lasur) ■

Werkzeugkasten

Stechbeitel, PE-Glättspachtel, Schleifklotz, Forstnerbohrer.

Fotos: Henkel

Profitips

Klemmende Tür gängig machen

Insbesondere Holz-Außentüren quellen manchmal auf und lassen sich nur noch mit Mühe schließen. Sie müssen nachgestellt oder zurechtgehobelt werden.

Außentüren sind normalerweise aus wetterfestem Material oder wenigstens wetterfest imprägniert und halten so der starken Belastung stand.

Türen aus weichen oder zu schlecht imprägnierten Hölzern bleiben dagegen nicht lange maßhaltig. Hinzu kommt bei Holztüren, wenn sie aus schlecht abgelagertem Material bestehen, daß sie durch die späte Austrocknung schwinden und sich das Türblatt verziehen kann.

Wenn sich klemmende Türen nur noch mit Gewalt öffnen und schließen lassen, hat das gleich mehrere ungünstige Folgen: Das

Außentüren aus schlechtem Holzmaterial oder solche, die nicht richtig wetterfest gemacht wurden, verziehen sich und können dann schlecht oder auch gar nicht mehr geschlossen werden.

1. Zuerst die Stelle, an der es klemmt, ausfindig machen und kennzeichnen.

2. Bei dreiteiligen Türbändern erst von unten die Haltebolzen nach oben durchschlagen.

Profitips

Sprossentür neu einglasen

Glasbruch an einer Zimmertür ist gefährlich. Hier sollte rasch etwas getan werden. Sehen Sie, wie man bei einer Tür mit Sprossenrahmen eine neue Scheibe einsetzt.

Mit einem Glasausschnitt versehene Zimmertüren bringen mehr Helligkeit in einen Raum und wirken mit Sprossen ausgestattet auch noch sehr elegant. Doch leider kann eine Glasscheibe auch leicht zu Bruch gehen. Man stößt sie mal versehentlich beim Transport entzwei, im Windzug knallt die Tür ins Schloß oder man hat sie selbst einmal zu heftig zugeschlagen. Wenn in solchen Fällen gleich die Scheibe zerspringt, liegt es oft daran, daß diese nicht ausreichend gegen Schlag gesichert war, also nicht vibrationssicher und stoßgedämpft eingebaut worden ist. Wir zeigen deshalb einen Scheibeneinbau, der speziell auf diese Problematik eingeht.

Dabei spielen Schaumstoffdichtbänder die entscheidende Rolle. Diese betten nämlich die Glasscheibe elastisch ein, wobei gleichzeitig deren sicherer und wackelfreier Sitz garantiert wird, da die Bänder die Scheibe fest „einspannen". Ihre Dicke ergibt sich aus der Falzstärke und der Glasdicke (3 bis 4 mm).

In unserem Fall handelt es sich um eine Massivholztür, die einen versprossten Glasausschnitt hat. Die Scheibe wird durch die Sprossen nicht in Einzelscheiben aufgeteilt, sondern sie liegt als großflächige Scheibe zwischen zwei Sprossenrahmen. Während der eine fest mit dem Türblatt zu verleimen ist, wird das Gegenstück nach dem Einlegen der Scheibe nur angestiftelt, um später (bei einem eventuellen erneuten Glasbruch) wieder leicht abgenommen werden zu können.

Um Schäden an der Scheibe bereits im Vorfeld auszuschließen, ist darauf zu achten, daß diese auch genügend Spiel hat. Das

1. Wenn einmal die Scheibe einer Sprossentür herausgeflogen ist, muß man nicht verzweifeln. Ein Austausch ist meist recht einfach. Doch gibt es auch hier ein paar Dinge zu beachten.

3. Bolzen ziehen. Vorher aber die Tür mittels untergelegten Keilen gegen Abstürzen sichern!

4. Durch Eindrehen des Bandes läßt sich der Abstand zur Türzarge ein wenig verändern.

5. Falls das nichts bringt, muß der Hobel ran. Die Tür dazu senkrecht stellen und sicher fixieren.

6. Keinesfalls zuviel vom Material wegnehmen. Lieber die Tür öfter mal zur Probe einhängen.

Türblatt wird beschädigt, gleichzeitig damit die Türzarge und mit der Zeit leiden sogar die ganzen Beschläge und die Griffe unter den rohen Kräften.

Manchmal genügt es, ein oder beide Türbänder neu einzustellen. Dazu wird die Türe ausgehängt. Die Türbänder werden dann eine halbe oder ganze Drehung tiefer ins Holz eingedreht. Dadurch sitzt das Türblatt auf der Seite mit den Beschlägen näher an der Zarge (falls da noch Platz ist), auf der anderen Seite gibt's etwas Luft.

Das Türblatt kann auf diese Weise auch geringfügig zur Seite geneigt werden, falls es nur oben oder unten klemmt.

Wenn das Spiel mit den Türbändern zu nichts führt, muß das Türblatt an der klemmenden Stelle abgehobelt werden. Das geht mit einem Elektrohobel, aber auch mit einem Simshobel. Die aufgehobelte Stelle muß dann gleich imprägniert werden. ■

Werkzeugkasten

Stift, Schraubendreher, Durchschlagbolzen oder Schraubenschlüssel, eventuell Hobel

Text und Fotos: P. Himmelhuber

2. Auf alle Streben der beiden Sprossenrahmen kantenbündig die Dichtungsstreifen aufkleben.

3. Nun kann die neue Scheibe auf das mit dem Türblatt verleimte Sprossenteil gelegt werden.

4. Scheibe so legen, daß rundherum Hölzchen heineinpassen.

5. Zweiten Sprossenrahmen so einlegen, daß die Sprossen in deckungsgleicher Position sind.

6. Rahmen anpressen und im Überfälzungsbereich mit versenkbaren Stiften an die Tür nageln.

heißt, daß die Scheibe rundum im Holzrahmen einen Luftspalt von mindestens zwei Millimeter haben soll (also nicht eingezwängt wird). Damit sie sich später jedoch nicht verschieben kann, legt man kleine Distanzhölzchen ein. Wenn der zweite Sprossenrahmen schließlich aufgebracht worden ist, sitzt die Scheibe sicher „gepolstert" im Türausschnitt. ■

Werkzeugkasten

Nagelheber oder Stechbeitel, Schere, Handsäge, Hammer.

Fotos: WS

Profitips

Türspalt abdichten

Wenn in der Wohnung neue Böden verlegt werden, kann´s vorkommen, daß bei Türen ohne Schwelle unten ein zugiger Spalt offenbleibt. Den sollte man abdichten.

Zum nachträglichen Schließen eines Türspaltes stehen mehrere Techniken zur Verfügung. Bevor Sie sich für eine davon entscheiden, sollten Sie aber erst einmal überprüfen, ob das Problem nicht einfach durch das Entfernen von Unterlegscheibchen am Türband lösbar ist. Wenn nicht, bleiben Ihnen beispielsweise folgende Möglichkeiten eines einfachen Eingriffes: Eine Abdichtbürste an das Türblatt kleben, eine schwenkbare Türdichtung aufschrauben, eine Türschwelle anbringen, eine senkbare Dichtungsschiene anschrauben,…

Wir zeigen hier die Montage einer Dichtungsschiene, bei der im Moment des Türschließens über einen Anpreßstift automatisch ein Hohlprofil abgesenkt wird und so den Spalt abdichtet. Es schleift also beim Bewegen der Tür nichts über den Boden! Der von uns verwendete Typ stammt von Athmer („Dichtomat“, 94 Zentimeter) und ist im Baumarkt erhältlich. Er besteht aus zwei Teilen, der eigentlichen Dichtautomatik und einer Abdeckleiste, die in verschiedenen Farben angeboten wird.

Die Automatik-Abdichtung wird an der Türinnenseite angebracht. Sie muß zunächst passend zu Ihrer Tür abgelängt werden: Die richtige Länge ist das lichte Maß des Türrahmens minus fünf Millimeter. Laut Hersteller dürfen Sie die Schiene, damit der Mechanismus einwandfrei funktioniert, allerdings maximal um 130 Millimeter kürzen. Zum Sägen dient eine einfache Metallsäge, der Dichtungsgummi wird mit einer Schere abgeschnitten.

Man plaziert den so vorbereiteten Dichtomat bei geschlossener Tür mittig, die Auslösevor-

1. Der neue Bodenbelag ist glatt und dünn, unter der Tür bleibt ein zugiger Spalt offen. Mit Hilfe einer sich automatisch absenkenden Türdichtung (links) ist das Problem zu lösen.

Profitips

Verzogenen Türrahmen aufdoppeln

Wenn Tür und Rahmen so verzogen sind, daß es trotz Dichtungsbändern überall durchzieht, kann das Aufdoppeln des Rahmens mittels Holzleisten Abhilfe schaffen.

Die Wohnungstür befindet sich in der Übergangszone von beheizten Räumen zum kalten Treppenhaus. Sind Tür und Rahmen (Block-, Blend-, Zargen- oder Futterrahmen) aus Massivholz, verlieren sie mit den Jahren ihre Maßhaltigkeit. Manchmal verwirft sich das Material so stark, daß auch das Einkleben von Dichtungen nichts mehr hilft. Wer Tür und Zarge dennoch nicht austauschen will, kann folgenden, wirkungsvollen Trick anwenden:

Durch das Anbringen von Holzleisten, die auch schön profiliert sein können, wird der Rah-

1. Wohnungstür und Türrahmen passen nicht mehr zueinander, Dichtungsbänder sind wirkungslos. Durch Aufdoppeln des Rahmens mit Holzleisten kann man das Problem lösen.

2. Die Holzleisten für rechts, links und oben abmessen und (oben) auf Gehrung sägen.

3. Die Leisten an der Türanschlagsseite des Rahmen ausrichten und vorbohren.

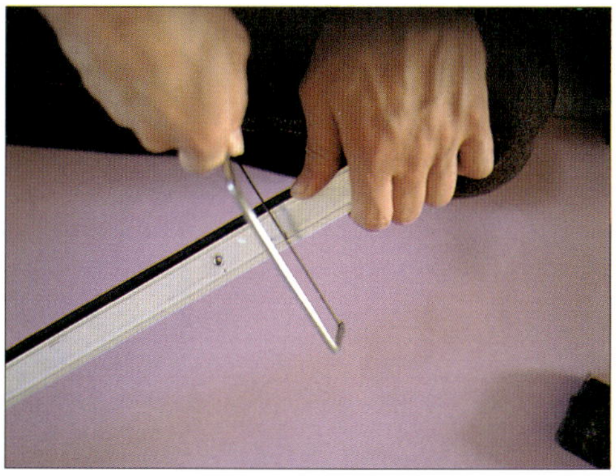

2. Der Dichtungsmechanismus wird mit Hilfe einer Metallsäge passend zur Tür abgelängt.

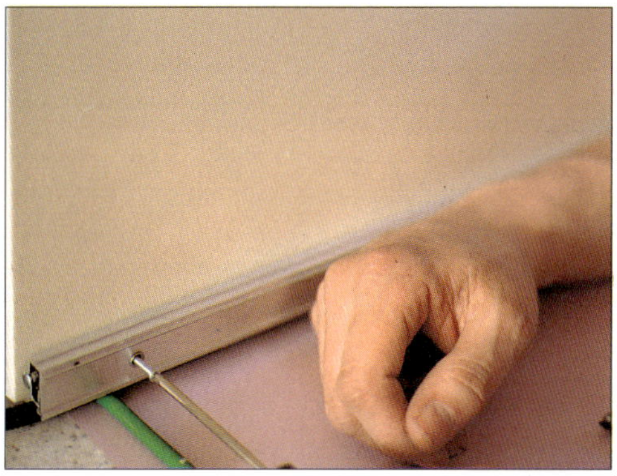

3. Mit dem Auslöseknopf zum Türband zeigend wird die Dichtmechanik ans Türblatt geschraubt.

4. Die Abdeckleiste kann einfach aufgeklipst werden, seitlich bekommt sie ein Abschlußstück.

5. Gesteuert durch den Anpreßstift senkt sich der Dichtungsgummi erst beim Schließen ab.

richtung auf der Bandseite. Um einen gleichmäßigen Abstand zum Boden zu bekommen, legt man zwei gleichdicke Bleistifte unter.

Wo die Verschraubungen vorgesehen sind, sollten Sie vorbohren oder zumindest das Türblatt etwas ankörnen, damit die Schrauben gut packen. Dann drehen Sie die mitgelieferten Schrauben von Hand ein.

Sobald die Schiene sitzt, drehen Sie die Betätigungsschraube des Absenkmechanismus so weit heraus, daß der Dichtungsgummi bei geschlossener Tür den Boden gerade berührt. Den idealen Punkt finden Sie nur durch mehrmaliges Probieren heraus.

Anschließend messen Sie auch noch die Deckleiste aus lackiertem Metall ab und sägen sie zurecht. Sie wird einfach auf den Absenkmechanismus aufgeklipst. Für die dem Türblatt abgewandten Seite liegt ein aufsteckbares Abschlußstück bei. ■

Werkzeugkasten

Metallsäge, Schraubendreher, Meterstab, Körner, Schere

Fotos: HUM

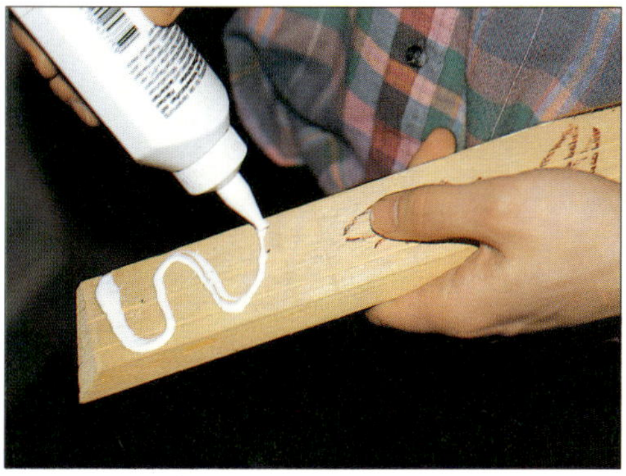

4. Die Rückseiten der drei Leistenabschnitte mit einem Spezialleim bestreichen.

5. Dann werden die Leisten mit rostfreien Senkkopfschrauben am Türrahmen montiert.

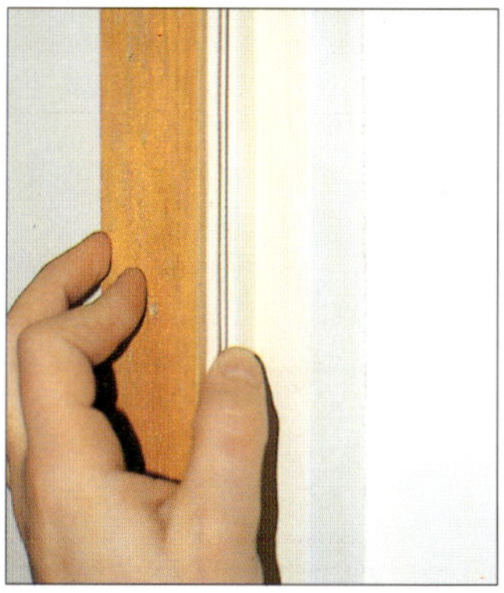

6. Nun das selbstklebende Dichtungsprofil anbringen.

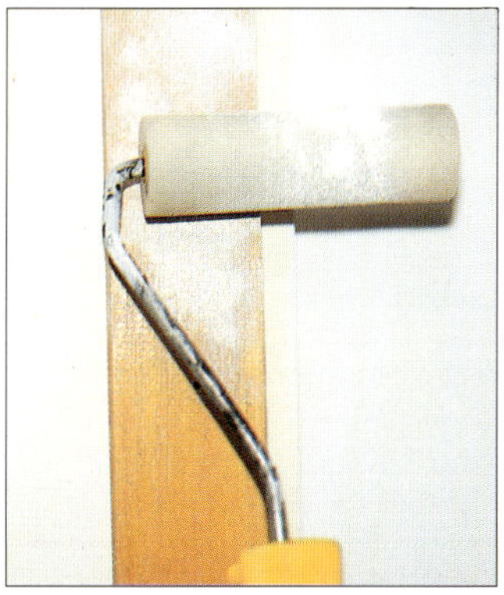

7. Abschließend lackiert man die Leisten mit Pinsel und Walze.

8. Die Tür schließt dicht und sieht dabei noch ganz gut aus.

menquerschnitt verringert. Die Leisten werden so positioniert, daß sie inklusive aufgeklebter Dichtungen mit der Tür dicht schließen, wo nötig also auch mit leichtem Überstand nach innen.

Die Leisten werden den Rahmeninnenmaßen entsprechend mit der Gehrungssäge abgelängt, am Rahmen ausgerichtet und vorgebohrt. Als Leim verwendet man ein Produkt, das wie zum Beispiel Uhu Coll Spezial zur Verklebung von Holz und lackierten Flächen geeignet ist und erspart sich damit das Anschleifen des Rahmens (–es sei denn, man will ohnehin alles neu streichen).

Die beleimten Leisten werden unter Verwendung rostfreier Senkkopfschrauben mit dem Türrahmen verschraubt.

Nach dem Anbringen des selbstklebenden Dichtungsbandes auf die zur Tür hin gerichtete Seite der Leisten werden diese dem Türrahmen farblich angepaßt. ■

Werkzeugkasten

Metermaß, Gehrungssäge, Bohrmaschine, Leim, Schrauber, Pinsel, Farbwalze.

Profitips

Betonböden sanieren und schützen

Risse und Ausbruchstellen in strapazierten Betonböden sollten vor einer neuen Flächenbeschichtung von Grund auf repariert werden.

Bodenflächen aus Beton und Zementestrich haben, vor allem wenn sie sehr strapaziert werden, ebenfalls Belastungsgrenzen. Mechanische Beanspruchung durch Schlag und Stoß, schleifende und rollende Reibung hinterlassen deutliche Spuren: Risse, Ausbrüche, Rillen und Kratzer. Auch starke Verschmutzungen durch Öle, Benzin oder Gummiabrieb machen Betonböden nicht gerade ansehnlich. Eine Sanierung wird erforderlich. Am besten ist es dann, wenn man systematisch vorgeht.

1. Ob in Garagen, Kellerräumen oder auf sonstigen gegossenen Bodenplatten, Risse in einem Betonboden zunächst mit Hilfe eines Winkelschleifers aufweiten.

Profitips

Risse im Estrich schließen

Estrichrisse müssen vor den Bodenbelagsarbeiten so verfüllt werden, daß der Estrich als lastverteilende Bodenplatte wieder voll funktionsfähig ist.

Wilde Risse oder durchgerissene Sollbruchfugen entstehen oft infolge normaler Schwundvorgänge bei der Hydratation des Estrichmörtels. Auch Bauwerksbewegungen oder Verformungen durch thermische bzw. mechanische Einwirkungen können zu solchen Schäden in schwimmenden Estrichen führen. Ein kraftschlüssiger, dauerhafter Verschluß der Risse wird dann notwendig.

Dafür gibt es sichere und einfache Reparatursysteme, so zum Beispiel das Zwei-

1. Risse im schwimmenden Estrich können später eine Loslösung des Belags zu Folge haben.

2. Risse aufkratzen (weiten). Bei größeren Rissen noch Querschlitze fräsen und alles säuberlich entstauben.

3. So viel Harz und Härter mischen wie vor der Abbindzeit (10 – 20 min) verarbeitet werden kann. Lieber in kleineren Mengen und schrittweise vorgehen.

4. In die feinen Risse läßt sich das farblose dünnflüssige Gemisch dann gut einträufeln.

Zunächst muß der Untergrund vorbereitet werden. Trennende Substanzen wie Öle, Fette oder mehlenden Zementstein sorgfältig entfernen. Der Profi arbeitet mit Sandstrahlgeräten, oft genügt auch eine Bearbeitung mit einem Hochdruckheißdampfstrahler.

Nun folgt die Bearbeitung der Schadstellen. Risse im Rohboden mit einem Winkelschleifer weiten und alle losen Teile und jeglichen Staub beseitigen. Der Boden muß schließlich trocken, fest und tragfähig sein.

Mit einer Zweikomponenten-Grundierung auf Epoxidharzbasis (EP) die gesamte Fläche einstreichen. Das Material ist porenfüllend und dient als Haftbrücke.

Erst jetzt die Risse und Ausbruchstellen mit EP-Spachtelmasse oder -Mörtel naß in naß verfüllen. Die Oberfläche sollte nachher bündig mit dem umgebenden Boden abschließen. Falls kleine Oberflächenrisse nach dem Austrocknen entstanden sind, diese mit der Grundierung noch einmal tränken.

Zur Endbeschichtung setzt man eine EP-Versiegelung ein. Dabei gibt man der Grundmasse den Härter zu, und verquirlt beides bis ein schlierenfreier Farbton entsteht. Dann einmal Boden streichen oder abrollen. Nach frühestens 16, jedoch innerhalb 24 Stunden die gesamte Fläche nochmals behandeln. Während der Trocknungsphase das aufgetragene Material vor Feuchtigkeit schützen (Weißverfärbung oder Klebrigkeit können sonst auftreten!) Nach sieben Tagen ist der Belag völlig ausgehärtet und belastbar. ■

2. Ist der Boden trocken und staubfrei, kann die porenfüllende Grundierung mit einem Flächenstreicher oder Gummirakel aufgetragen werden.

3. Anschließend die Schadstellen mit EP-Spachtel oder -Mörtel bündig verfüllen.

4. Nach zweimaligem Beschichten mit der Versiegelung ist auch der Boden saniert.

Werkzeugkasten

Winkelschleifer, Schutzbrille, Staubmaske, Handfeger, Flächenstreicher, Spachtel, Stahlglätter, Lammfellstielrolle.

Komponenten-Acrylharzsystem KR 416 von Uzin, das sowohl für innen als auch für außen geeignet ist. In die geweiteten und gereinigten Fugen wird ein dünnflüssiges Gießharz eingefüllt. Größere Risse schließt man, indem der flüssigen Masse noch Quarzsand zugegeben wird, so daß ein Breimörtel entsteht, mit dem die Risse verspachtelt werden. Als zusätzliche Verbundhilfe dienen Metallanker.

Damit später ein glatter Untergrund für den Bodenbelag vorhanden ist, werden die Reparaturstellen noch im Flüssig-/Feuchtzustand mit einer Kelle bündig abgezogen. Zur besseren Haftung nachfolgender Belagskleber, empfiehlt sich das Abstreuen der Gießharzflächen. ■

Werkzeugkasten

Altes metallisches Werkzeug zum Auskratzen der Risse, Trennschleifer, Staubsauger, kleine Spachtel.

5. Für das Ausgießen breiterer Risse empfiehlt es sich, in das Gemisch Quarzsand zu geben.

6. Dadurch erhöht sich die Konsistenz, das Material wird breiartig. In die Querfräsungen Ankerspangen in das noch frische Material einlegen und noch einmal übergießen.

7. Überschüsse an den Rissen mit einer Spachtel glätten, so daß keine Buckel bleiben.

8. Zum Schluß die Reparaturstellen mit Quarzsand bestreuen, damit für den späteren Belag ein gut haftender Untergrund entsteht.

Profitips

Wasserfleck im Parkett entfernen

Meist rühren sie von Vasen her, die weißen kreisrunden Flecken oder grauen Ringe. Solche Lackschäden nach Feuchtigkeitseinwirkung sind jedoch wieder wegzubekommen.

Wasser dringt fast überall durch. Sogar durch den Boden einer Keramikvase. Und steht diese ohne Untersetzer auf einem Parkettboden, kann es vorkommen, daß sich mit der Zeit soviel Feuchtigkeit in und unter der Fußbodenbeschichtung angesammelt hat, daß der Lack aufgelöst wird, sich die Stellfläche weiß färbt oder graue Schleier und Ränder zurückbleiben. Das sieht häßlich aus und der Boden ist an dieser Stelle nicht mehr ausreichend geschützt. Das Holz ist leicht aufgequollen, hat eine rauhe Oberfläche und zeigt keinen Glanz mehr.

Solche Wasserflecken lassen sich jedoch recht einfach entfernen, man muß nur wissen wie. Wir zeigen hier die Vorgehensweise und sagen auch wie eine punktuelle Neulackierung gelingt, ohne daß Streifen, Ansätze oder Glanzunterschiede bleiben.

Zunächst muß die Stelle austrocknen, denn der durchfeuchtete und aufgeweichte Lack läßt sich besser entfernen, wenn er trocken ist. Zum mechanischen Abtrag verwendet man kein Schleifpapier, sondern vorzugsweise grobe Stahlwolle. Sie wird so ausgerichtet, daß die Stahlfasern quer zur Holzmaserung liegen. In Maserrichtung wird dann so lange kräftig hin-und hergerieben, bis der weiße Belag verschwindet. Im Gegensatz zu Schleifpapier verursacht ein Stahlwollkissen keine Schleifspuren auf der noch intakten umgebenden Fläche, so daß über die Schadstelle hinaus durchgeschliffen werden kann. Falls es sich um Hartholz handelt, kann nach dem Grobschliff noch ein Feinschliff erfolgen. Wichtig ist, daß sich auch in den Poren kein weißer Belag mehr befindet, bevor dann neu lackiert wird.

1. Erst als man die Vase verrückte, merkte man, daß sie unten nicht ganz dicht war.

2. Mit Stahlwolle reibt man den weißen Belag von der Oberfläche und aus den Poren.

Profitips

Ramponierten Dielenboden aufarbeiten

Ausgehöhlte und vergraute Dielen, die man beim Renovieren vorfindet, werden durch Schleifen und Versiegeln wieder schön.

Alte Dielenböden auffrischen ist mit dem geeigneten Werkzeug weniger problematisch, als man meint. Die Spezialgeräte zu erwerben, wäre natürlich zu kostspielig, deshalb werden vom Holzfachhandel und im Baumarkt vollständige Verleihpakete angeboten: Werkzeuge, Produkte, Einweisung.

Zu Hause müssen Sie dann erst mal den Dielenboden freilegen. Wenn möglich, entfernen Sie rundum sämtliche Sockelleisten, ansonsten zumindest abkleben!

Dann suchen Sie den gesamten Boden nach hervorstehenden Nägeln ab. Fahren Sie dazu mit einem breiten Spachtel über den Boden. Haben Sie auf diese Weise einen Nagel aufgespürt, klopfen Sie ihn mit Versenker und Hammer ein. Sind ganze Dielen lose, müssen diese selbstverständlich angenagelt werden.

Nach dem Fegen und Saugen des Bodens beginnt die Schleifarbeit. Bei engen Zonen, etwa im Türbereich und am Rand des Raumes entlang wird die leichtere Randschleifmaschine eingesetzt. In Ecken kommen Sie am besten mit einem herkömmlichen Schwingschleifer.

Sehr stark ramponierte Dielenböden werden anschließend mit einer Walzenschleifmaschine bearbeitet. Unterschiedlich grobe Schleifpapiere für die Walze stehen zur Verfügung. In der Regel wird beim Arbeiten mit dieser Maschine ein Vorgehen diagonal zu den Holzfasern empfohlen. Wenn immer sich ein gutes Schleifergebnis ohne diesen ganz groben Schliff erwarten läßt, sollte man lieber gleich zur nun folgenden Arbeitsschritt übergehen, dem Schleifen mit der Rotationsschleifmaschine.

Verschieden grobe Gitterschleifscheiben werden mit Hilfe eines Pads nach dem Klettband-

1. Nachdem Sie grobe Verschmutzungen (Farbkleckse, Teppichreste) beseitigt haben, nageln Sie alle losen Dielen fest und schlagen hervorstehende Nägel ein. Dann wird am Rand entlang geschliffen.

3. **Mit feinem Kissen nacharbeiten, um die rohe Holzoberfläche optimal zu glätten.**

4. **Staub und Stahlfusseln mit leicht angefeuchtetem Tuch abnehmen und Boden trocknen.**

5. **Parkettlack dünnschichtig auftragen. Dabei über die freigeschliffene Stelle hinausfahren.**

6. **Den trockenen Lack dann nachreiben, um Pinselstriche und Übergänge zu egalisieren.**

7. **Die angemattete Stelle noch einmal lackieren und dann wieder mit Stahlwolle bearbeiten.**

8. **Vom Fleck keine Spur mehr. Die Stelle ist wieder einwandfrei hergestellt und begehbar.**

Strapazierfähig sind sogenannte Treppen- oder Parkettlacke. Nehmen Sie nur lösemittelarme oder -freie Produkte. Wir haben hier einen seidenglänzenden Lack eingesetzt, um mit der Gesamtfläche zu korrespondieren. Bei so kleinflächigen Stellen läßt sich dieser schnell trocknende Lack auch mit einem kleinen Pinsel auftragen, sonst mit Flachpinsel, Streichbürste oder Rolle. Nach ein bis zwei Stunden erfolgt ein Zwischenschliff, ebenfalls mit grober Stahlwolle, wobei jetzt eventuelle leichte Pinselstriche ausgemerzt und die Übergänge ausgeglichen werden können. Die zweite Lackschicht sollte auch erst nach sorgfältiger Entstaubung aufgetragen werden. Zum Schluß läßt sich mit dem Stahlwollekissen noch einmal die Oberfläche korrigieren beziehungsweise der endgültige Glanzheitsgrad einstellen. Nach 8 Stunden ist die Stelle begehbar, der Schaden völlig unsichtbar. ■

Werkzeugkasten

Stahlwolle (Sorte grob und fein), leicht feuchter Staublappen, Pinsel oder kleine Rolle.

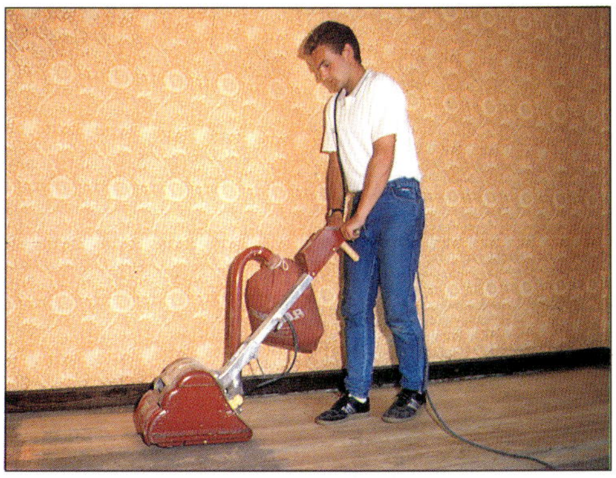

2. **Bei ganz desolaten Böden muß mit der Walzenschleifmaschine grob vorgeschliffen werden.**

3. **Mit der Rotationsschleifmaschine arbeitet man sich im „Kreuzgang" durch den Raum.**

4. **Mit einem speziellen Applikator tragen Sie die Grundierung auf den sauberen Boden auf.**

5. **Am Rand arbeitet man mit dem Pinsel. Nach Trocknung wird der Boden mit Lack versiegelt.**

system auf die Antriebsscheibe der Rotationsschleifmaschine gedrückt, ganz ohne Schrauben. Mit diesem Gerät arbeitet man sich am besten in Schwingungen und im Kreuzgang vorwärts.

Ist eine makellose Schleifglätte erreicht, wird der Boden entstaubt, Fugen, Risse und leere Nagellöcher werden verkittet. Nach dem Trocknen des Füllmaterials nochmals feinschleifen, dann den Boden völlig entstauben.

Nun bringen Sie ein- bis zweimal eine Grundierung auf. Für große Flächen gibt's einen speziellen Applikator, am Rand verwenden Sie einen breiten Pinsel. Nach weiterer Trockenzeit tragen Sie dann zweimal einen Lack auf, der den Dielenboden verschleißfest versiegelt. ■

Werkzeugkasten

Hammer, Versenker, Spächtel, Applikator, Lackroller, Lackwanne, Randschleifgerät, Walzenschleifmaschine, Rotationsschleifmaschine. Sämtliche Spezialwerkzeuge gibt es im Leihservice des Fachhandels (zum Beispiel Woodboy-plus)·

Fotos: Overmat

Profitips

Fliesenschaden auf Spanplatte

Wurden Fliesen auf einem Spanplattenuntergrund nicht richtig verklebt, kann es beim Herunterfallen eines schweren Gegenstandes schon mal zu einem Fliesenschaden kommen.

Nicht selten verwendet man bei einer Fußbodenrenovierung Holzspanplatten als tragfähigen Untergrund für einen neuen Fliesenboden. Doch wenn beim Verkleben der Fliesen nicht sorgfältig gearbeitet wird, können mit der Zeit durch die Beanspruchung Schäden entstehen. Vor allem wenn nicht vollflächig Kleber aufgetragen wurde (Hohlräume zwischen Fliese und Spanplatte!) oder gar ein falscher Kleber zum Einsatz kam (Zementkleber, der nicht haftet!), sind Fliesen anfällig für Ablösungen oder Brüche. Wenn ein Schaden vorgekommen ist, auch wenn es sich nur um feine Risse handelt, sollte dieser umgehend behoben werden, um größeres Unheil zu vermeiden, Denn dringt einmal Wasser (zum Beispiel Wischwasser) ein, kann die Holzspanplatte aufquellen und weitere Fliesen ablösen beziehungsweise Fugen sprengen.

Wie geht man nun bei einer Ausbesserung vor? Wir zeigen die wichtigsten Schritte und stellen gleichzeitig das Sanierungssystem von Ultrament vor. Mit Hammer und Meißel wird zunächst die zerbrochene Fliese entfernt. Dabei darauf achten, daß benachbarte Fliesen nicht beschädigt werden. Auch die Reste des alten Klebers müssen entfernt werden, um ein späteres Planliegen der neuen Fliese zu ermöglichen. Meist wird dabei leider auch die Spanplatte in Mitleidenschaft gezogen, denn der Kleber kann so fest sitzen, daß beim Abstoßen Holzteile mit herausgerissen werden.

Deshalb muß dann die Stelle mit Tiefengrund behandelt werden. Da es sich bei Spanplatten

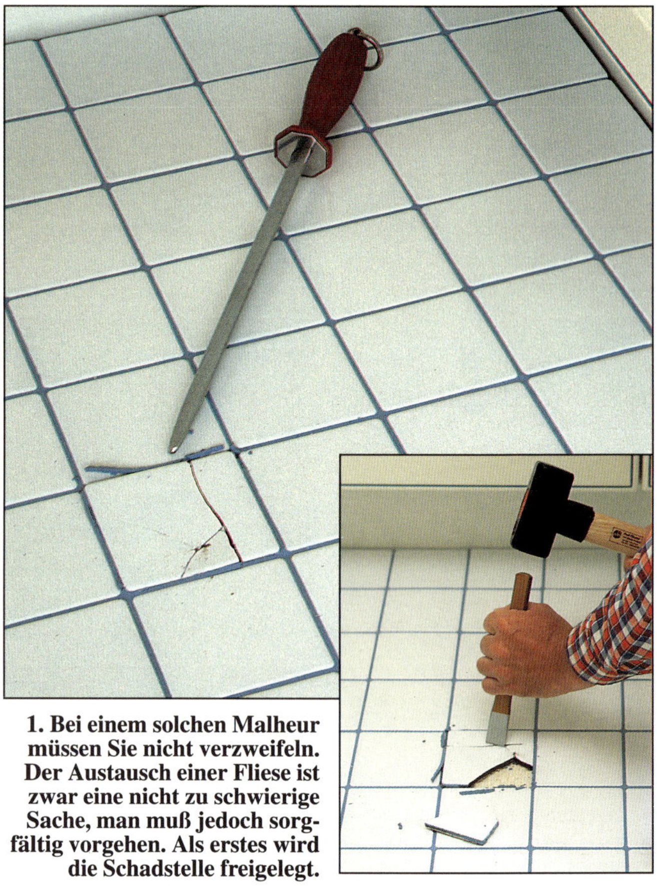

1. Bei einem solchen Malheur müssen Sie nicht verzweifeln. Der Austausch einer Fliese ist zwar eine nicht zu schwierige Sache, man muß jedoch sorgfältig vorgehen. Als erstes wird die Schadstelle freigelegt.

Profitips

Cottofliesen imprägnieren

Zementschleier auf unglasierten Fliesen ist besonders hartnäckig. Und er muß weg, bevor solche Beläge behandelt werden. Wir sagen wie und zeigen die Nachbehandlung.

Beim Verfliesen ist die abschließende Arbeit immer das Verfüllen oder Einschlämmen der Belagsfugen. Dabei geht man mit Fügenmörtel und Fugengummi in großen Zügen über die gesamte Belagsfläche hinweg. Die Fugen füllen sich so zwar recht schnell, als negative Begleiterscheinung wird jedoch auch der Belag selbst mit dem Verfugmaterial überzogen. Wenn dieses nicht rechtzeitig oder vollständig entfernt wird, bildet sich eine harte Kruste, und ein grauer Film, der sogenannte Zementschleier, überzieht die Fliesenoberfläche. Um Kratzer zu

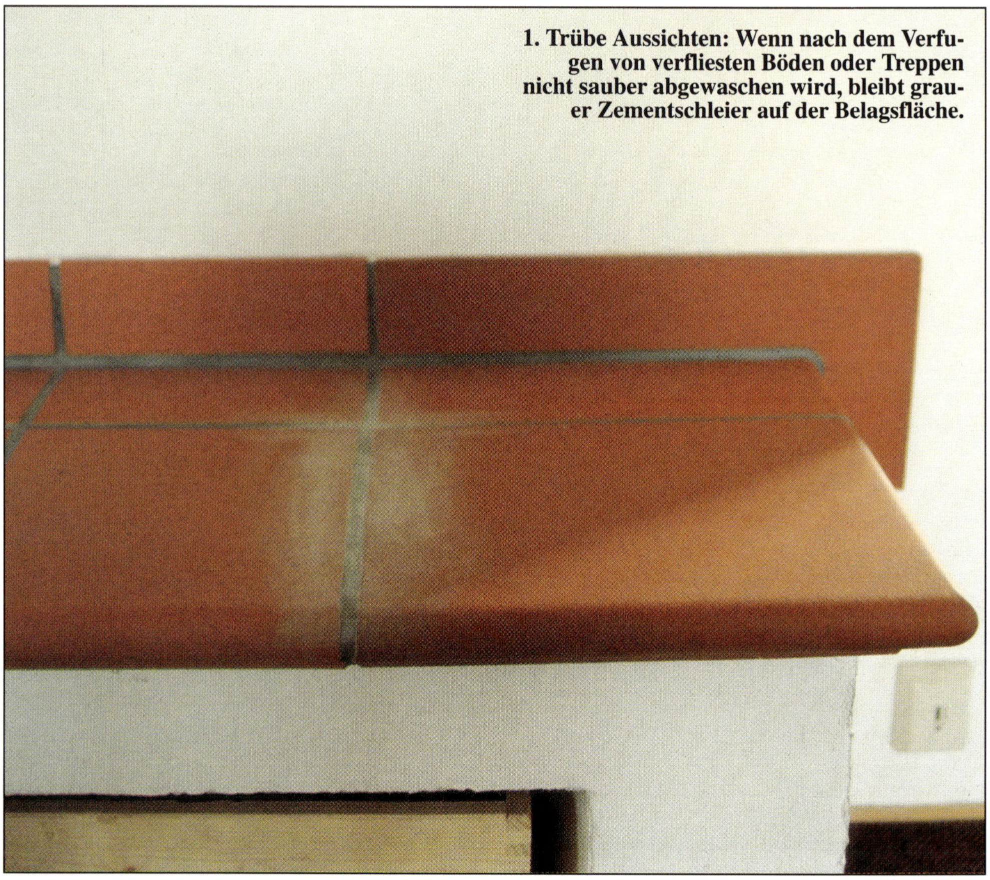

1. Trübe Aussichten: Wenn nach dem Verfugen von verfliesten Böden oder Treppen nicht sauber abgewaschen wird, bleibt grauer Zementschleier auf der Belagsfläche.

2. **Da Ausrisse im Spanplattenboden oft nicht ausbleiben, hier zweimal Tiefengrund auftragen.**

3. **Nach 30 Minuten die Spachtelmasse einbringen und zur Spanplatte hin bündig abziehen.**

4. **Den Dispersionskleber gleichmäßig aufkämmen und Ersatzfliese fugentreu hineindrücken.**

5. **Mit einem Moosgummiglätter den angemachten Fugenfüller in die Fugen einarbeiten und zu den bereits gefüllten Fugen sauber ausziehen.**

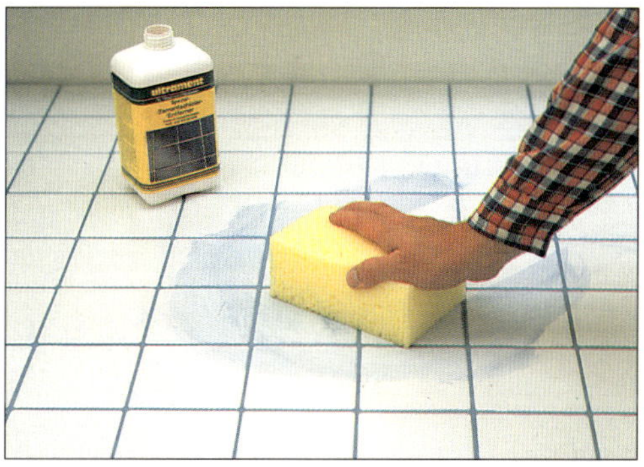

6. **Ein Zementschleierentferner bringt auch die letzten Reste von der Oberfläche weg. Und Glanz kommt durch eine entsprechende Versiegelung.**

um einen saugenden Untergrund handelt, würde ohne Grundierung das Material beim nachfolgenden Auftrag der Bodenspachtelmasse dieser soviel Feuchtigkeit entziehen, daß sie„verbrennt“ und dadurch weder gut haftet noch ausreichend fest wird. Wenn die Grundierung also getrocknet ist, spachtelt man die Vertiefungen im Spanplattenboden aus – und nur diese. Die intakte Fläche bleibt frei von Spachtelmasse!

Auf die trockene Spachtelstelle muß dann elastischer Dispersionskleber vollflächig aufgetragen werden, der Bodenschwingungen später problemlos mitmacht. Die Ersatzfliese wird in das neue Kleberbett eingeschoben und angedrückt, wobei hervorquellender Kleber in den Fugen sofort zu entfernen ist. Verfugt wird schließlich je nach Fugenbreite mit Fugenbunt oder Fugenbreit, wobei zum Schluß noch die Zementschleierreste zu entfernen sind. ■

Werkzeugkasten

Hammer, Meißel, alten Stechbeitel, Pinsel, Kelle, Spachtel. Gummiglätter, Schwamm.

Fotos: Ultrament

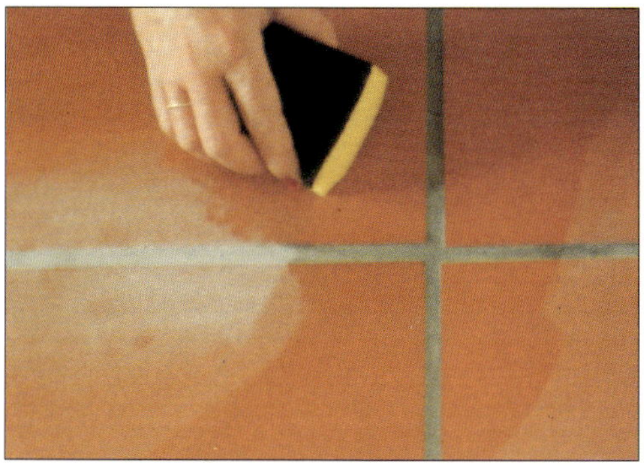

2. **Gesamte Fläche bzw. einzelne Stellen absäuern. Mit der Scheuerseite des Schwammes Mittel einreiben, dann die Flüssigkeit gründlich abwischen.**

3. **Trockene Fläche imprägnieren. Das Spezialöl gleichmäßig dünn mit einem fusselfreien Tuch einarbeiten. Es dürfen keine Pfützen entstehen.**

4. Nach 1 Tag hat die Grundierung ihre Festigkeit erreicht, so daß mit einem transparenten Fußbodenwachs nachbehandelt werden kann. Zuerst mit einem Baumwolllappen auftragen, dann trocknen lassen und nachpolieren.

vermeiden, sollte dann nicht mechanisch vorgegangen werden. Bei unglasierten Fliesen ist damit sowieso keine porentiefe Reinigung zu erzielen. Nach dem Entfernen von gröberem Material setzt man Zementschleier-Entferner ein, spezielle Reiniger gegen Zement- und Kalkverschmutzungen oder auch verdünnte Salzsäure (10%). Die gesamte Fläche absäuern und mit Schwamm oder Bürste nachreiben. Anschließend mit Wasser gründlich nachreinigen. Um Material zu sparen und die Wirkung auf die Oberfläche zu konzentrieren, kann die Fläche vorgenäßt werden. Das mindert das Saugverhalten der offenporigen Ziegeltonplatten.

Damit die unglasierte Fläche dann auch in Zukunft vor eindringenden Verschmutzungen verschont bleibt, kann man die Cottofliesen imprägnieren. Der Belag muß dabei trocken sein. Zunächst erfolgt eine Grundierung mit einem Naturharz- Terra-Cotta-Öl (hier von Leinos). Es wird so dünn aufgetragen, daß es mit der Oberfläche abschließt, also keine Pfützen und keine filmbildende Deckschicht bildet. 20 Minuten nach dem Einlassen feuchtglänzenden Überstand mit einem nichtfasernden Lappen abnehmen, da sonst ungleichmäßiger Glanz bleibt. Die getrocknete Fläche nun noch mit einem Naturfußbodenwachs nachbehandeln. Die Cottofliesen haben dann eine wasserabweisende und fleckunempfindliche Oberfläche. ■

Werkzeugkasten

Holzspatel (zum Abstoßen von Zementkrusten), Schwamm oder Bürste, Lappen, Tuch.

Fotos: WS

Wachs aus Kunstfaserboden entfernen

Nicht nur zur Weihnachtszeit fallen Kerzen mit flüssigem Wachs um. Doch Flecken lassen sich meist wieder ausbügeln, bei Kunstfaserböden aber nur mit größter Vorsicht.

Mit fallenden Kerzen fällt auch die Stimmung, denn es entsteht doch meist ein Wachsfleck dabei. Besonders ärgerlich wird's, wenn die Kerze auf einem Teppichboden landet. Der ist nämlich in den seltensten Fällen aus robusten Fasern wie Sisal oder Kokos und deshalb läßt sich das Wachs gar nicht so „einfach ausbügeln", wie es immer heißt.

Man soll zwar nicht aus allem eine „Wissenschaft" machen, wird jetzt jedoch unüberlegt vorgegangen, kann's zusätzlich zum Wachsfleck auch noch einen häßlichen Brandfleck geben. Kunstfaserteppiche vertragen nämlich keine große Hitze und zeigen schnell Farbveränderungen oder Glanzstellen, die vor allem bei einfarbigen Veloursböden sehr stark auffallen.

Bevors aber überhaupt ans Bügeln geht, sollte man möglichst viel vom Wachs ohne Hitzeeinwirkungen entfernen. Sie dürfen dabei weder zupfen, noch reißen sonst gehen dem Teppich büschel- oder schlingenweise die „Haare" aus. Verwenden Sie vor allem bei Schlingenware ein stumpfes Messer, damit beim Abheben der oberen Wachsschicht keine Schlingen gekappt werden.

Ist die Schadensstelle so weit vorbereitet, ist es ratsam, eine Hitzeschutz-Schablone aus einem dicken Karton anzufertigen. Der Fleck bleibt frei, die Umgebung wird vor unachtsamen Berührungen mit dem heißen Bügeleisen geschützt. Legen Sie ein mehrlagiges weißes, saugfähiges Vlies auf den Fleck und drücken Sie dann das Bügeleisen auf. Das Vlies darf sich nicht mit Wachs zusetzen, also immer wieder nachsehen und das Vlies versetzt auflegen. Scheint das Wachs

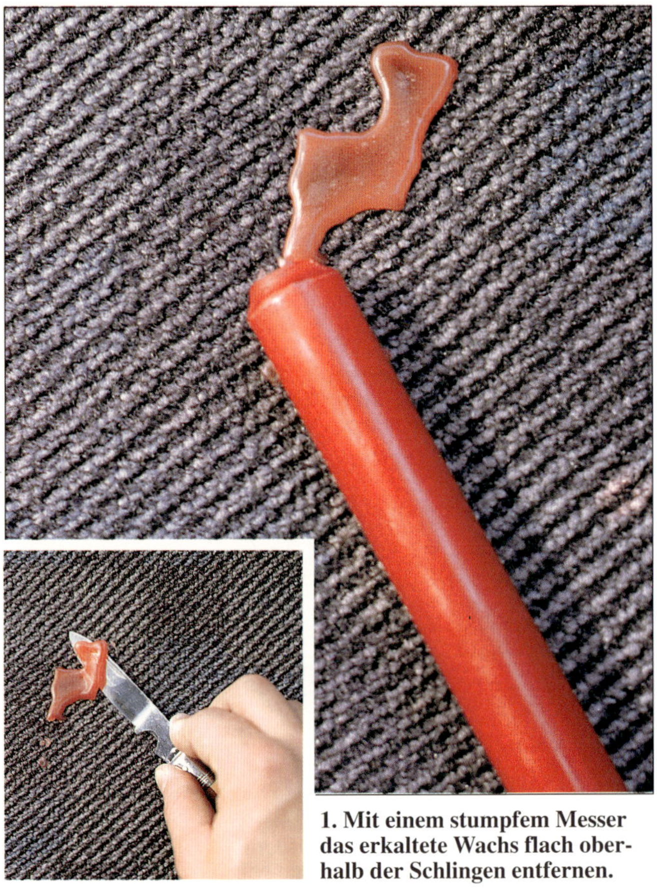

1. Mit einem stumpfem Messer das erkaltete Wachs flach oberhalb der Schlingen entfernen.

Teppichböden ausflicken

Wenn Lackfarbe umgekippt ist oder kleine Brandlöcher entstanden sind, kann der Schaden bei Kunststoff-Auslegware nur durch Einsetzen eines Reststücks behoben werden.

Legt man einen Raum ganzflächig mit Teppichboden aus, ist es ratsam, einen Rest für eventuelle Reparaturen aufzubewahren. Speziell bei Kunststoffbelägen können Beschädigungen oder Verschmutzungen nicht mit Lösemittel oder Verdünnung ausgewaschen werden. Hier hilft nur ein eingesetztes Flickstück. Bei großgemusterten Belägen wird das passende Stück aus dem Rest großzügig ausgeschnitten. Bei klei-

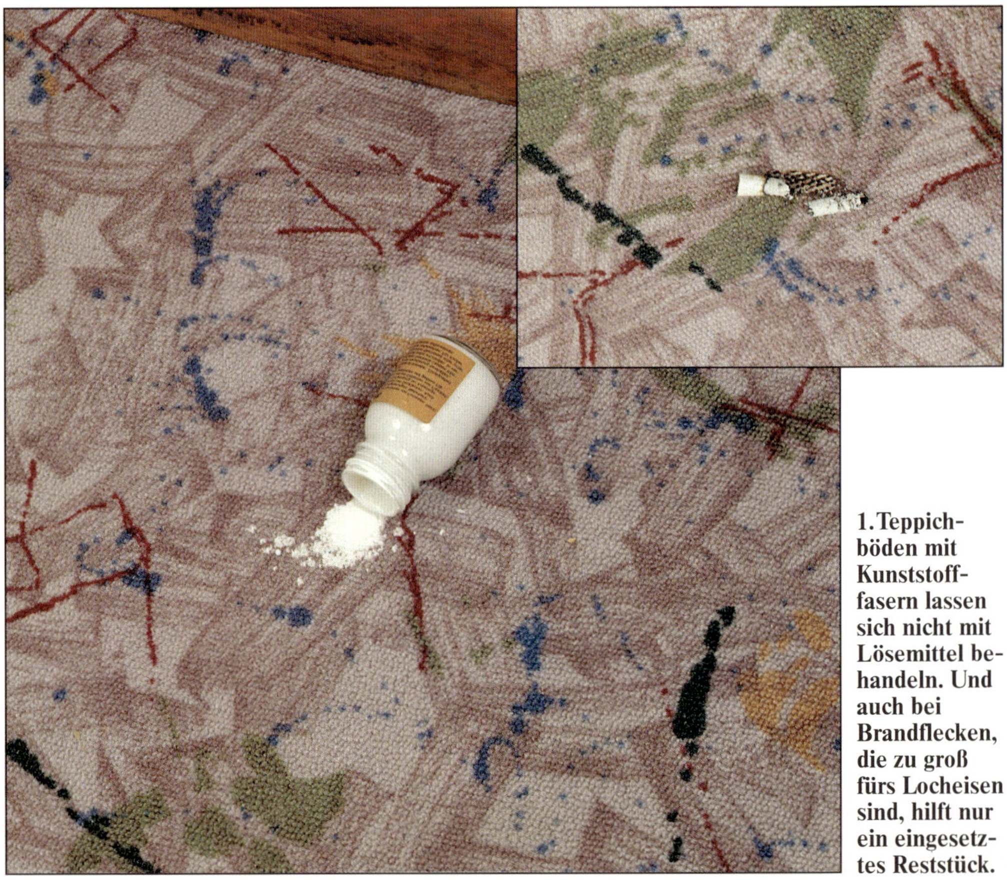

1. Teppichböden mit Kunststofffasern lassen sich nicht mit Lösemittel behandeln. Und auch bei Brandflecken, die zu groß fürs Locheisen sind, hilft nur ein eingesetztes Reststück.

2. Restliches Wachs nicht herauskratzen, sondern schmelzen und „absaugen“. Ein Karton...

3. ... als Schablone schützt die hitzeempfindlichen Kunstfasern um die Schadensstelle herum.

4. Saugvlies auf die Schadensstelle legen und das Bügeleisen (niedrige Stufe einstellen) aufdrücken. Das Wachs soll langsam schmelzen.

5. Die grob entwachste Teppichstelle mit kreisenden Bewegungen aufbürsten. Dann erneut...

6. ...Vlies auflegen, Bügeleisenspitze drauf und beides gleichzeitig über die Stelle ziehen.

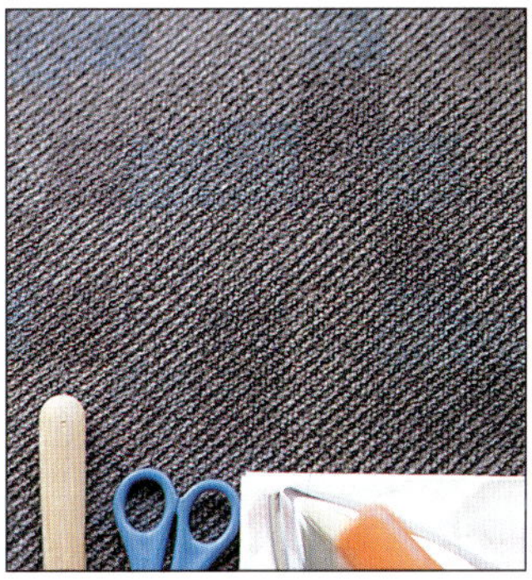

7. Langsam, aber umso sicherer kann der Kunstfaserteppich so wieder völlig wachsfrei werden.

gänzlich aufgesogen, wird der Teppichboden gut gebürstet, dann nochmals bearbeitet. Nehmen Sie also ein neues Vlies, setzen Sie die Bügeleisenspitze drauf und ziehen Sie beides gleichzeitig mehrmals über die Schadensstelle weg. Das Eisen darf auf keinen Fall in direkten Bodenkontakt kommen. Abschließend wird der Boden nochmals aufgebürstet. ■

Werkzeugkasten

Messer, Schere, dickerer Karton, Bügeleisen, Handbürste.

2. Suchen Sie ein Reststück mit identischem Musterverlauf heraus.

3. Mit Lineal und Cutter werden die Kanten des Flickstücks beschnitten.

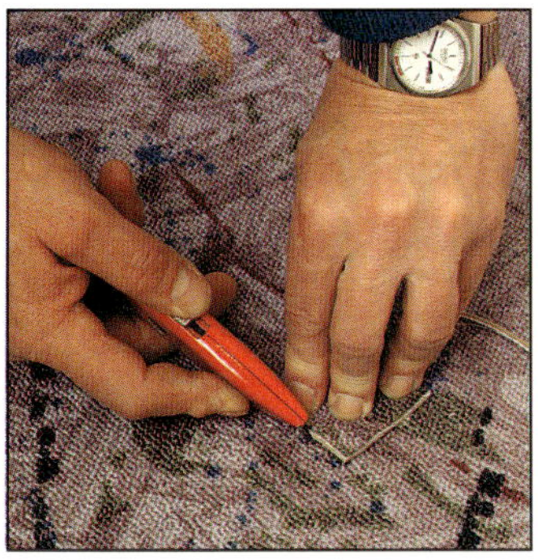

4. Entlang den Kanten des fest aufgedrückten Flickstücks den Bodenbelag ausschneiden.

5. Werden die Kanten mit Schnellkleber gebunden, gibt's später keine Laufmaschen.

6. Operation geglückt: Das Flickstück ist paßgenau in den Bodenbelag eingeklebt.

nen Mustern, melierten oder unifarbenen Teppichböden ist unbedingt auf die Webrichtung zu achten. Setzt man das Flickstück „gegen den Strich“ ein, kommt es zu unterschiedlichen Schattierungen. Ist die passende Stelle festgelegt, schneidet man zuerst die Längskanten entlang den Schlingen, ohne diese zu verletzen. Anschließend kommen die Querkanten dran. Die Schadstelle wird nun mit dem Flickstück abgedeckt und entlang den Kanten ausgeschnitten. Die Schnittkanten am Flickstück und am Bodenbelag werden mit Schnellkleber versorgt. Dies verhindert, daß später lose Fasern ausgerissen werden und sich „Laufmaschen“ bilden. Mit doppelseitigem Klebeband wird anschließend das Flickstück in den Ausschnitt eingeklebt. ■

Werkzeugkasten

Teppichmesser, Lineal, Schnellkleber, doppelseitiges Klebeband.

Text und Fotos: Hobbywood

Profitips

Pflasterkuhle ausgleichen

Gepflasterte Flächen können mit der Zeit Kuhlen aufweisen. Pfützenbildung ist die Folge. Um dies zu verhindern, ist erneutes Nivellieren erforderlich.

Beim Pflastern von Hofflächen, Terrassen oder Zufahrten kommt es auf den richtigen Unterbau an. Wenn dieser nicht stimmt, merkt man's bald. Bei Zufahrtswegen zeichnen sich Fahrrinnen ab, auf Pflasterflächen entstehen Kuhlen oder eine Terrasse sackt einseitig ab. Oft ist ein Schaden schon da, auch wenn man ihn mit dem bloßen Auge noch gar nicht sieht.

Warum dann überhaupt was tun? Spätestens beim nächsten Regenguß wissen Sie warum. Die unebene Pflasterfäche

1. Pfützen bringen es an den Tag: Der Pflasterbelag ist abgesackt und hinterläßt Wasserlachen. Zur Schadensbehebung sind diese allerdings wieder hilfreich. Die nasse Fläche läßt sich gut markieren.

kann das Regenwasser nicht mehr auf Grund eines einheitlichen Gefälles ableiten, in den Rinnen und Vertiefungen sammelt sich das Oberflächenwasser und es bilden sich Pfützen, die je nach Kuhlentiefe mehr oder weniger lang brauchen, bis sie wieder abgetrocknet sind. Ein paar Tricks sollen Ihnen nun helfen, eine Pflasterfläche wieder auf Niveau zu bringen.- Zunächst sollten Sie die abgesenkte Stelle markieren, und zwar solange in ihr noch eine Pfütze steht. Dann ha-

Profitips

Loses Pflaster fest verfugen

Will man vermeiden, daß Pflasterfugen absacken oder will man einen Altbelag sicher verfugen, ist das jetzt möglich mit einem speziellen Pflastermörtel. Und das geht so.

1. Noch offene Fugen oder vom Sand befreite Fugen eines Altbelags sollten 8 mm breit sein und 30 mm tief. Dann lassen sich Pflastersteine sicher einbetten.

Natur-, Beton- oder Klinkersteine setzt man üblicherweise in ein Splittbett und verfugt mit Sand. Doch wenn der Grundaufbau nicht korrekt ausgeführt oder nicht ausreichend Sand eingebracht wurde, können sich mit der Zeit die Steine setzen, die Fugen öffnen und gefährliche Löcher in einem Gehbelag ergeben. Auch dort, wo Belastungen durch Fahrverkehr auftreten, ist mit erhöhter Gefahr durch offene Fugen zu rechnen. Das gilt vor allem auf steileren Garagenauffahrten, die nicht mit sich verzahnenden Verbundsteinen belegt sind, sondern mit glattkantigem Betonpflaster. Da kann ein Regenguß schon mal ordentlich Sand ausspülen oder der Reifendruck beim Hochfahren Steine zum Verschieben bringen. Dauerhafte Abhilfe schafft dann ein Pflasterfugenmörtel.

Das besondere an ihm ist, daß er ohne Wasser verarbeitet und ohne Wasser hart wird. Das spart Zeit, Wasser und Mühe, denn aufwendiges Entfernen eines Zementschleiers entfällt. Der Mörtel mit der Bezeichnung EPU-PF von

2. Günstigen Stein aussuchen und dessen Fugen mit einem spitzen Gegenstand auskratzen.

3. Zwei Kellen seitlich einschieben und mit abwechselnder Bewegung Stein heraushebeln.

4. Steine ablegen, Pflasterbett auflockern und Splitt einbringen, um das Niveau zu heben.

5. Pflaster fugendicht einlegen, damit auch der letzte Stein in einer Reihe wieder paßt.

6. Mit einem Balken oder Stampfer die Steine flächenbündig absenken, damit ...

7. ... nachher die neu ausgelegte und eingesandete Stelle mit der Umgebung ein Niveau hält.

ben Sie nämlich das exakte Ausmaß und die genaue Kontur. Alles was innerhalb der angezeichneten Linie liegt, muß also erhöht werden. Ist das Wasser schließlich verdunstet, kann der Eingriff erfolgen.

Damit nun die dichte Pflasterhaut geöffnet werden kann, müssen mit einem spitzen Gegenstand zuerst einmal die Fugen eines Steines freigekratzt werden. In zwei nun offene Fugen greift man mit zwei Kellen ein und hievt den Stein heraus. Jetzt ist es ein Leichtes, die restlichen Kuhlensteine zu entfernen. Das Pflasterbett aus Splitt wird gelockert, geebnet und etwas aufgefüllt. Wenn die Steine wieder liegen, Fugen einsanden, Niveau mit einem langen Richtscheit prüfen und neu belegte Stelle feststampfen. ■

Werkzeugkasten

Wachskreide, alter Schraubendreher, Maurerkellen, Richtscheit, Stampfhilfe.

Fotos: WS

2. Den vakuumverpackten Spezialmörtel zunächst portionsweise verteilen und dann ...

3. ... mit einem Straßenbesen in die Fugen einbringen. Es dürfen keine Hohlräume entstehen.

4. Mit einem Haarbesen den Überschuß abfegen und an neuer Stelle wieder in die Fugen bringen.

5. An der Luft härtet der Pflasterfugenmörtel aus, die Steine sind auf Dauer fest eingebettet.

Quickmix ist ein Trockenmörtel, der mit einem Bindemittel angereichert ist, das bei Kontakt mit Luft/Sauerstoff den Mörtel zum Erhärten bringt. Deshalb ist das Material auch vakuumverpackt.

Soll nun eine Pflasterfläche verfugt werden, ist darauf zu achten, daß die Fugen mindestens 8 mm breit sind und 30 mm tief. Bei Altbelägen sind Sandfugen 30 mm tief abzutragen (auskratzen und absaugen oder mit Preßluft ausblasen) und die Steinränder zu säubern. Dann wird das Material ausgekippt und eingefegt. Einen Tag lang ist die Fläche vor Feuchtigkeit zu schützen. Dann steht eine verfestigte Pflasterfläche zur Verfügung, in der sich kein Stein mehr lösen kann. Die Fugen sind druckstabil, werden beim Abkehren nicht mehr ausgerieben und bleiben wasserdurchlässig, so daß sich das Gleichgewicht zwischen Niederschlagswasser und Grundwasserspiegel halten kann. ■

Werkzeugkasten

Werkzeug zum Auskratzen, Werkstattsauger, mittelharter Straßenbesen, Haarbesen.

Fotos: Quickmix

Profitips

Gebrochene Wegplatte flicken

Frost, Unebenheiten des Unterbaus oder Transportfehler können die Ursache für Brüche an Betonplatten sein. Doch lassen sich solche Schäden auch wieder gut beheben.

Nicht nur Schönheitsfehler. Solche Bruchstücke können auch zu Stolperfallen werden.

Wege im Garten sollten sicher zu begehen und auch gut zu reinigen sein. Ist eine Betonplatte mal gerissen, kann sich schnell Unkraut breit machen, und die Gefahr nimmt zu, doch einmal über die hervorstehende Plattenstückkante zu stolpern. Außerdem sieht ein solcher Riß nicht gerade schön aus. Eine beschädigte Wegplatte deshalb gleich wegzuwerfen ist jedoch nicht zu empfehlen, da vielleicht nicht der entsprechende Ersatz aufzufinden ist, und wenn doch, die neue Platte dann recht stark im alten Belagsumfeld auffallen wird.

Wir wollen retten, was zu retten ist und reparieren die gebrochene Platte. Und da es nur um die eine geht, ist die Arbeit auch recht schnell gemacht. Die schadhafte Platte wird herausgenommen und der Unterbau so wiederhergestellt, daß er eben und tragfähig ist. Nun säubert man die Plattenunterseite und vor allem die Bruchstellen. Aus Zement und Sand wird trocken eine Betonmischung aufbereitet (1 Teil Zement, 2 Teile Sand), dann etwas Wasser zugegeben, um schließlich eine gerade noch rührbare Masse zu bekommen.

Auf die gut eingenäßte Bruchkante des einen Plattenteils wird nun per Hand oder mit der Kelle

1. Zerbrochene Platte herausnehmen und gut säubern. Eventuell Meißel zur Hilfe nehmen.

2. Die Sand-Zement-Mischung trocken mit der Hand zubereiten. Sie wird dann gleich …

Profitips

Teichfolie schweißen

Auch hochwertige Teichfolien können bei unvorsichtiger Behandlung beschädigt werden. Doch kleine Löcher lassen sich meist noch einmal flicken.

Das Flicken einer beschädigten Teichfolie aus PVC ist relativ einfach. Es ist allerdings meist viel schwieriger, ein Loch in der Folie zu finden, zumal wenn das Becken bereits mit Wasser gefüllt ist. Gewöhnlich sinkt der Wasserstand bis zur Schadstelle ab. Es bleibt meistens nichts anderes übrig, als den Kies, die Pflanzen und dergleichen zu entfernen und die Folie bis dorthin freizulegen. Wenn der Riß (zum Beispiel durch einen spitzen Stein) oder die undichte Stelle (zum Beispiel an einer alten Schweißnaht) gefunden ist, muß die Folie zunächst gesäubert werden. (Achten Sie dabei auch auf andere Schadstellen in der Umgebung.) Dann benötigen Sie einen (oder mehrere) Flecken, zum Beispiel von übrigen Folienresten, einen flachen Pinsel, einen Sandsack oder einen ähnlichen gewichtigen Gegenstand und einen speziellen Folienkleber oder besser gesagt ein Quellschweißmittel (Tetrahydrofuran), denn PVC-Folie läßt

1. Zunächst müssen Sie die schadhafte Stelle suchen. Legen Sie dazu die Folie in der Höhe des Wasserstandrandes frei.

2. Die Schadstelle mit einem feuchten Tuch säubern und auf benachbarte Risse achten.

3. Aus einem alten Folienrest wird ein passender Flicken zugeschnitten.

3. … auf die nassen Bruchkanten gestreut und verrieben, bevor breiige Masse dazukommt.

4. In gleicher Weise behandelt man das Gegenstück, damit später der Kontakt optimal ist.

5. Beim Einlegen der Plattenteile darauf achten, daß der Mörtelüberzug nicht abfällt.

6. Liegen die Teile flächenbündig und fugentreu, werden sie noch etwas zusammengeschoben und über die Außenkanten mit Holzkeilen verspannt.

7. Austretenden Mörtel mit der Kelle abheben, Reste noch verstreichen und vor dem Trocknenlassen auf ein geschlossenes Fugenbild achten.

trockener Beton dünn aufgetragen. Mit einer kräftigen Bürste diesen dann einreiben, damit sich lose Teilchen noch mit einmischen können und die Schlemme in die Poren dringt. Erst dann wird etwas dicker der breiig angemachte Mörtel aufgebracht. Dasselbe Verfahren ergibt sich für das andere Plattenbruchstück.

Beide Teile werden vorsichtig an alter Stelle eingelegt und sofort zusammengedrückt. Damit sich die Plattenteile mit der Betonfuge gut verbinden, verspannt man die Bruchstücke, indem man Holzkeile in die Außenfugen setzt. Dabei tritt überschüssiges Material aus, das rasch abgenommen wird. Ohne Wasser allerdings! Nun sollte die mit dem Finger noch etwas glattgezogene Reparaturstelle austrocknen können, wobei direkte Sonne zu vermeiden ist und am folgenden Tag nachgenäßt werden soll. Wer nicht so lange warten will, kann Natriumsilikat (Apotheke) beimengen. ■

Werkzeugkasten

Bürste oder Besen, Meißel, Kelle, Wassereimer, Holzkeile.

Fotos: Maidán Talo

4. Die Schadstelle muß zum Verschweißen völlig sauber und trocken sein.

5. Den Flicken auf die Schadstelle auflegen und das Quellschweißmittel mit einem Flachpinsel zwischen der Teichfolie und dem Flicken gleichmäßig verstreichen.

6. Beide Teile gut andrücken und bis zum Abbinden mit einem Gewicht beschweren.

7. Jetzt sollte die Folie wieder wasserdicht sein. Wenn die Reparatur nicht erfolgreich war, können Sie es nach 24 Stunden mit einem größeren Flicken noch einmal probieren.

sich nicht kleben, sondern nur „schweißen". Der Vorgang ist dem Vulkanisieren eines defekten Fahrradschlauchs ähnlich. Der Flecken wird nicht aufgeklebt, sondern mit dem Quellschweißmittel angelöst und verschmilzt dann zum Teil mit der Folie. Beide Teile müssen deshalb aus dem selben Material bestehen. Ein Flecken von einer anderen Folie (zum Beispiel aus Polyäthylen) ist ungeeignet. Das Quellschweißmittel ist übrigens ebenso wie PVC giftig, das heißt, es entweichen ätzende Gase. Beim PVC werden die giftigen Gase allerdings erst bei der Verbrennung frei. Gehen Sie aber vorsichtig mit dem Quellschweißmittel um, und beachten Sie unbedingt die Gebrauchsanweisung. Wie „Folie geschweißt" wird, zeigt unsere Bildfolge. ■

Werkzeugkasten

Folienflecken, Messer, Tuch, Pinsel, Sandsack oder ähnliches, Quellschweißmittel

Text und Fotos: Peter Himmelhuber

Profitips – Holz schützen

Sollen Bauteile aus Holz im Garten lange leben, so benötigen Sie chemischen Schutz, der Verwitterung und Pilzbefall verhindert.

Holz ist ein lebendes Baumaterial, das den unterschiedlichsten Bedingungen ausgesetzt ist. Außen muß es vor allem dem Wetter trotzen, aber auch dekorativ wirken. Chemischer Holzschutz kann hierbei die Lebensdauer des Holzes deutlich erhöhen. Im Außenbereich wird unterschieden zwischen maßhaltigen Bauteilen (Fenster, Türen oder Gartenmöbel und nicht maßhaltigen Bauteilen (Pergola oder Zäune).

Zum Schutz von nicht maßhaltigen Bauteilen aus Holz kommen meist Imprägnierla-

Wenn Hitze, Kälte und Feuchtigkeit auf ungeschütztes Holz einwirken, verliert es schnell seine natürliche Schönheit. Pilze können das Material leichter zerstören.

Profitips – Rasen ausbessern

Unansehnlichen, fleckigen Rasenflächen müssen Sie nicht gleich mit dem Spaten zu Leibe rücken. Auch ohne Umgraben und Neuanlegen kann Ihr Rasen wieder grün und strapazierfähig werden.

Möglich macht's ein spezielles „Rasenreparatur-System“ (Novaplant von Wolf). Die Wirkung des Systems beruht auf einer Saatgutmischung, die gegenüber herkömmlichen Mischungen nur geringes Höhenwachstum, dafür aber besondere Dichtwüchsigkeit und Robustheit aufweist. Verbunden mit einem Starterdünger wächst in kurzer Zeit, in der Regel sechs Wo-

1. Für einen derart unansehnlichen Zierrasen gibt's verschiedene Ursachen: Starke Trockenheit oder extreme Nässe, manchmal auch ein großes Gartenfest. Doch er ist reparabel.

2. Zuerst müssen Sie die desolate Rasenfläche so tief wie möglich heruntermähen.

3. Mit einem Vertikutiergerät wird der Rasen vom Filz befreit. Einmal längs, einmal quer.

suren zum Einsatz. Sie bilden einen dünnen Anstrichfilm und können deshalb alle Bewegungen des Holzes mitmachen, ohne daß am Anstrichfilm ein Schaden auftritt. Beim Erstanstrich muß das Holz von Verunreinigungen befreit werden. Dann erhält es einen Grundanstrich, zum Beispiel mit Außen-Holzschutz von Glasurit. Diese filmbildende Imprägnierlasur dringt tief in das Holz ein und schützt es gegen Bläue und Braunfäule. Anschließend folgt ein Schlußanstrich mit dem gleichen Material, bei extremer Witterungsbelastung auch ein zweiter.

Beim Überholungsanstrich von nicht maßhaltigen Bauteilen müssen verwitterte Altanstriche zuerst mechanisch entfernt werden. Schadstellen werden bis auf das rohe Holz abgeschliffen, anschließend wieder grundiert und mit einem Schlußanstrich versehen. Bei alten noch tragfähigen Lasuranstrichen genügt meist ein Anschleifen der Oberfläche,

Dunkle Anstriche bieten einen wesentlich besseren Schutz fürs Holz als helle Holzschutz-Lasuren.

Mit einer Holzschutz-Lasur geschütztes Holz läßt Wasser und Feuchtigkeit kaum ins Material eindringen.

bevor ein neuer Anstrichaufbau erfolgt.

Holzschutz-Lasuren gibt es in einer Vielzahl von Farbtönen, so daß man nicht immer beim Einheitsbraun bleiben muß, sondern auch Ebenholzschwarz oder Palisander auf seine Pergola oder Terrassenfront zaubern kann. Dunkle Farbtöne bieten durch hohe Pigmentzahl übrigens einen wesentlich besseren Schutz für das Holz als helle. Um Holz wirkungsvoll schützen zu können, enthalten Holzschutzmittel fungizide oder biozide Wirkstoffe. Diese Mittel gehören nicht in Kinderhände. Um eine unnötige Belastung der Umwelt zu vermeiden, beachten Sie unbedingt die Verarbeitungsvorschriften der Hersteller. ■

Werkzeugkasten

Drahtbürste oder Drahtbürsteneinsatz für die Bohrmaschine, Schwing-, Winkel- oder Exzenterschleifer, Lasurpinsel

4. Dann mit dem Streuwagen Starterdünger und die Saatgut-Spezialmischung ausbringen.

chen, innerhalb der alten Grünfläche ein dichter Rasen heran. Die Anwendung ist einfacher und preiswerter als eine Neuanlage. Sie bewirkt, daß die übriggebliebenen, minderwertigen Gräser des alten Rasens verdrängt werden, die neuen, robusten Sorten sich durchsetzen. Die ganze Erneuerungsarbeit ist in folgende Schritte unterteilt: Zuerst müssen Sie den alten Rasen in der tiefsten Einstellung des Rasenmähers mähen. Anschließend wird vertikutiert. Bei kleineren Flächen

5. Über das Saatgut wird eine dünne Schicht (höchstens ein Zentimeter) Torf gleichmäßig auf der Fläche verteilt.

6. Die Fläche beregnen und ab sofort ständig feucht halten. So können die Gräser innerhalb zwei bis drei Wochen keimen und der Rasen ist nach sechs Wochen wieder grün.

geht das mit dem Handvertikutierer, bei großen ist ein Elektrogerät angebracht. Arbeiten Sie einmal in Längs-, einmal in Querrichtung. Durch das Vertikutieren erhält die Rasenfläche kleine Saatrillen. Saatgut und Dünger finden so guten Bodenanschluß.

Dann wird sparsam aber gleichmäßig Starterdünger ausgebracht. Anschließend können Sie gleich den Grassamen ausbringen, quer zur Streurichtung des Düngers. Jetzt deckt man die Fläche dünn mit Torf ab. Ganz wichtig ist die nun folgende Bewässerung. Der Boden muß fortan feucht bleiben. Unter Umständen mehrmals täglich wässern.

Vier Wochen nach der Einsaat wird nochmals gedüngt, weitere zwei Wochen später ist der Rasen dann im Normalfall wieder ganz in Ordnung. ■

Werkzeugkasten

Rasenmäher, Vertikutierer, Streuwagen, Rechen, Rasensprinkler

Fotos: Wolf Geräte

Profitips

Rasenmähermesser schleifen

Auch Rasenmähermesser werden mit der Zeit stumpf. Man muß jedoch nicht gleich ein neues Messer kaufen, häufig genügt das Nachschärfen.

Bei einem Sichelmäher wird das Gras nicht abgeschnitten, sondern abgehackt. Damit die Halme glatt durchtrennt und nicht abgerupft werden, ist es wichtig, daß das zweischneidige Messer scharf ist. Als Werkzeug zum Nachschleifen eignet sich am besten ein Schleifbock. Zur Not genügt auch eine Bohrmaschine mit Schleifkopf. Zunächst muß das Messer ausgebaut werden. Vorher den Motor gegen Anlaufen sichern! Lösen Sie mit einem Gabelschlüssel die Befestigungsschraube,

1. Zum Ausbau des stumpfen Messers den Rasenmäher ankippen und die Mutter lösen. Das Messer gegen Drehen sichern.

2. Mit Schraubstock und Inbusschlüssel wird eine Kontrollvorrichtung gebaut.

3. Ist beidseitig Seiten gleichviel Material abgeschliffen, bleibt das Messer in der Waage.

Profitips

Kolbenpumpe reparieren

Dichtungen an Kolbenpumpen werden im Laufe der Zeit porös und brüchig. Wir zeigen, wie sie erneuert werden.

Handbetriebe Gartenpumpen, sogenannte Handschwengelpumpen sind Kolbenpumpen, wobei der Kolben bei den meisten Typen mit einer Ledermuffe abgedichtet ist. Die Muffe drückt das Wasser beim Pumpen nach oben zum Auslaufrohr. Dabei schmiegt sie sich eng an die Innenwand des Pumpenzylinders, so daß kein Wasser zurückfließen kann. Durch den ständigen Betrieb und vor allem auch durch den Wechsel zwischen Trockenheit und Nässe, wird diese Lederdichtung brüchig und undicht. Ob es an dieser Lederdichtung liegt, wenn die Pumpe nicht

1. Das Pumpengehäuse läßt sich leicht öffnen. Den Kolben nach oben herausziehen.

2. Der Kolben ist gewöhnlich mit einem Splint an der Pleuelstange befestigt, der mit einer Zange gelöst wird.

3. Tränken Sie die Verbindungsstelle der Kolbenteile mit einem Rostlöser. Dann läßt sich das Schraubgewinde mit einer Rohrzange öffnen.

dann läßt sich das Messer von der Antriebsachse abziehen. Die Schraube gleich wieder festziehen, damit sie nicht verloren geht. Bei einem Messer mit angeschraubten Klingen (dreieckige scharfkantige Metallblätter) genügt es meistens die Klingen zu drehen, so daß eine noch scharfe Seite nach vorn gerichtet ist (Drehrichtung des Messers beachten!). Sind alle drei Seiten abgenutzt, müssen sie nachgeschliffen werden. Durch Steinschlag verbogene Klingen entweder mit dem Hammer richten oder einfach durch neue ersetzen. Bei einem Messer, das aus einem Stück hergestellt ist, werden die Spitzen angeschliffen. Achten Sie aber darauf, daß Sie an beiden Spitzen gleichviel Metall abschleifen, sonst läuft das Messer später unrund. Diese Unwucht erschwert das Mähen und kann zu Materialschäden führen. Kontrollieren Sie deshalb, ob sich beide Messerspitzen die Waage halten. Dabei hilft eine

4. Schleifen Sie stets nur auf der Oberseite des Messers, die Unterseite nur entgraten.

5. Einfacher und schneller geht's mit einer stationären Schleifmaschine.

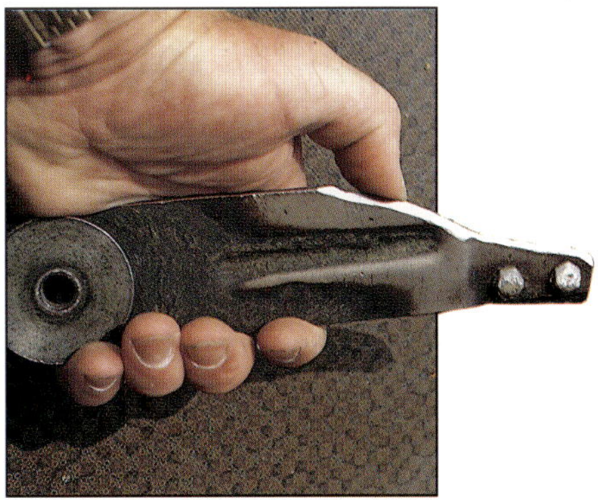

6. Nach dem Schleifen sind die Schneiden des Messers wieder richtig scharf.

7. Am Messerbalken angeschraubte Klingen drehen oder auch gleich nachschleifen.

8. Beim Justieren eines verbogenen Messers kann ein altes Rad sehr hilfreich sein.

provisorische Achse, auf die das Messer gesteckt wird. Wenn das Messer dabei nicht waagrecht liegen bleibt, muß die schwerere Seite nachgeschliffen werden, bis beide Spitzen im Gleichgewicht sind. ■

Werkzeugkasten

Gabelschlüssel, Schleifbock oder Bohrmaschine mit Schleifkopf, evtl. Hilfsachse zum Justieren

Text und Fotos: Peter Himmelhuber

4. Jetzt können Sie den alten Lederring ausbauen und zum Ersatzteilkauf mitnehmen.

funktioniert, können Sie leicht feststellen, indem Sie den Zylinder öffnen und den Kolben herausziehen. Dazu müssen gewöhnlich nur zwei Schrauben gelöst werden. Wenn das Leder verschlissen ist, sollten Sie eine neue Dichtung (kostet im Baumarkt etwa zwölf Mark) besorgen. Ist der Kolben ausgebaut, sollten Sie ihn zunächst von der Pleuelstange lösen. Die Verbindungen der beiden Kolbenteile mit einem Rostlöser behandeln, sonst lassen sich die festsitzenden

5. Die neue Dichtung wird auf das Kolbenunterteil gesetzt. Sie paßt sich mit der Zeit dem Pumpenzylinder an.

7. Den Kolben nach der Reinigung mit einem neuen Splint am Pleuel befestigen.

8. Jetzt kann der Kolben wieder in den Pumpenzylinder gesetzt werden.

6. Eventuell können Sie eine neue Dichtung auch selbst aus einem Stück Leder schneiden.

Schrauben kaum öffnen. Nach kurzer Einwirkungszeit können Sie den Kolben auseinanderschrauben, um schließlich die neue Lederdichtung einzusetzen. Bevor Sie den Kolben wieder in die Pumpe einbauen, sollten Sie ihn gründlich reinigen, damit das Wasser nicht verschmutzt wird. ■

Werkzeugkasten

Gabelschlüssel, Schraubstock, Rohrzange, Schraubendreher, Kombizange, Rostlöser.

Profitips

Loch am Schlauchanschluß beseitigen

Ein Loch im Gartenschlauch gibt's am häufigsten direkt hinter der Verschraubung. Man kürzt einfach und schließt neu an. Wer ein paar Tricks kennt, tut sich dabei noch leichter.

Meistens platzt ein Schlauch direkt hinter der Schlauchverschraubung. Deren Tülle selbst ist in der Regel auch Ursache für den Schaden. Denn einerseits dehnt diese den Schlauch permanent von innen, andererseits wird der Schlauch, wenn er bewegt wird, genau hinter dem starren Teil abgeknickt und irgendwann durch die Messing- oder Kunststofftülle verletzt.

Glück im Unglück! Immerhin geht beim Kürzen und Neuanschließen nur ein kurzes Stück vom Schlauch verloren. Also gut. Zuerst löst man die Schlauchklemme mit einem passenden Schraubendreher. Wer dann gleich einfach den Schlauch unterhalb der Leckstelle abschneidet, handelt vorschnell. Es ist nämlich meistens gar nicht so einfach, danach das Schlauchstückchen von der Tülle zu bekommen. Und es der Länge nach aufzuschneiden, ist gefährlich. Sehr viel einfacher geht's so: Man „schnitzt" quasi die Tülle der Schlauchverschraubung (den Schlauch fest im Griff) zunächst frei und schneidet dann erst ab. Eine feingezähnte Schere rutscht hierbei nicht so leicht ab, geeignet ist auch eine Rebschere oder man nimmt ein scharfes Messer und eine feste Unterlage.

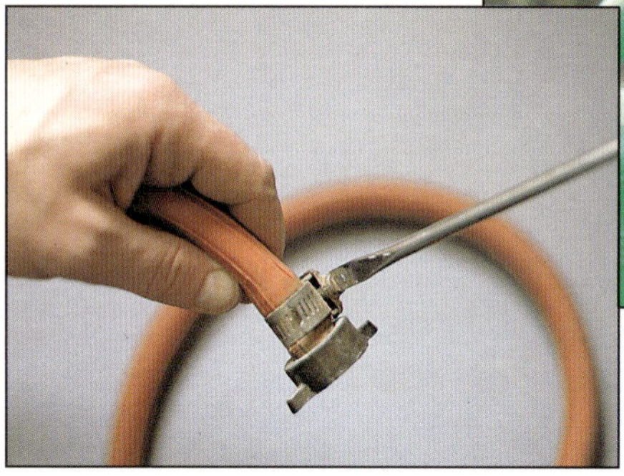

1. Typisches Schadensbild: Direkt hinter der Tülle der Schlauchverschraubung ist der Schlauch geplatzt. Also abschrauben und Schlauchklemme lösen.

Profitips

Gartentischplatte auffrischen

Sehen Sie, wie man Kratzer oder Riefen an Werzalit Platten einfach beseitigt. Und wer seinen weißen Gartentisch dann noch aufpeppen will, kann es so machen wie wir.

Platten von Gartentischen, die im Freien überwintern mußten, sehen meist schlimm aus, wenn sie wieder gebraucht werden. Neben hartnäckigen Ablagerungen und Bemoosungen sind dann meist auch die Gebrauchsspuren vom Vorjahr zu beseitigen oder Schäden, die in der Ruhezeit aufgetreten sind. So zum Beispiel Kratzer und andere Oberflächenschäden, verursacht etwa durch herabgefallene Äste oder Frostschäden und Aufplatzungen an den Stellen, die vorher schon als Risse vorhanden waren, jedoch damals vernachlässigt wurden.

Wer solche Schäden beheben möchte, sollte sich dann vielleicht auch überlegen, ob nicht mehr aus dem Gartenmöbel zu machen ist, denn nach der Renovierung der Tischplattenoberfläche ist eine Neubeschichtung sowieso notwendig. Doch fangen wir vorn an.

Zunächst muß die Platte gereinigt und entfettet werden. Dazu eignet sich umweltfreundliche Flüssigseife oder Reinigungsmilch. Ist alles trocken, können die tieferen Riefen behandelt werden. Mit einer besonderen Spachtelmasse (Feinspachtel von Molto), die auch außen eingesetzt werden kann, sind die Vertiefungen ansatzlos zu verfüllen. Auch nur schwache Kratzer lassen sich dünnschichtig egalisieren. Nach dem Aushärten empfiehlt sich das Überschleifen der ganzen Platte.

Bevor dann lackiert wird, sollte die Fläche mit einer für Kunststoff geeigneten Grundierung behandelt werden. Als Endlack verwendet man am besten wasserverdünnbare Lacke und trägt diese mit einer Kunststoffrolle auf.

Für unsere Gestaltungsidee braucht man dann noch ein wenig Geduld und eine ruhige Hand.

1. Sind Kratzer vorhanden, diese nach der Reinigung erst einmal plan ausspachteln. Nach Feinschliff und Grundierung kann überlackiert werden.

2. **Zur besseren Handhabung den Schlauch nicht kürzen, sondern erst die Tülle „freilegen".**

3. **Jetzt wird der Schlauch unterhalb der Schadstelle mit einer Schere abgeschnitten.**

4. **Wird das Schlauchende in heißes Wasser gehängt, läßt sich das Material leichter dehnen.**

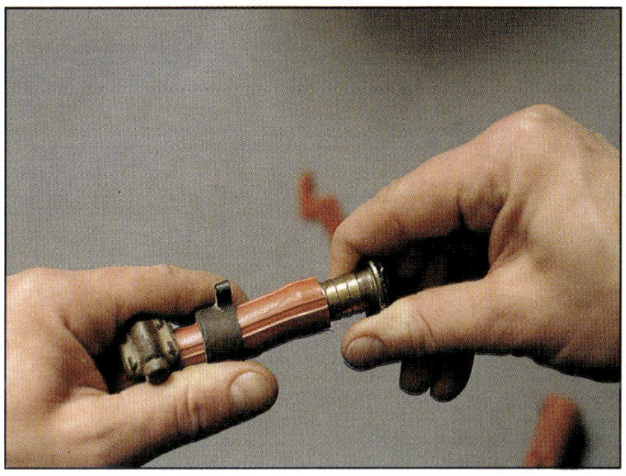

5. **Schlauchklemme und Mutterteil auffädeln, Tülle ganz einschieben, Klemme festschrauben.**

Als nächstes wird sich herausstellen, daß sich der verkürzte Schlauch gar nicht so leicht wieder auf die Tülle schieben läßt. Doch bei den meisten flexiblen Kunststoffschläuchen (selbst bei gitterverstärkten) wird das Unterfangen spielend einfach, wenn man das Schlauchende eine Zeitlang in heißes (nicht kochendes) Wasser hängt.

Wer jetzt voller Glück blitzschnell den geschmeidigen Schlauch auf die Tülle schiebt, hat vergessen, erst noch die Schlauchklemme und das Mutterteil der Schlauchverschraubung (in dieser Reihenfolge) aufzufädeln und ist gezwungen, beides wieder voneinander trennen!

Der Schlauch muß bis zum Anschlag der Tülle reichen, erst dann wird das Mutterteil nach vorne geschoben, schließlich die Schlauchklemme festgezogen. Ist die Klemme verkalkt oder etwas korrodiert, sollte man einen Tropfen Öl draufgeben. ■

Werkzeugkasten

Schraubendreher, Messer, evtl. Zange, gezähnte Schere.

Fotos: HUM

2. **Reinigen ist nicht nur notwendig bei sichtbarem Schmutz, sondern auch zur Entfettung.**

3. **Kreise aus Malerband und Querstreifen aus Abdeckband grenzen die Farbfelder sauber ab.**

4. **Die geometrischen Flächen bunt auslackieren. Nach kurzem Antrocknen Bänder abziehen.**

5. **Sind auch die Restflächen blau gestrichen, ist der Gartentisch kaum wieder zu erkennen.**

Wir gehen so vor: Vom Tischmittelpunkt aus zwei Kreise ziehen (Abstand zur Außenkante 10 bzw. 30 cm) und einen weiteren mit etwa 25 cm Radius. Entlang der Kreislinien nun dehnbares Krepp-Malerband aufbringen. Dabei zuerst ausdehnen, dann aufkleben. Zwischen den Kreisen und in der Mitte verklebt man Abdeckband, so daß geometrische Formen entstehen. Diese lackiert man dann bunt. Ist die Farbe berührtrocken, Tesabänder abziehen und Farbe trocknen lassen. Anschließend die Farbflächen an den Kanten nach innen abkleben und die restlichen Flächen blau streichen. Das Verfahren scheint etwas umständlich, hat aber den Vorteil, daß die verschiedenen Farbfelder mit dem Hauptton Blau eine Fläche bilden. Würde man erst die Platte blau lackieren und darauf die Farbfelder setzen, würden sich leichte Farbschichtversätze zeigen. ■

Werkzeugkasten

Reinigungsschwamm, Spachtel, Naßschleifpapier (600er), Kunststoffarbwalze, Abklebband (dehnbar/gerade), Schere.

Fotos: Molto/IDK,tesa

Profitips

Heizkörperventile austauschen

Uralte Heizkörperventile sollten auch dann gegen Thermostatventile getauscht werden, wenn sie noch nicht defekt sind.

Bei herkömmlichen Heizkörperventilen verpufft ein Teil der Energie, wenn nicht laufend nachgeregelt wird. Diese alten Ventile sollten Sie deshalb schleunigst gegen zeitgemäße Thermostatventile austauschen.

Vor Beginn der Arbeiten die Heizung abstellen und das Wasser in den Heizungsrohren ablassen. Lösen Sie dann die Befestigungsschraube für den Heizkörper ein wenig, um etwas Spiel zu gewinnen. Mit einem Schraubenzieher wird der Regelknopf des alten Ventils entfernt. Jetzt können Sie mit einer Rohrzange die Verbindung zwischen Ventil und Heizkörper aufschrauben. Anschließend wird das alte Ventil von der Rohrleitung entfernt.

Bevor Sie das neue Ventil aufschrauben, wird das Gewinde mit Teflon-Dichtband umwickelt. Benutzen Sie am besten eine Rohrzange mit weichen Kunststoffbacken wie sie auch zur Montage von Armaturen geeignet ist.

Das neue Ventil zuerst auf das Rohrende, dann auf den Heizkörper schrauben. Den Heizkörper dabei gegebenenfalls etwas bewegen. Sollten die Maße von alten und neuen Ventilen mal nicht übereinstimmen, können Sie mit ei-

2. Mit dem Schraubendreher wird der Regelknopf des alten Heizkörperventils abgeschraubt.

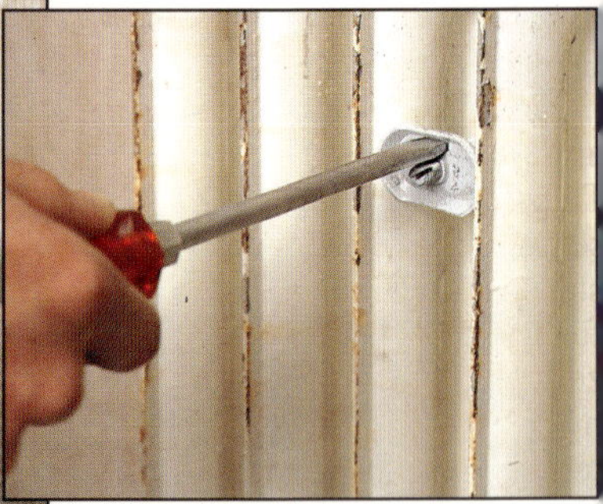

1. Lösen Sie als erstes die Befestigung des Heizkörpers, um etwas Spiel zu bekommen.

3. Die Verschraubung von Ventil und Heizkörper mit der Rohrzange lösen.

Profitips

Thermostatventil abdichten

Auch moderne Heizkörperventile können nach einigen Jahren undicht werden. Abhilfe ist in diesem Fall meist sehr einfach.

Auch bei einer fälligen Reparatur sind Thermostatventile so komfortabel wie im Betrieb. Früher mußte man den Heizwasserkreislauf entleeren und wenigstens eine neue Graphitschnur in die Stopfbüchse stopfen (Daher kommt auch der Name.). Heute kann die komplette Stopfbüchse problemlos ausgewechselt werden. Die Heizung bleibt in Betrieb. Da sich im Lauf der Jahre bei allen Herstellern die Ventilkonstruktion verändert hat, sollten Sie zunächst den Ventilgriff abnehmen. Der Fachhandel für Installationsbedarf oder der Heizungsinstallateur können daran erkennen, welcher Typ von Stopfbüchse erforderlich ist. Da das Ersatzteil nicht viel kostet, lohnt es sich, Vorrat mitzunehmen. Die anderen Ventile halten auch nicht ewig. Einen 12er oder 13er Gabelschlüssel müßte sich in jeder Werkstatt oder im Kfz-Bordwerkzeug finden lassen. Das sind nämlich die gebräuchlichsten Schlüsselweiten. Und der stummelige Vergaserschraubendreher ist besonders günstig, wo's eng ist. Als Dichtung zwischen Ventilgehäuse und Stopfbüchse genügt das sauber bearbeitete Metall, denn im Heizungskreislauf herrscht wenig Druck. Deshalb darf die neue Stopfbüchse höchstens mit einer Viertelumdrehung festgezogen werden. Vermeiden Sie möglichst den Kontakt mit der Fettfüllung in der neuen Stopfbüchse. Denn Reste von diesem Siliconfett bekommt man selbst mit Spiritus oder Verdünner nur schwer von den Fingern ab. Mit vorsichtigem Druck auf den kleinen Ventilstift können Sie testen, ob das Ventil leichtgängig funktioniert. Sollte der Stift nach der Sommerpause einmal festsitzen, läßt er sich auf diese Weise oder an der demontierten Stopfbüchse wieder gangbar machen. Bei der Monta-

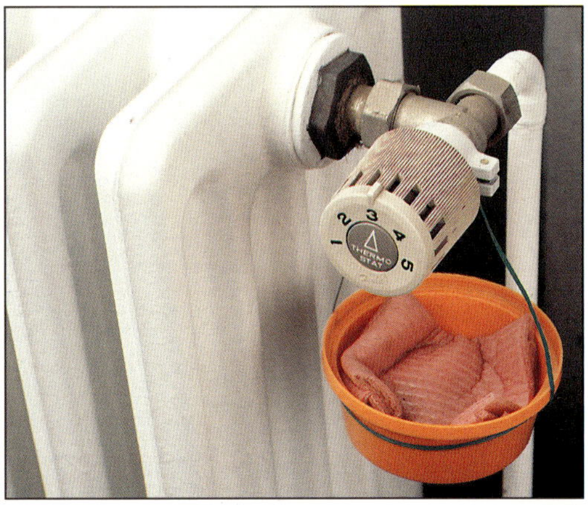

1. Damit die „Erste Hilfe“ nicht zum Dauerzustand wird; lesen Sie hier wie einfach sich ein tropfendes Thermostatventil wieder abdichten läßt.

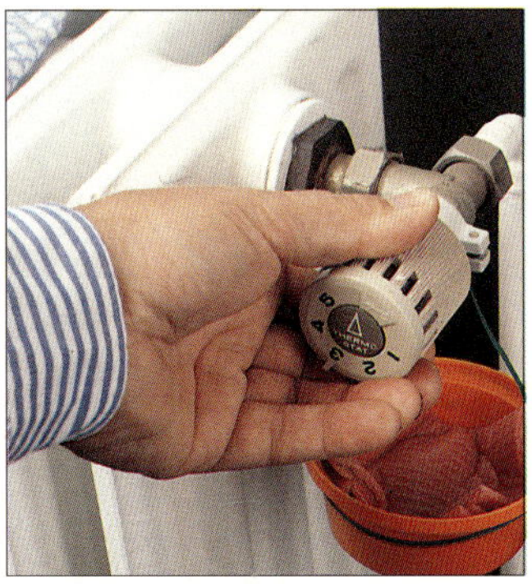

2. Zuerst den Regelhandgriff ganz nach links auf MAXIMUM-Stellung drehen.

3. Die Spannschelle in gut erreichbare Stellung drehen und die Schraube lösen.

nem flexiblen und ausziehbaren Radiatoranschluß kleine Differenzen überbrücken.

Erst wenn das neue Ventil angeschraubt ist, wird der Thermostatregelknopf aufgesetzt. Richten Sie den Thermostat so aus, daß die Markierung für die Einstellung nach oben zeigt. In dieser Stellung festhalten und die Überwurfmutter fest anziehen, aber keine Gewalt anwenden.

Denken Sie vor Inbetriebnahme der Heizung daran, das Leitungssystem wieder aufzufüllen und alle Heizkörper zu entlüften. Jetzt können Sie die Raumtemperatur am Thermostat vorwählen. Eine Automatik sorgt dann dafür, daß der Wasserkreislauf im Heizkörper heruntergeregelt wird, wenn die gewünschte Zimmertemperatur erreicht ist. ■

Werkzeugkasten

Schraubendreher, Gabelschlüssel und Rohrzange (mit Kunststoffbacken).

4. Jetzt kann das alte Heizkörperventil vom Heizungsrohr abgeschraubt werden.

5. Vor dem Aufschrauben des neuen Ventils die Gewinde reinigen, einölen und mit Dichtungsband umwickeln.

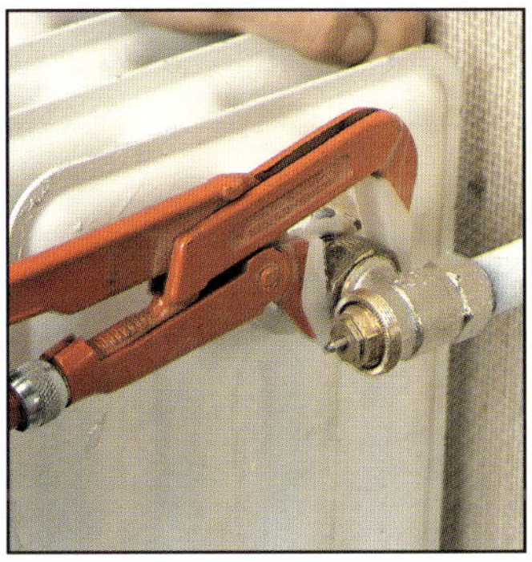

6. Wenn der Anschluß nicht gleich paßt, den Heizkörper etwas bewegen.

7. Alternative: ein flexibler Radiatorstopfen, der sich ausziehen und biegen läßt.

8. Zum Schluß wird der Thermostatkopf für die Regelung aufgesetzt und ausgerichtet.

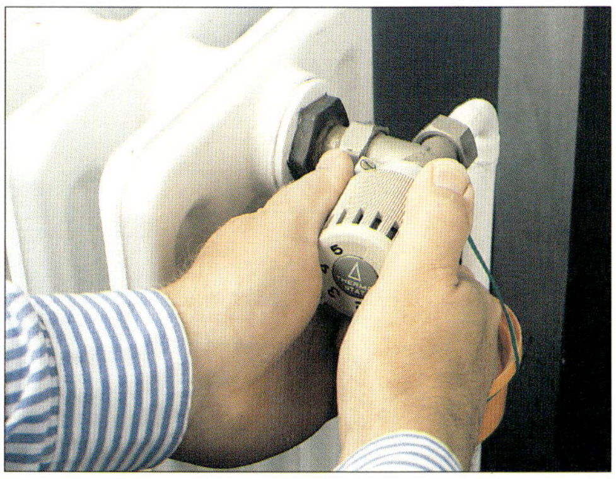

4. Den Regelhandgriff jetzt mit geringen seitlichen Bewegungen lösen und abziehen.

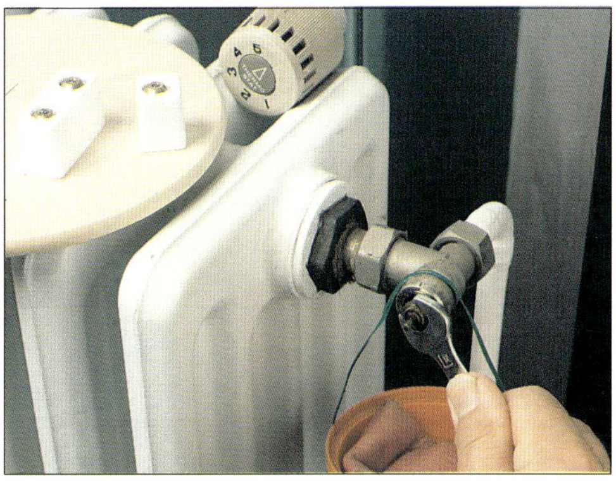

5. Nun können Sie die Stopfbüchse mit einem passenden Gabelschlüssel herausdrehen.

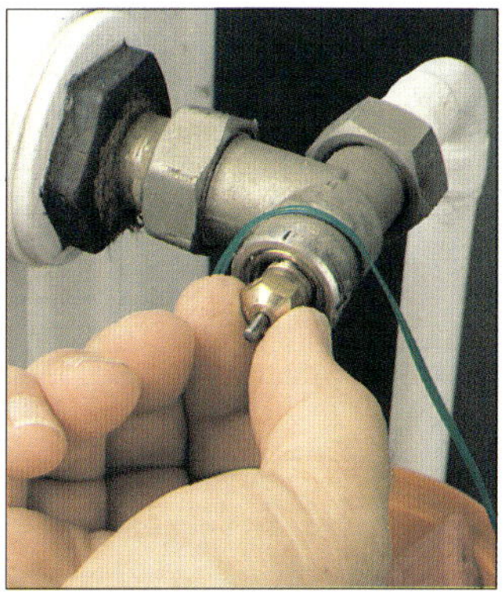

6. Die neue Stopfbüchse eindrehen und handfest anziehen.

7. Mit vorsichtigem Druck können Sie die Ventilbetätigung auf Leichtgängigkeit überprüfen.

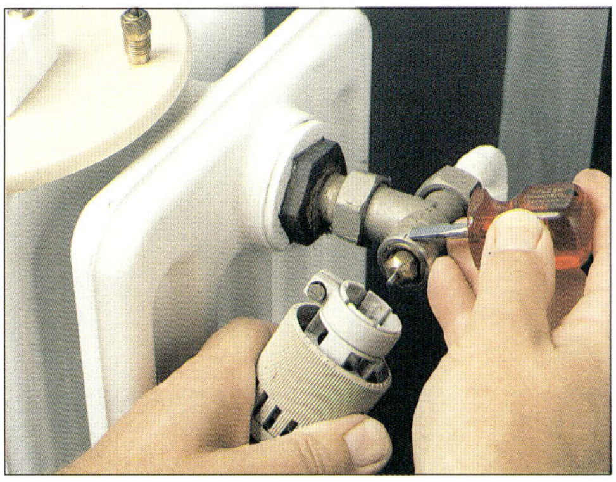

8. Zum Schluß den Regelhandgriff so aufschieben, daß die Nasen in die Aussparungen fassen.

ge des Ventilhandgriffs müssen Sie darauf achten, daß die kleinen Stege im Griff in die Aussparungen am Gehäuse kommen und der Griff bis zum Anschlag auf das Gehäuse geschoben ist. Wenn Sie schon an der Heizung hantieren, kontrollieren Sie doch mal den Wasserstand im Heizungsraum und entlüften die Heizkörper. ■

Werkzeugkasten

Schraubendreher oder kurzer Vergaserschraubendreher, Gabelschlüssel SW12/13.

Text und Fotos: Dietrich Engelhard

Profitips

Heizkörper renovieren

Glieder- oder Flachheizkörper mit Rostflecken, Macken oder abblätternder Farbe machen keinen guten Eindruck. Lesen Sie, wie man wieder für eine makellose Oberfläche sorgen kann.

Heizkörper müssen Wärme abstrahlen, mehr nicht. Oder doch? Eigentlich sollten sie auch ansehnlich dastehen (oder -hängen). Und da man sie ja nicht verstecken kann, sollten sie optisch wenigstens nicht negativ auffallen. Vergilbte Altanstriche, abblätternde Farben, Rostflecken oder sonstige Macken sind häßlich. Und wenn etwa die Wände schon renoviert worden sind, sieht ein alter Heizkörper noch trauriger aus. Also sollte dieser ebenfalls renoviert werden Wie Sie hierbei vorgehen können, sagen wir Ihnen auf dieser Karte.

Für einen Überholungsanstrich sollte immer gelten: Nur völlig ausgekühlte Flächen dürfen gestrichen werden und für ausreichende Belüftung ist zu sorgen. Außerdem sind wasserverdünnbare Heizkörper-Acryllacke vorzuziehen. Diese trocknen schnell, sind lösemittelarm, strapazierfähig und vergilbungsstabil. Vor Beginn sollte auch sicherheitshalber das Ventil abgedeckt werden.

Als Vorarbeit steht dann das gründliche Entfernen von Fett und Schmutz an, gefolgt vom Schleifen, wodurch man alte, festhaftende Anstriche anrauht beziehungsweise abblätternde Farbschichten löst. Ein Abwaschen des Heizkörpers mit Anlauger kann den Schleifgang ersetzen, sofern kein Rost vorhanden ist. Den bekämpft man nur mit Schleifpapier. Freigelegte Stellen müssen dann auf jeden Fall mit Antirostgrund behandelt werden.

Für die Endbeschichtung muß nicht immer die Farbe Weiß zum Zuge kommen. Durch Zugabe etwa eines Seidenglanz-Farblacks kann jede gewünschte Abtönung erzielt werden. Für die Verarbeitung ist bei Planheizkörpern oder

1. Verschrammte Front eines Flachheizkörpers: Doch was so aussieht, muß nicht so bleiben. Auch andere Schäden lassen sich beheben. Neben der Reinigung ist vor allem das Anschleifen und Entrosten sehr wichtig.

Profitips

Heizrohrisolierung erneuern

Wenn Rohre freiliegen oder ihre Isolierung beschädigt ist, lassen Sie sie nicht offen. Mit Dämmschalen ist ein Rohr schnell zu und gut dauerhaft isoliert.

Bis zu 12 Liter Heizöl werden jährlich pro Meter Rohrleitung ungenutzt verfeuert, wenn diese nicht oder nur ungenügend gedämmt sind. Auch einzelne Fehlstellen oder Beschädigungen am Isoliermantel sollten beseitigt werden. Die Baufachmärkte halten für Selbermacher entsprechende Dämmaterialien bereit. So zum Beispiel nicht brennbare Mineralwoll-Schalen für alle Heizungs- und Brauchwasserleitungen. Sie entsprechen den Anforderungen der Heizungsanlagen-Verordnung.

1. Offene Wunden: Solche Schäden an Heizrohrisolierungen sehen nicht nur häßlich aus, sondern verursachen auch Energieverluste. Und statt Textilresten und Gipsmanschette verwendet man heute fertige Dämmschalen.

2. Blank gewordene Stellen sind sorgfältig mit Antirostgrund zu behandeln, um zu verhindern, daß erneut Rost auftritt.

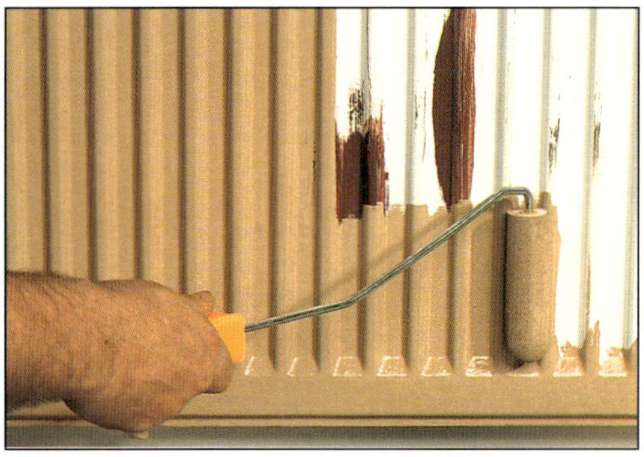

3. Nachdem die Kanten vorgestrichen worden sind, die Fläche zum Beispiel mit einem kleinen Farbroller überwalzen.

4. Stärker profilierte Fronten lassen sich besser per Pinsel beschichten. Nicht nur bei Weiß empfehlen sich zwei Anstriche.

5. Ein so renovierter Heizkörper ist wieder auf Jahre ansehnlich und muß nicht hinter Vorhängen versteckt werden.

Kompaktheizkörpern das Rollen ideal, wobei eine Schaumstoffwalze einzusetzen ist. Bei Rippenheizkörpern ist das Streichen mit dem Pinsel geeigneter. Wählen Sie dann einen solchen mit Polyesterborsten, mit dem man die Farbe noch besser aufträgt.

Bei beiden Verfahren sollten übrigens die Kanten und die etwas schwieriger zu streichenden Partien vorab mit einem Pinsel behandelt werden. Vermeiden Sie dann beim Flächenstreichen zu dicke Schichten. Erstens trocknen sie nicht so schnell und zweitens müssen Sie ja auch daran denken, daß Ihr Heizkörper hängt, also senkrechte Flächen zu streichen sind und „Rotznasen" entstehen können, vor allem an den scharfen Rippenkanten. Beim Rollverfahren führen Sie die Walze quer zur Prägerippung, um Höhen und Tiefen gleichmäßig zu beschichten. Beim Pinselauftrag besser dem Rippenlauf folgen und von unten nach oben arbeiten. ■

Werkzeugkasten

Reinigungsschwamm, Schleifpapier, Pinsel/Schaumwalze.

Fotos: Glasurit

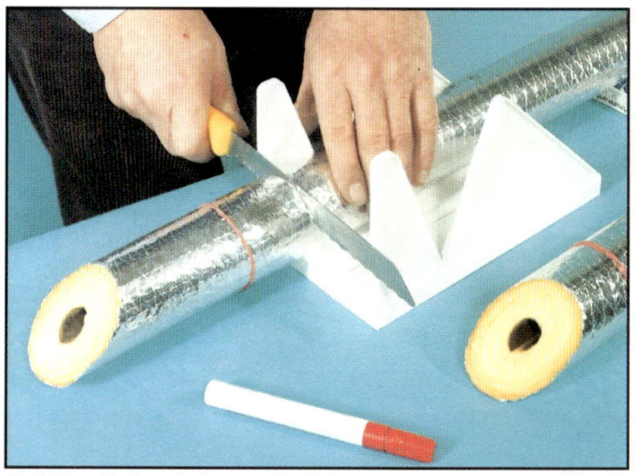

2. Die Gehrungs- und Ablängschnitte sollten mit einem scharfen Messer ausgeführt werden, ...

3. ... damit am Bogen die beiden Dämmschalen auch fugenlos gestoßen werden können.

4. Um ein Öffnen der Naht zu verhindern, wird der Stoß mit Selbstklebeband gesichert.

5. Ganz geschlossen ist schließlich der Isoliermantel, wenn die Längsnaht verklebt wird.

Die Schalen sind 1,20 Meter lang und werden passend zu allen Rohrquerschnitten angeboten. Sie sind mit einer reißfesten Alu-Gitterfolie ummantelt und haben einen selbstklebenden Verschlußstreifen, der die Verlegung schnell und einfach macht. Die Zuschnitte für Winkel und Bögen gelingen mit Hilfe einer praktischen Gehrungslade. Die einfachste Bogenführung für einen Isoliermantel bei rechtwinkliger Abbiegung eines Heizungsrohrs ist die 45-Grad-Verlegung. Sind die Gehrungen mit einem scharfen Messer hergestellt, werden die Schalen aufgebogen, übergestülpt und auf Stoß verlegt. Damit am Schnitt die Dichtigkeit sichergestellt bleibt, sollte der Stoß noch abgeklebt werden. Zum Schluß die Isolierhüllen zusammendrücken und an der Längsnaht zukleben. ■

Werkzeugkasten

Messer, Gehrungslade, Zollstock, Schere.

Fotos: G + H Isover

Profitips

Einhandmischer überholen (Teil 1)

Kein auch noch so hübscher Tropfenfänger kann dichte Ventile ersetzen. Aber auch defekte Badarmaturen lassen sich reparieren.

Einhandmischer sind aufwendige Armaturen mit oft kompliziert zusammengefügten Einzelteilen und Dichtungen. Ein Servicehandbuch vom Hersteller oder wenigstens Kopien daraus für die benutzten Armaturen sollte man sich vor einer Reparatur beschaffen. Möglichst gleich bei der Anschaffung der Armatur, spätestens aber beim Einkauf der Dichtungsätze. Denn dafür muß die korrekte Typenbezeichnung bekannt sein. Vergessen Sie nicht, vor Beginn der Arbeiten die Absperrventile für Kalt- und Warmwasser zu schließen. Mit einem Folienstück können Sie die Umgebung vor nachtropfendem Wasser schützen.

Im jahrelangen Dienst haben sich hartnäckige Mineralablagerungen an unzugänglichen Stellen gebildet. Das erschwert die Demontage im Störfall. Trotzdem nie mit Gewalt vorgehen. Geeignetes Werkzeug, Geduld und notfalls auch Heißluft helfen besser weiter. Zwar gibt es für Installateure spezielle Demontagewerkzeuge. Ausleihen kann aber viel zeitraubender werden als eine improvisierte Eigenanfertigung. In unserem Beispiel diente ein abgesägter Steckschlüssel, entsprechend zurechtgefeilt, zum Lokkern der Ventilkartusche. Nach häufigem Hin- und Herdrehen läßt sie sich mitsamt dem Steuerkolben herausziehen. Die eigentliche Reparatur: Die alten Dichtungsringe entfernen und die Metallteile in Essigessenz entkalken. Die wirkt ebenso gut, aber schonender als ein chemischer Schnellentkalker. Beim Abstoßen von Verkrustungen hinterlassen Holzspatel (Eisstiele) keine Kratzer, an denen sich sonst schnell wieder Ablagerungen festsetzen. Die neuen O-Ringe lassen sich leichter aufziehen, wenn man alle Flächen mit Seife gleitfähiger

Ein Schwamm als Tropfenfänger ist keine gute Dauerlösung bei einem defekten Wasserhahn.

1. Mit der Gummibackenzange lassen sich verchromte Teile ohne Beschädigung lösen.

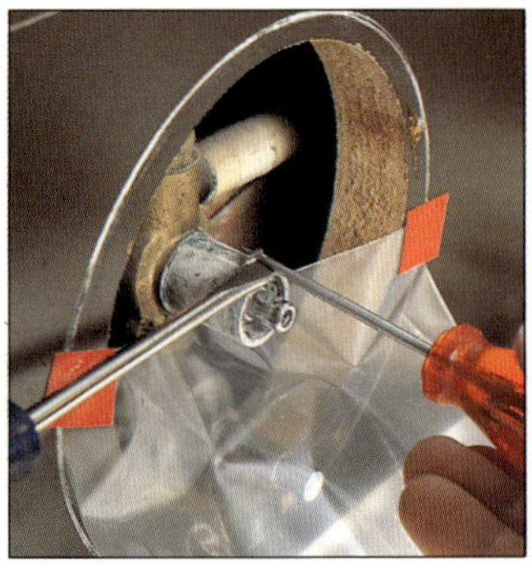

2. Die Sperrfeder vor der Kartusche über eine Schraubendreherklinge heraushebeln.

Profitips

Einhandmischer überholen (Teil 2)

Ist das Ventil am Einhandmischer ohnehin reparaturbedürftig, sollte man auch gleich den Umstellknopf mit überarbeiten. Oft reicht dafür schon neues Armaturenfett.

Zum Reinigen und Ausstatten mit neuen Dichtungen sollten man die Ventilteile von Armaturen nicht nur ausbauen, sondern auch in alle Einzelteile zerlegen. Dabei lassen sich dann auch andere Verschleißteile wie zum Beispiel Federn oder Spannringe gegen neue Teile tauschen. In den Reparatursets der Hersteller sind diese Teile meist enthalten.

Wasserpumpen- oder Rohrzangen sind mit ihren agressiven Zähnen im Maul für diese Arbeit jedoch denkbar ungeeignet. Glatte Werkzeugflächen wie am Gabelschlüssel oder an der Armaturenzange hinterlassen keine Kratzer auf glänzenden Chromflächen. Auch im Schraubstock lassen sich die Einzelteile zwischen entsprechenden Schonbacken als Zulagen zum Demontieren einspannen.

Denn oft sind doch beträchtliche Kräfte erforderlich, um festsitzende Gewinde zu lösen. Heißluft oder Backofenhitze knackt die Verkrustungen häufig eher als Kriechöl. Aber um Funktionsstörungen zu beheben, muß man in das Innere vordringen – zum Beispiel bis zu der feinen Bohrung im Ventilteller der Duschumstellung, die sich häufig mit Kalkablagerungen verschließt.

Auf der Drehbank hergestellte Einzelteile lassen sich zum Säubern auch einfach ins Bohrmaschinenfutter spannen. Am langsam rotierenden Teil kann die Oberfläche bequem mit Schleifvlies „sehr fein“ oder auch mit Stahlwolle bearbeitet und poliert werden. Reste der Stahlfasern aber sehr sorgfältig entfernen, denn sie wären „Gift“ für die Dichtungsringe.

Die abschließende Behandlung mit Polierpaste erzeugt eine

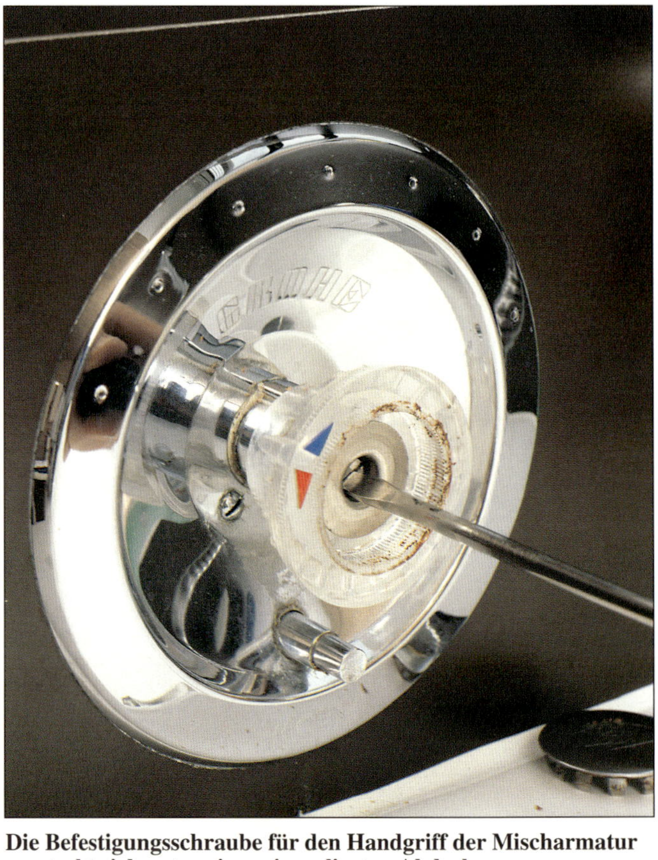

Die Befestigungsschraube für den Handgriff der Mischarmatur versteckt sich unter einer eingeclipsten Abdeckung.

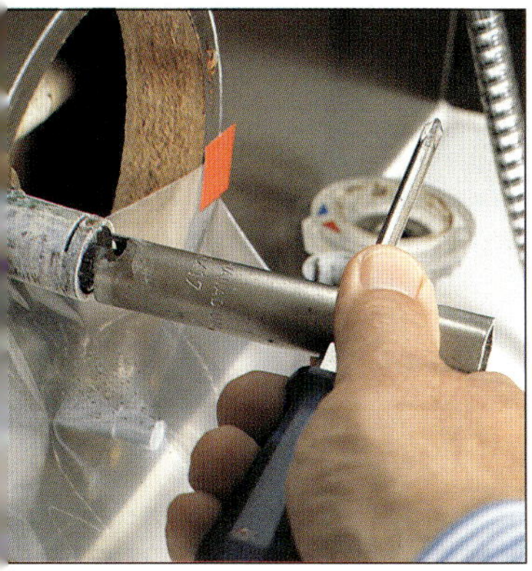

3. **Die festsitzende Kartusche kann man meist auch mit improvisiertem Werkzeug lösen...**

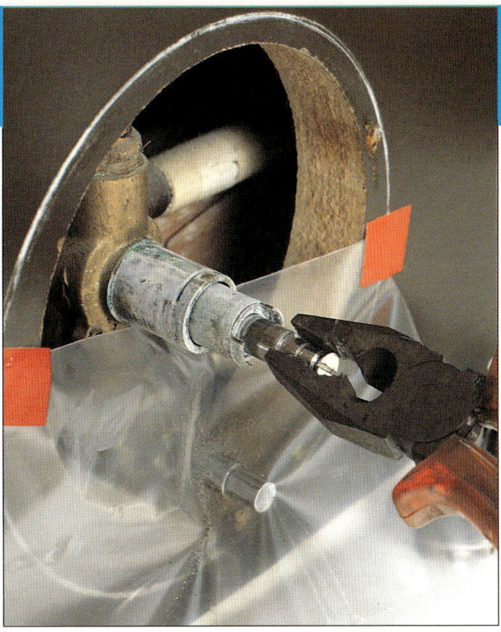

4. ...bis sie sich mit einer-Kombi- oder Rohrzange leicht am Steuerkolben herausziehen läßt.

5. Nach dem Entfernen des Spannringes läßt sich auch der Steuerkolben herausziehen.

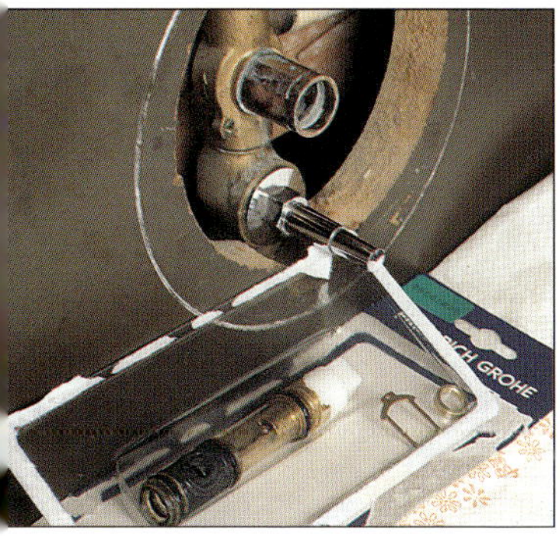

6. Rasche, aber teure Hilfe ist mit dem Einbau einer neuen Kartusche möglich.

7. Gereinigt und mit neuen O-Ringen ausgestattet funktioniert das Ventil einwandfrei.

8. Armaturenfett auf allen Flächen erleichtert den Zusammenbau und erhält die Funktion.

macht. Armaturenfett eignet sich auch, läßt sich aber durch den Siliconanteil nur mit Lösungsmittel von den Fingern entfernen. Durch regelmäßige Überholung nach jeweils vier bis fünf Jahren lassen sich aufwendige Reparaturen von vornherein vermeiden. ■

Werkzeugkasten

Schraubendreher, Gummibakkenzange, Kombizange, Spitzbohrer, Abziehwerkzeug, Armaturenfett, Klebeband, Plastikfolie.

Text und Fotos: Dietrich Engelhard

1. Verschraubungen mit Sechskantansätzen mit Gabelschlüssel oder Armaturenzange lösen.

2. Glatte verchromte Oberflächen lassen sich mit der Gummibackenzange sicher festhalten.

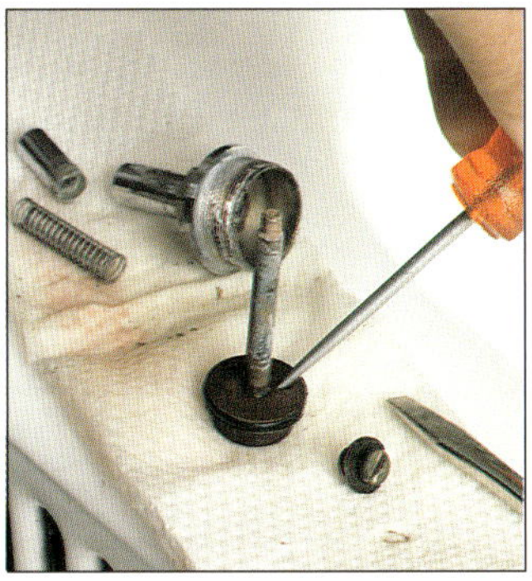

3. Die Bohrung für die Druckumleitung muß offen sein, damit die Umstellung funktioniert.

4. Auf polierten Oberflächen können sich Mineralstoffe nicht so leicht ablagern.

5. Mit einem Satz neuer Dichtungen funktioniert auch der Umstellknopf zur Brause wieder störungsfrei.

Oberfläche, auf der sich weit weniger Rückstände als im Neuzustand festsetzen und die Funktion stören können.

Die neuen O-Ringe und Dichtungsscheiben mit Hilfe von etwas Seife oder Spülmittel in die Aufnahmenuten schieben. Beschädigungen durch Kraftanwendung könnten die ganze Reparatur infrage stellen. Gewindeverbindungen, die sich im Laufe der Zeit bei der Benutzung lösen können, an der Duschumstellung zum Beispiel zwischen Ventilstange und Druckknopf, mit Gewindesicherung (zum Beispiel Top von Henkel) oder Teflon-Dichtungsband sichern.

Nach der Montage der gut mit Armaturenfett behandelten Einzelteile schützt eine abschließende Kontrolle der Verschraubungen vor Überraschungen nach dem Signal „Wasser marsch!" ■

Werkzeugkasten

Gabelschlüssel, Schraubendreher, Spitzbohrer, Gummibackenzange, Bohrmaschine, Schleifvlies oder Stahlwolle, Armaturenfett.

Text und Fotos: Dietrich Engelhard

Profitips

Neue Dichtung fürs Armaturenventil

Wenn der Auslauf eines geschlossenen Wasserhahns ständig tropft, liegt's meistens daran, daß die Dichtung schadhaft ist. Also auswechseln.

1. Abdeckkappe abnehmen, dann mit einer Armaturenzange mit glatten Backen das Oberteil herausdrehen.

Bevor Sie das Oberteil des betreffenden Absperrventils lösen, drehen Sie den Wasserzufluß ab. Das geschieht entweder – meistens bei Waschbeckenarmaturen – an einem kleinen Eckventil unter dem Waschbecken oder am Hauptabsperrventil im Keller. Wenn Sie in einem Mehrfamilienhaus wohnen, stellen Sie, bevor Sie den Hauptabsperrhahn zudrehen, fest, ob es nicht reicht, wenn Sie nur den Sie betreffenden Leitungsstrang abstellen.

Öffnen Sie dann den Wasserhahn, an dem Sie die Dichtung erneuern wollen, bis zum Anschlag. Dabei wird noch etwas Restwasser, das in der Leitung war, auslaufen. Legen Sie einen dicken Lappen um die Schutzkappe über dem Oberteil und lösen Sie diese mit der Armaturenzange. Dann können Sie das Oberteil mit einem Schraubenschlüssel herausdrehen. Am unteren Ende des Oberteils sitzt die Dichtung – mit einer Mutter gesichert.

Profitips

Luftsprudler entkalken

Ist der Luftsprudler einer Armatur verkalkt, spritzt das Wasser in alle Richtungen, anstatt sanft nach unten zu perlen. Auswechseln ist billig, entkalken kostet dagegen fast gar nichts.

Zum Entnehmen und Säubern des Luftsprudlers (Siebeinsatz, Perlator) aus einer Armatur brauchen Sie nicht einmal das Wasser abzustellen, die Arbeit geht schnell und einfach. Wer jedoch unüberlegt vorgeht, richtet leicht Schäden an, die in keinem Verhältnis zur Wiederherstellung der Funktionsfähigkeit des Siebeinsatzes steht.

Das Abschrauben des Luftsprudler-Halters sollten Sie zunächst mal ganz ohne Zange probieren. Mit Hilfe eines drumgewickelten Fensterleders rutscht man nicht ab. Klappt´s so nicht, müssen Sie eben doch zur Zange greifen.

Wer keine Armaturenzange mit schonenden Kunststoffbacken besitzt oder der Auslauf des Wasserhahnes keinen entsprechenden Angriffspunkt bietet, kann sich so aus der Affäre ziehen , ohne Kratzer zu produzieren: Entweder ein Fensterleder als Kratzschutz in die Backen der „gefühllosen" Zange legen oder den Luftsprudler-Halter mit textilem Klebeband oder Kreppband umwickeln. Den Auslauf, der offensichtlich durch Verkalkung so hartnäckig festsitzt, dreht man in jedem Fall mit viel Gefühl heraus.

Besondere Vorsicht ist bei allen schwenkbaren Auslaufventilen geboten. Halten Sie mit der freien Hand den Schwenkarm mit leichtem Gegendruck fest, damit keine schädigenden Kräfte auf das sensible Drehgelenk einwirken.

Ist der Einsatz gelockert, drehen Sie ihn vollends mit der Hand heraus. Die Dichtung, sofern sie nicht freiwillig mit raus-

1. Der Perlator ist verkalkt. Versuchen Sie erst, den Einsatz werkzeuglos herauszudrehen. Bei schwenkbarem Auslauf auf jeden Fall mit Gegendruck.

Lösen Sie die Dichtungsmutter mit einem Schlüssel. Dabei muß entweder die Ventilplatte oder die Spindelmutter mit einem zweiten Schlüssel gegengehalten werden. Die verschlissene Dichtung kann abgenommen werden.

Die neue Dichtung wird so aufgesetzt, daß die beschriftete Seite auf der Ventilplatte liegt. Drehen Sie die Dichtungsmutter auf und ziehen Sie sie mit dem Schlüssel etwas an. Prüfen Sie, ob die Dichtung nicht über die Ventilplatte hinaussteht. Das würde die Gängigkeit des Ventils beeinträchtigen. Setzen Sie das Oberteil wieder auf den Auslauf und ziehen Sie es mit dem Schlüssel an. Die Abdeckkappe wird aufgeschraubt und wieder angezogen. Auch jetzt wieder einen Lappen um die Backen der Zange legen. ■

Werkzeugkasten

Armaturenzange, zwei Schraubenschlüsel (Gabelschlüssel)

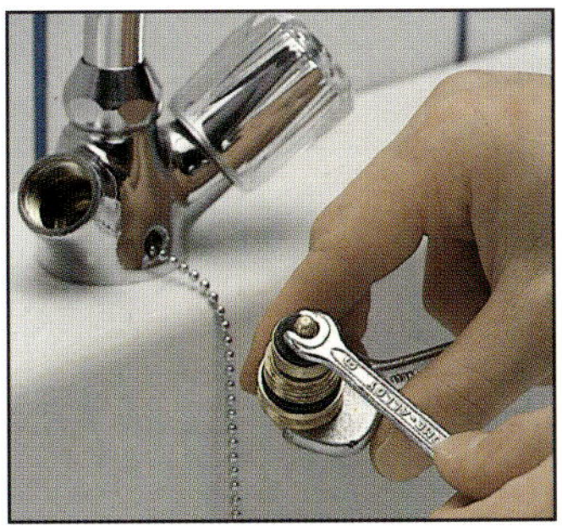

2. Mit Hilfe zweier unterschiedlicher Schlüssel die Dichtungsmutter lösen.

3. Alles gut säubern, neue Dichtung einlegen und die Mutter wieder festziehen.

4. Oberteil wieder per Gabelschlüssel eindrehen, festziehen aber nicht überdrehen.

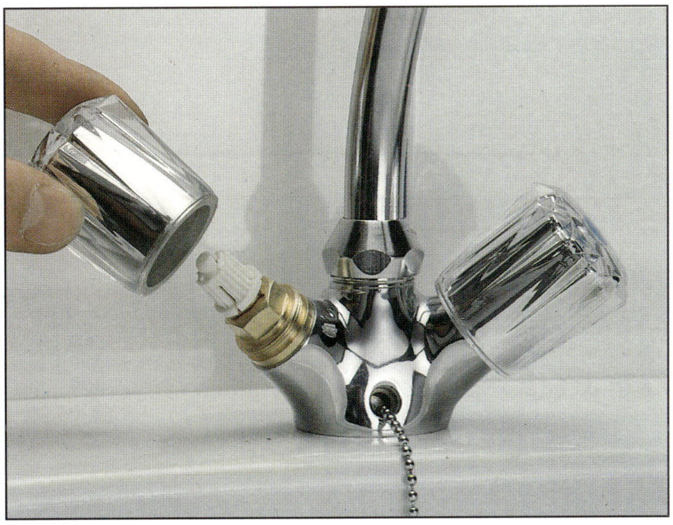

5. Abdeckklappe wieder draufsetzen. Schaden behoben!

kommt, mit den Fingern herausangeln. Mit einer kleinen Bürste lassen sich hier die Kalkablagerungen entfernen. Ist die Dichtung in einem schlechten Zustand, besser gleich gegen eine neue austauschen.

Das Sprudlersieb selbst muß mit einem Entkalkungsmittel behandelt werden. Man braucht nur eine geringe Menge. Bei Pulverprodukten bietet es sich also an, am selben Tag auch die Kaffeemaschine wieder flott zu machen. Eine andere Möglichkeit ist, den Luftsprudler über Nacht in ein kleines, mit Haushaltsessig gefülltes Glas- oder Porzellangefäß zu legen.

Teile verchromter Armaturen sollten mit der Säure nicht in Berührung kommen. Andernfalls finden an unsichtbar kleinen schadhaften Stellen unerwünschte chemische Reaktionen statt, mit der Folge, daß die Schwachstellen deutlich sichtbar werden.

Das entkalkte Sieb legen Sie wieder in den Einsatz ein, darauf die gesäuberte Dichtung und drehen das Ganze mit der Hand in die Armatur ein. Zum Abschluß höchstens ganz kurz mit der Zange festziehen.

Nun fällt das sauerstoffangereicherte Wasser wieder schön weich und mit dem dabei gleichzeitig entstehenden Spareffekt senkrecht nach unten. ■

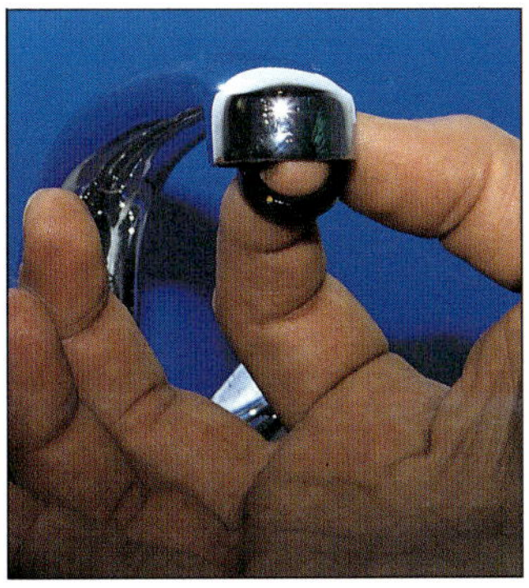

2. Holen Sie gleich auch die Dichtung heraus. Säubern oder notfalls erneuern !

3. Zunächst die ganz groben Kalkablagerungen mit einer Bürste entfernen.

6. Die Sauerstoffanreicherung führt gleichzeitig zu niedrigerem Wasserverbrauch.

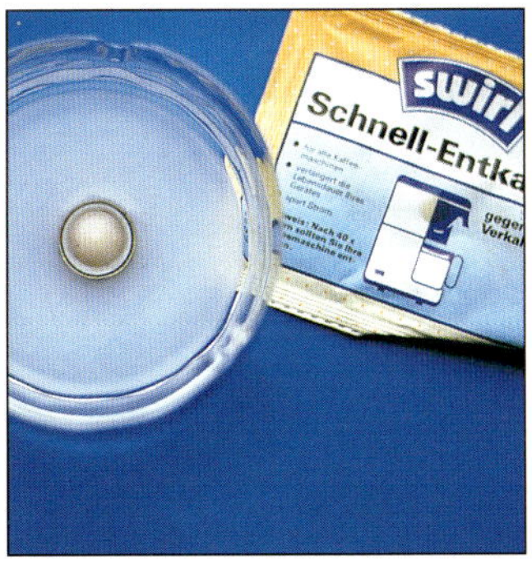

4. Ausschließlich den Siebeinsatz über Nacht in Essig oder Entkalker legen.

5. Den Perlator durchspülen, Dichtung drauflegen und in die Armatur einschrauben.

Werkzeugkasten

Armaturenzange, verstellbarer Maulschlüssel oder Kombizange, Fensterleder oder Klebeband, Entkalkungsmittel oder Haushaltsessig.

Profitips

Blockierte Umwälzpumpe reinigen

Muß Ihre alte Umwälzpumpe ausgetauscht werden, können Sie diese herrichten und für künftige Notfälle aufheben.

Zu Beginn der Heizperiode wird die Umwälzpumpe für den Heizwasserkreislauf wieder eingeschaltet. Oft läuft sie jedoch nicht an, weil Ablagerungen den Motor blockieren.

Nach dem Lösen der Abdichtschraube (– daß dabei Wasser tropft, ist normal) kann man mit einem Schraubendreher versuchen, die Motorachse zu drehen. Wenn das nicht hilft, muß der Heizungsinstallateur die Pumpe austauschen und der Elektriker für den Neuanschluß sorgen.

Zur Vorsorge ist es jedoch recht sinnvoll, die alte Pumpe wieder gangbar zu machen, damit im Notfall eine Austauschpumpe zur Verfügung steht. Denn in der Regel genügt das Entfernen der Ablagerungen auf der Welle und dem Rotor, sofern nicht die Motorwicklung oder ein Kondensator defekt ist.

Dazu dichtet man eine der beiden Verschraubungen am Pumpengehäuse ab und füllt die Pumpe mit einer 1:1 Mischung aus Wasser und Essigessenz. Oft dreht sich der Rotor schon nach 24 Stunden Einwirkzeit wieder. Durch Ablagerungsreste wird die Pumpe jedoch in Betrieb recht schnell wieder festsitzen. Deshalb die Teile auseinandernehmen und gründlich

1. Eine Scheibe aus dicker Weichfolie oder Gummi (alter Fahrradschlauch) schließt eine Verschraubung der blockierten Pumpe.

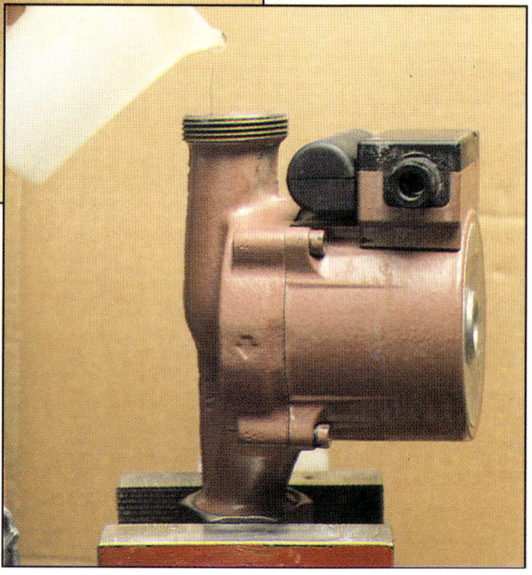

2. Die Füllung aus Wasser und Essigessenz kann die Kalkablagerungen aufweichen.

Profitips

Abgeknickte Kabelkupplung ersetzen

Verlängerungskabel haben oft fest verschweißte Kunststoffkupplungen. Wenn am Eingang Kabel abgeknickt sind und sogar die Adern freiliegen, ist es höchste Zeit, etwas zu tun.

Mit Strom ist nicht zu spaßen. Und bei der Flut von Elektrowerkzeugen oder Geräten für Haus, Hof, Garten, Freizeit oder Auto steigt auch der Bedarf an Verlängerungskabeln. Da kann schon mal das eine oder andere schneller verschleißen. Vielleicht hat man es auch mal zu stark ums Eck gezogen, zwischen die Tür geklemmt oder die Kupplung zu ruckartig am Kabel herausgezo- Mantelabrisse und -durchbrüche, Aderquetschungen oder blanke Adern am Kupplungsausgang sind umgehend zu beheben. Dabei ist das provisorische Flicken mit Isolierband nicht die richtige Lösung. Man sollte sich schon die Mühe machen, den schadhaften Bereich völlig auszumerzen. Bei verschweißten Kupplungsstükken ist leider das Öffnen nicht möglich. Man muß das Teil ersetzen, bei gleichzeitigem Kürzen und Neuanschließen des Kabels. Als Ersatzkupplung wählt man eine feuchtigkeitsisolierte Ausführung aus, da etwa im Freien (beim Rasenmähen, Heckenschneiden, Mörtelrühren, Autoaussaugen etc.) auch mit Feuchtigkeit oder Nässe zu rechnen ist. Fachgerecht schneidet man unterhalb des Schadens das Kabel mit einem Seitenschneider ab. Die neue Kupplung wird zerlegt – eine kleine Schraube hält die Hülle und das Innenteil zusammen – und die abgeschnittene Leitung in das Kupplungsgehäuse eingefädelt. Erst jetzt sollte man mit dem Abmanteln sowie dem Abisolieren der Adern beginnen. Damit der Anschluß auch sicher und gefahrenfrei ausgeführt ist, verwendet der Fachmann nicht einfach Schere oder Messer, sondern spezielles Abisolierwerkzeug. Und damit die Adern an den Kupp-

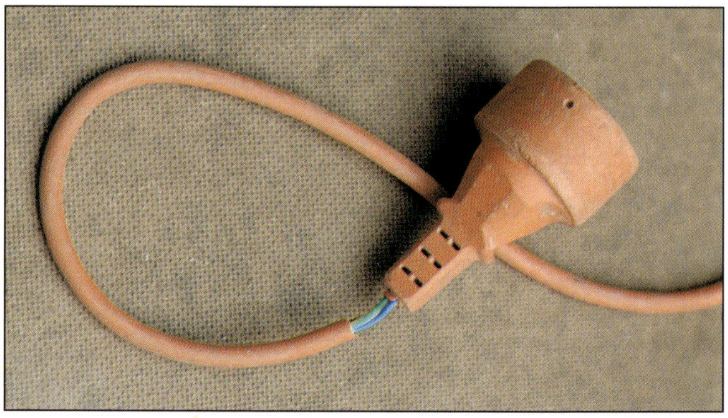

1. Wenn ein Elektrokabel am Eintritt ins Kupplungsstück so beschädigt ist, daß auch die Adern teilweise blank hervorblitzen,...

2. ...muß die alte Kupplung abgeschnitten und fachmännisch eine neue angeschlossen werden.

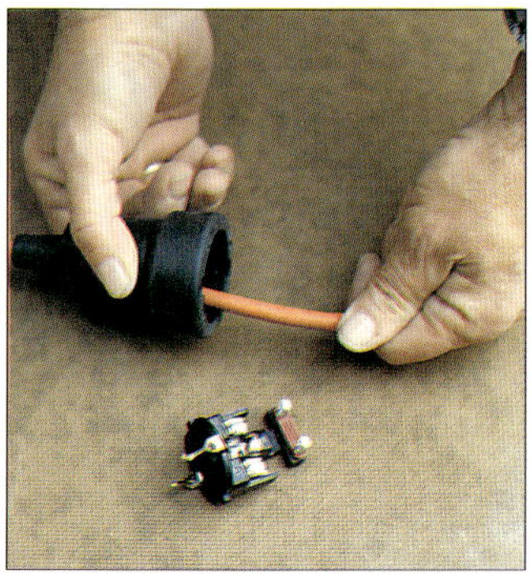

3. Gehäuse der neue Kupplung überziehen und dann erst die Kabelummantelung entfernen.

3. Vor dem Lösen der Verschraubung wird die Pumpe zunächst ganz entleert.

4. Beim Lockern der Trägerscheibe darf man den Dichtungsring nicht beschädigen.

5. Geeignete Werkzeuge in der Bohrmaschine erleichtern den Poliervorgang.

6. Auch die Innenwände vom Gehäuse bedürfen einer intensiven Bearbeitung.

säubern. Dazu die Verschraubungen zwischen Motor und Pumpengehäuse lösen.

Um die Trägerscheibe herum befinden sich meist kleine Aussparungen, in denen man einen dünnen Schraubendreher ansetzen kann, um Scheibe und Rotor samt Pumpenrad herauszuhebeln.

Noch sichtbare Verkrustungen mit einem Holzspatel entfernen. Je glatter die Oberflächen werden, umso geringer ist die Gefahr neuer Ablagerungen.

Durch die Bearbeitung mit feinen Vliesschleifwalzen, Fächerschleifern oder mit der Schwabbelscheibe lassen sich hochfein polierte Flächen erzielen; auch mit Polierpaste hat man Erfolg.

Ein Testlauf beim Fachmann mit provisorischem Stromanschluß, möglichst bei wassergefüllter Pumpe mit abgedichteten Verschraubungen, bestätigt den Erfolg der Mühe. ■

Werkzeugkasten

Sechskantstiftschlüssel, Schraubendreher, Holzschaber, Polierwerkzeug, Schwabbelscheibe, Polierpaste.

Text und Fotos: Dietrich Engelhard

4. Adern etwa einen Zentimeter weit abisolieren. Bei Vieldrahtadern die Enden zusammendrehen.

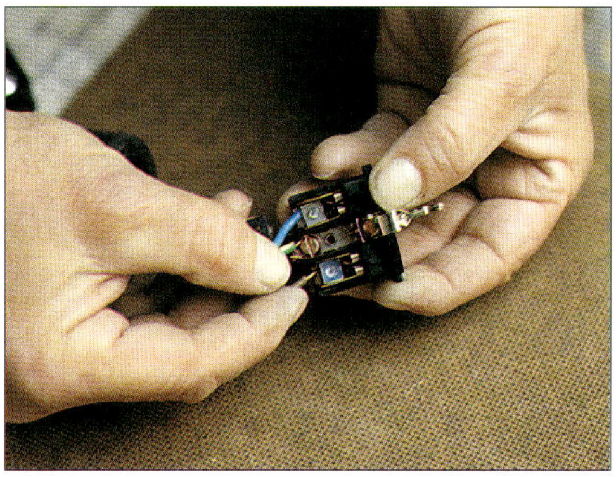

5. Die grün-gelbe Ader in der Mitte anschließen, die blaue und braune an den äußeren Schrauben.

6. Zugfestigkeit erreicht man, indem das Kabel an der Schraubschelle festgeklemmt wird.

7. Zum Schluß das Gehäuse überstülpen und das Innenteil mit der kleinen Schraube sichern.

lungsanschlußstellen auch dauerhaft fest sitzen, ist auf besondere Sorgfalt beim Anklemmen zu achten. Schieben Sie die blanken Adern immer so ein, daß sie beim Zudrehen der Schraube **mit** dem Schraubenlauf gehen und nicht gegen ihn (wodurch sie wieder herausgedreht werden). Also links von der Schraube und möglichst schon etwas vorgebogen. Damit die Leitung nicht aus der neuen Kupplung herausgerissen werden kann, kommt sie am Gehäuseende in die Schelle, deren Schrauben gut festgezogen werden. Und nicht vergessen, Gehäuse und Kupplungsinnenteil wieder miteinander zu verschrauben. Bevor Sie die Leitung benutzen sollten Sie mit einem Durchgangsprüfer (notfalls auch Ohmmeter) prüfen, daß der Schutzleiter korrekt angeschlossen ist und keine Verbindung zwischen dem Schutzleiter und den spannungsführenden Adern besteht. ■

Werkzeugkasten

Schraubendreher, Kombizange oder Seitenschneider, Abmantelungswerkzeug, Abisolierzange.

Fotos: WS

Profitips

Zargenzapfen ersetzen

Ein abgebrochener Zapfen einer Tischzargenverbindung ist schon ein elementarer Schaden. Der Tisch muß also schreinermäßig restauriert werden.

Tische erhalten ihre Standfestigkeit aus der an sich sicheren und enorm stabilen Verbindung von Beinen und Zargenhölzern. Meistens ist diese bei alten Holztischen in Schlitz-und-Zapfen-Technik ausgeführt. Ist einmal ein Zargenzapfen gebrochen, muß holztechnisch vorgegangen werden. Was abgebrochen ist, muß wieder hin. Nach dieser Devise geht dann kein Weg daran vorbei, die gebrochene Stelle zunächst einmal ganz zu trennen.

Im Schlitz steckt nun das Reststück des Zapfens, das herausgeholt werden muß. Für den zerstörten Zapfen ist im folgenden eine Prothese zu fertigen, möglichst aus gleichen und altem Holz. Dabei muß der Ersatzzapfen so angebracht werden, daß er auch den späteren Gebrauchsbelastungen standhält. Die fachmännische Methode ist die Überblattung.

Das Ergänzungsholz hat etwa dreifache Länge des Zapfens. Zu zwei Dritteln wird es auf das Zargenteil geleimt. Dabei wird die Aufleimstelle ausgefräst. Die Tiefe der Ausfräsung hängt vom Zapfensitz ab und vom Schadenszustand des Holzes. Am besten so weit ausfräsen, daß nachher die Unterseite des überstehenden Neuholzes eine der beiden Zapfenflanken bildet.

Nach dem Abbinden des Leims Zapfenmaße genau ermitteln und überstehendes Holz entsprechend zusägen. Den Überstand auf der Oberseite und der Kante grob mit dem Bandschleifer abnehmen, bevor schließlich das Bei- und Feinschleifen per Schwingschleifer erfolgt. Der neue Zapfen ist im Rohzustand

1. Das Schienen hat doch keinen Wert gehabt. Also: Eisenwinkel entfernen. Zapfenverbindung lösen und Schlitz ausräumen.

Profitips

Tischzarge verstärken

Wenn Tische wackeln und schwanken ist die Zarge aus dem Leim. Ist nichts beschädigt, kann man einfach neu verleimen. Doch wer ganz sicher gehen will, verstärkt die Zarge.

Offene Fugen zwischen Tischbeinen und Zargenrahmen, reibende oder quietschende Geräusche sowie Schwankungen oder andere Bewegungen sind deutliche Zeichen dafür, daß mit einer Zargenkonstruktion etwas nicht in Ordnung ist. Wo Verbindungen sich gelöst haben, weil der Leim nicht mehr hält, ist bei einem Tisch Standfestigkeit nicht mehr gegeben und Abhilfe ist dringend angesagt.

Ist also eine Tischzarge aus dem Leim, kommt man nicht umhin, die Verbindungen zunächst einmal ganz zu lösen. Denn einfach etwas Leim in die klaffenden Fugen zu geben und so den Rahmen wieder zusammenzufügen ist eine kurzlebige Angelegenheit. Leim muß dort eingebracht werden, wo er auch Kontaktflächen hat. Und das ist im Schlitz und an den Flanken der Zapfen.

Obwohl an der Schlitz-Zapfen-Verbindung bereits Bewegung und Spiel vorhanden ist, tut man sich dennoch oft schwer, die Teile voneinander zu trennen. Damit nichts abbricht oder beschädigt wird, nimmt man am besten einen Hammer und ein Schlagholz zur Hand und treibt mit kurzen, aber doch kräftigen Schlägen die Zapfen aus den Schlitzen. Damit dann die Verleimstellen wieder halten, müssen noch vorhandene Leimschichten abgeschabt, eventuelle Wachs- oder Lackreste entfernt werden. Beim Neuverleimen ist schließlich darauf zu achten, daß die Beine auch wirklich senkrecht und parallel stehen und daß der Zargenrahmen nicht verzogen wird. Dazu legt man die Zarge mit den Beinen nach oben auf eine ebene Fläche und zieht die Schraubzwingen gleichmäßig und abwechselnd an.

1. Altersschwach, aber kein hoffnungsloser Fall: Diesen alten, zierlichen Tisch hält nichts mehr zusammen. Doch wer sich beim Restaurieren zu helfen weiß, kann wahre Wunder bewirken.

2. Ausgewähltes Ersatzholz auf das Original legen und die Fräs-Umrißlinie anzeichnen.

3. Mit der Oberfräse Schadstelle so tief ausfräsen, bis das Holz wieder gesund ist und so, ...

4. ...daß das Ansetzstück zum Verleimen noch genügend Altmaterial zur Verfügung hat.

5. Am zunächst grob bemessenen Neuholz wird die Zapfenform markiert und zugesägt.

6.Überstände erst am stationären Bandschleifer egalisieren, dann mit dem Schwingschleifer.

7. Das Zargenteil hat wieder einen stabilen Zapfen. Bevor verleimt wird, Sitz überprüfen und alle Verleimflächen säubern.

fertig und wird am Schlitz eingepaßt. Er soll unter schwacher Reibung in den Schlitz geführt werden können. Eventuell die Zapfenflanken nacharbeiten. Aber Vorsicht! Sitzt er zu locker, verliert die Verbindung an Stabilität. Nach dem Verleimen der Zarge wird noch das neue, hellere Holz farblich angeglichen. ■

Werkzeugkasten

Hammer, Stechbeitel, Säge, Oberfräse, Schraubzwinge, Band- und Schwingschleifer.

Fotos: WS

2. Zarge festzwingen und Beine vorsichtig und möglichst im rechten Winkel herausschlagen.

3. Sind die Verleimstellen sauber, wird die Zarge unter gleichmäßiger Druckzugabe verleimt.

4. Aus massivem Holz Dreiecke aussägen. Den rechten Winkel der Tischbeinkante anpassen!

5. Verstärkungen an den Zargenecken verleimen. Eventuell noch mit Schrauben sichern.

6. Die Zarge ist damit absolut stabil. Nach dem Oberflächenfinish wird die Platte montiert.

7. Steht das gute Stück, ist von den zusätzlichen Aussteifungsecken nichts mehr zu sehen.

Nun sollte der Leim gut abgebunden sein, bevor es an das Verstärken der Zarge geht. Hierbei bleibt man natürlich beim Werkstoff Holz. (Angeschraubte Eisenwinkel sehen nicht nur häßlich aus, sondern bringen auch keine dauerhafte Stabilisierung.) Aus massivem Kiefern- oder Hartholz fertigt man Aussteifungsecken, die eine Dicke von mindestens halber Zargenhöhe haben sollten. Eigentlich handelt es sich um gleichschenkelige Dreiecke, deren Mittelspitzen der Form des jeweiligen oberen Tischbeinendes angepaßt werden, so daß möglichst eng anliegende Kontaktflächen entstehen. In den meisten Fällen wird also an der Spitze rechtwinkelig ausgeklinkt. Passen alle vier an ihrem jeweiligen Eck, werden die Seiten mit Leim bestrichen und die Verstärkungen mit der Zarge verleimt. Zusätzlich können noch schräg eingebrachte Schrauben für Halt und Anpreßdruck sorgen. ■

Werkzeugkasten

Hammer, Zwingen, Stechbeitel, Stichsäge, Schraubendreher.

Fotos: WS

Profitips

Tischplattenhälften zusammenfügen

Wie bekommt man die beiden Hälften einer Tischplatte so zusammen, daß sie nicht wieder auseinanderklaffen. Sehen Sie selbst: Es kommt auf die richtige Verbindungstechnik an.

Geteiltes Leid ist halbes Leid, heißt es. Bei einer in der Mitte auseinanderklaffenden Tischplatte trifft das wohl kaum zu. Ein solcher Schaden ist nicht so leicht zu verschmerzen. Doch bevor man ganz verzweifelt, sollte man sich ansehen, wie sich der Schreiner aus der Affäre zieht. Wir zeigen eine fachgerechte Methode, zwei Plattenhälften wieder ansatzlos zusammenzufügen.

Voraussetzung ist hierbei allerdings, daß die zwei Plattenteile nicht verzogen sind und daß die Fügekanten noch intakt sind, das heißt glatt, flächenstabil und parallel. Bei verzogenen Platten wird man kaum ein zufriedenstellendes Ergebnis erhalten, gegen unebene Kanten jedoch kann man etwas tun. Da sollten die Kanten auf der Hobelmaschine abgerichtet werden, damit sie sich wieder vollflächig berühren. Allerdings nicht zu viel abhobeln, da sich sonst die Plattenmaße verändern.

Um nun auf Dauer eine dichte Fuge zu bekommen, ist es mit Leimen alleine nicht getan. Die beiden Hälften benötigen eine zusätzliche, den Stoßbereich überbrückende Verbindung. Das geht mit Holzdübeln oder wie hier mit Lamellos. Diese haben den Vorteil, daß sie nicht so dick sind (wichtig bei dünneren Tischplatten!). Außerdem lassen sie sich punktgenau setzen. Zum einen exakt auf halber Höhe der Tischplattendicke, zum anderen so, daß die Plattenhälften ohne Versatz zusammengebracht werden können. Denn sind die Dübel einmal eingeleimt, können die Plattenhälften nicht mehr verschoben werden, um eventuell Randunstimmigkeiten auszugleichen.

Man legt also die beiden Hälften so aus, daß die Außenkanten

1. Die beiden Tischplattenhälften mit dem Gesicht nach unten genau aneinanderlegen, die Lamellos anordnen und die Markierungslinien anzeichnen. An diesen orientiert man sich dann beim Aufsetzen der Schattenfugenfräse.

Profitips

Schwundfuge in Tischplatte ausspänen

Risse oder klaffende Fugen an alten Möbeln werden am besten mit einem verleimten Holzspan geschlossen. So macht es auch der Möbelrestaurator.

Holz ist ein lebendes Material, auch wenn's schon vor Jahrhunderten verbaut und verarbeitet wurde. Holz reagiert empfindlich auf Trockenheit und Feuchte, die Folgen: Risse an Korpuswänden oder Schwundfugen an Tischplatten und Abdeckungen.

Unser Schadensbeispiel, ein Klapptischchen, wurde durch ein Ablaugebad arg in Mitleidenschaft gezogen und die Platte ging zudem aus dem Leim. Beim Wiederzusammenfügen der beiden Plattenhälften blieb zwangsläufig eine klaffende Fuge. Die Plattenteile hatten sich verzogen beziehungsweise waren durch zu schnelles Trocknen unterschiedlich geschrumpft. Das Problem in solchen Fällen ist nun, wie wieder eine geschlossene und optisch einwandfreie Tischplatte herzustellen ist.

Die schreinertechnisch korrekteste Lösung ist die Methode des Ausspänens. Dabei wird die Tischplatte zunächst so gut wie es geht verleimt. Dann verfährt man so wie bei einem Korpusriß oder einer Spaltbil-

1. Ein Spalt in einer massiven Tischplatte fällt besonders stark auf. Soll wieder eine geschlossene makellose Oberfläche zustandekommen, muß ein konisch zulaufender Holzspan eingefügt werden.

2. Diesen über die gesamte Länge der Plattenfuge einpassen. Wenn vorher Leim...

3. ... angegeben wird, läßt er sich gut mit der Finne eines Hammers eindrücken.

2. **Beim Fräsen der einzelnen Rundschlitze die Maschine gut festhalten und bis zum Anschlag nach vorn kippen, damit die Tiefe auch stimmt.**

3. **Die Lamellos müssen bis zur Hälfte in der Nut sitzen. Tun sie dies nicht, können die Platten nicht dichtstoßend zusammengebracht werden.**

4. **Nach dem Beleimen der Stoßkanten mit kräftigen Zwingen und starken Zulagen die Teile zusammenpressen. Austretenden Leim abstoßen.**

5. **Zum Schluß die gesamte Platte überschleifen und das Finish ausführen. Der alte Tisch hat nun wieder eine einwandfreie Plattenoberfläche.**

am Stoß versatzlos ineinander übergehen. Im Abstand von etwa 15 Zentimeter ordnet man die Lamellos über dem Stoß an und markiert auf beiden Plattenhälften den Mittelpunktstrich. Damit ist gewährleistet, daß nachher immer an den richtigen Positionen die Lamelloausfräsungen vorgenommen werden können. Dies macht man mit der Schattenfugenfräse. Zum Arbeiten stellt man die Platten senkrecht, justiert das Werkzeug so, daß die Fräserscheibe mittig auf der Stoßkante liegt – der Parallelanschlag sorgt stets für gleichen Randabstand – und daß die Frästiefe stimmt. Beim Eintauchen das Werkzeug nicht verrutschen! Sind die Nuten gefräst, leimt man die Flachdübel ein, beleimt die Stoßkantenflächen und preßt die Plattenhälften mit Zwingen zusammen. Nach dem Schleifen und Lackieren der jetzt wieder intakten Platte ist der Stoß nicht mehr zu sehen. ■

Werkzeugkasten

Schattenfugenfräse, Hammer, Schraubzwingen, Band- und Schwingschleifer, Pinsel.

Fotos: WS

4. Ist der Leim trocken, Überstand mit einem Stecheisen gegen die Faser abnehmen.

5. Span und umgebende Fläche mit Bandschleifer (100er Schleifpapier) egalisieren.

6. Nach dem Feinschliff der gesamten Fläche sollte der hellere Holzspan dem Farbton der rohen Tischplatte angepaßt werden, damit er...

7. ... bei der Endbehandlung (Beizen, Lackieren) nicht als heller Streifen auffällt.

dung in einer noch gut verleimten Massivplatte. Aus demselben Holz (möglichst altes!) oder einem, das der Holzstruktur und -art nahekommt, sägt man einen rißlangen schmalen Span zurecht, und zwar so, daß er nach unten leicht konisch zuläuft und, wenn die Fugenbreite unterschiedlich ausfällt, überall preßgenau eingeleimt werden kann. Ein Überstand sollte auf jeden Fall bleiben, damit der Span nachher auch bündig gearbeitet werden kann.

Nach dem Abbinden des Leims den Holzspan grob mit einem Stecheisen abtragen und dann beischleifen. Da er durch das Abtragen meist heller wird als die Umgebung, sollte er vor der Oberflächenbehandlung für sich gesondert eingefärbt werden, damit im Rohzustand schon eine Tonangleichung stattfindet. Nach dem Finish ist der Schaden bei sorgfältigem Arbeiten nur noch für denjenigen „sichtbar“, der ihn behoben hat. Auf alle Fälle sind Tischplatte und Plattenoberseite perfekt restauriert. ■

Werkzeugkasten

Tischsäge, Hammer, Stechbeitel, Band- und Schwingschleifer, Pinsel, Stahlwolle.

Fotos: WS

Profitips Massivholz-Tischplatte auffrischen

Vergraut, verwachst und verkratzt. Wir zeigen, wie Sie einer solchen Tischplatte aus massivem Weichholz zu neuem Glanz verhelfen können.

Tischplatten sind hohen Abnutzungen ausgesetzt: Kratzer durch mechanische Beanspruchung, Druckstellen durch Belastung, Flecken durch Flüssigkeiten, matte Stellen durch Reibung, Risse durch Sonnenbestrahlung oder Grauschleier durch Feuchtigkeit. Und wenn es sich gar um einen sehr alten Tisch handelt, kommt eine unansehnliche Oberfläche aus Wachs- oder Lackschichten, Staub, Schmutz und Fett meist noch hinzu. Lesen Sie also, wie eine vergraute, wachsverschmierte und verfleckte Platte wieder schön und vor allem wasserresistent wird.

Die Tischplatte wird zunächst gereinigt. Mit Nitroverdünnung und grober Stahlwolle Wachs und Schmutz sorgfältig abreiben. Bevor die entstehende „Schmiere" antrocknet, diese mit einem sauberen Lappen abwischen. Stahlwolle öfters wechseln und immer in kleineren Teilflächen arbeiten.

Das Reinigen ist deshalb so wichtig, weil dadurch tieferliegender Schmutz in den Poren und feinen Rissen gelöst beziehungsweise ein Schleifen erst möglich wird. Würde man gleich schleifen, würde sich das Schleifpapier sofort zusetzen. Geschliffen wird dann übrigens grob mit dem Bandschleifer und fein mit dem Schwingschleifer. Nach sorgfältiger Entstaubung und nochmaligem Abwaschen mit Verdünnung, geht es nun an die Oberflächen-Neubehandlung.

Um eine Tischplatte gebrauchstüchtig zu machen, wird sie üblicherweise lackiert. Hier zeigen wir jedoch eine Methode, die Holz nicht nur zu seinem natürlichen Farbton verhilft, sondern es auch wasserabweisend macht. Wir tränken die Platte mit einem sogenannten Kriechöl (Owatrol), das tief eindringt, von innen her schützt, das Holz nährt, Rißbil-

1. Soll eine massive Tischplatte schonend überarbeitet werden, verzichtet man aufs Abhobeln. Der antike Charakter bleibt erhalten, wenn man gründlich mit Nitroverdünnung und Stahlwolle reinigt.

Profitips Brandfleck entfernen

Rauchen verursacht nicht nur gesundheitliche Schäden, durch Unachtsamkeit können auch Schäden an Möbeln entstehen. Was macht man dann mit einem Brandfleck?

Schnell ist es passiert: Die Zigarette fällt unbemerkt aus dem Aschenbecher und schon verschandelt ein Brandfleck die schöne Möbeloberfläche. Hat man Glück und ist beispielsweise ein Furnier noch nicht durchgebrannt, läßt sich der Schaden noch relativ einfach beheben, denn man kommt um einen Furnieraustausch beziehungsweise um das Einpassen eines neuen Furnierstückes herum.

Die angekohlte Stelle wird mit einem Stechbeitel vorsichtig ausgeschabt. Damit keine Kratzer oder Schnitte entstehen, sollte das Werkzeug mindestens 18 Millimeter breit sein. (Eine zu schmale Klinge kippt sehr leicht und der Druck wird zu punktuell ausgeübt.) Beim Abziehen der Schadstelle darauf achten, daß die Klinge etwas schräg zur Ziehrichtung gehalten und in der Bewegung ohne Ansatz aufgesetzt wird, denn Einstiche lassen sich dann schlecht entfernen. Man sollte so lange abziehen, bis das angeschwärzte Furnier fast beseitigt worden ist, jedoch nicht bis auf das Blindholz (Unterholz) herunterschaben.

Nun wird mit dem Daumen und Schleifpapier der Körnung 120 bis 150 etwas weiträumiger die Schadstelle verschliffen. Denn erstens sollen die Konturen beseitigt, zweitens die Übergänge möglichst unsichtbar gehalten und drittens soll später die Reparaturstelle über ihren eigentlichen Bereich hinaus neu oberflächenbehandelt werden. Beim weiträumigeren Ausschleifen erreicht man außer-

1. Brandstifter Glimmstengel: Auch wenn eine Zigarette nur kurz auf Holz liegt, kann die Glut ganz ordentliche Brandflecken hinterlassen.

2. Hartnäckige Flecken mit dem Bandschleifer entfernen. Dabei so wenig wie möglich schleifen.

3. Nach gründlichem Feinschleifen und Entstauben das Möbel-Kriechöl (Interi-Öl) auftragen.

4. Innerhalb einer Stunde den zweiten Öl-Anstrich auf den noch nassen ersten aufbringen.

5. Eine Stunde später Überschuß abwischen. Saugfähige Stellen nochmals mit dem Lappen tränken.

6. Der alte Tisch ist wieder salonfähig, das Holz von innen her belebt, die Oberfläche wasserfest.

dung verhindert und keine Löse- und Schädlingsbekämpfungsmittel enthält. Mit einem breiten Pinsel das rohe Holz ganzflächig satt einstreichen, aber allzu große „Pfützenbildung“ vermeiden. Bevor dieser Anstrich antrocknet, innerhalb einer Stunde einen zweiten naß in naß vornehmen. Nach etwa einer Stunde zeigt sich das unterschiedliche Saugverhalten des Holzes und es sollten nun die Überschüsse mit einem trockenen Lappen abgewischt werden. Gleichzeitig ist in die noch aufnahmefähigen Stellen Öl mit Hilfe des getränkten Lappens einzureiben, bis hier Sättigung eintritt. Zum Schluß wird noch alles überpoliert. Bis der Tisch schließlich benutzt werden kann, sollte man mindestens einen Tag warten, denn die Oberfläche muß gut austrocknen. Sie fühlt sich dann weich und samtig an. Wer lieber eine harte Oberfläche wünscht, kann noch lackieren. ■

Werkzeugkasten

Stahlwolle (Nr.3), Gummihandschuhe, Band- und Schwingschleifer, Lappen, Flachpinsel.

Fotos: WS

2. Breites Stecheisen etwas schräg gehalten in Faserrichtung führen und verkohltes Material abtragen.

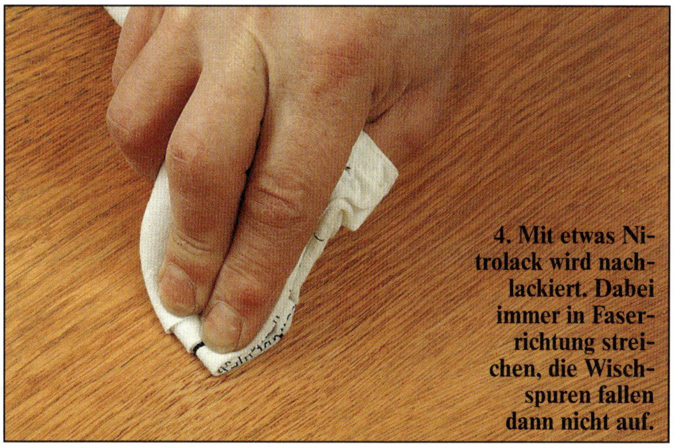

4. Mit etwas Nitrolack wird nachlackiert. Dabei immer in Faserrichtung streichen, die Wischspuren fallen dann nicht auf.

3. Mit dem Daumen gefühlvoll die Schadstelle weiträumig verschleifen. Vorsicht! Furniere sind oft sehr dünn.

dem, daß die „Kuhle“ nicht gar zu tief und auffällig wird. Nach dem Schleifvorgang muß die rohe Holzoberfläche wieder geschützt werden. Entweder nimmt man einen mit Lack getränkten Lappen und reibt die Stelle damit zwei- bis dreimal ein oder man trägt die Lackschichten (Nitrolack) mit einem Pinsel auf. Es gibt auch ansatzlose Lacke aus der Sprühdose, die sich mit dem Altlack übergangslos verbinden, da sie diesen kurzfristig anlösen. ■

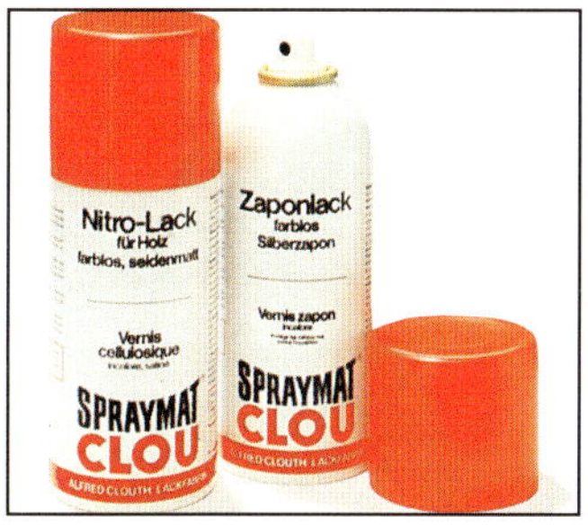

Werkzeugkasten

Stechbeitel, Schleifpapier. Lappen (Leinen/Trikot),Pinsel

Text und Fotos: Hobbywood

Profitips

Kürschner beseitigen

Verleimfehler bei furnierten Flächen treten oft erst nach dem Lackieren auf. Repariert man sie gleich, sind größere Schäden leicht zu vermeiden.

Wenn eine furnierte Fläche beim Lackieren Feuchtigkeit aufnimmt, werden Verleimfehler sichtbar. Das Furnier wirft „Blasen". Der Fachmann nennt diese Erscheinung Kürschner. Unebener Untergrund, Leimmangel oder ein Fett- beziehungsweise Ölspritzer können daran Schuld sein. Bei alten Möbeln kann auch eingedrungenes Wasser ein Furnier stellenweise vom Unterholz gelöst haben. Durch Abtasten und Abklopfen der Fläche hat man solche Stellen schnell gefunden (hohler Klang). Mit einem scharfen

1. Fingerspitzengefühl ist gefragt, wenn solche Furnierschäden behoben werden sollen. Bei dieser Restauriermethode wird nicht Weißleim verwendet, sondern farblich passender Blätterschellack.

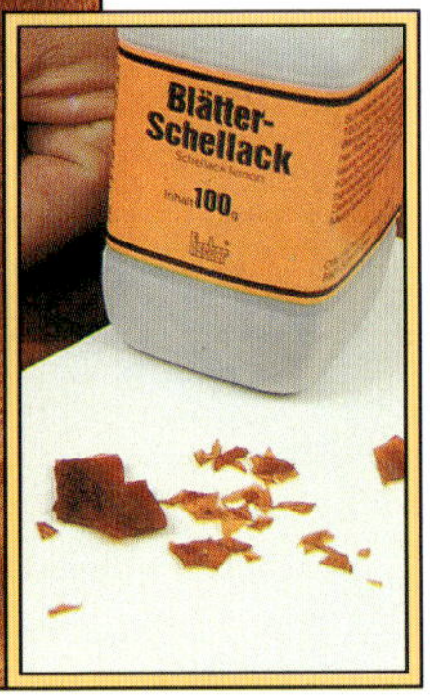

Profitips

Wurzelholzfurnier ausbessern

Fehlende oder auch unschöne Stellen in einem Furnier aus Wurzelholz kann man unsichtbar ausflicken, wenn man sich am lebendigen Bild der Maserung genau orientiert.

Schön und wertvoll sind Möbel, die mit einem Wurzelholzfurnier belegt worden sind. Die lebhafte Maserung etwa von Nußbaumholz, Ahorn, Rosenholz oder Pyramiden-Mahagoni - vor allem wenn Oberflächen noch poliert sind - gibt einer Tischplatte schon ein außergewöhnliches Aussehen, einem Schränkchen schon eine edle Ausstrahlung. Doch mit den Jahren kann hier und da schnell mal ein Malheur vorgekommen sein: Abplatzungen durch eingedrungenes Wasser, Ausrisse durch mechanische Beanspruchung und so weiter.

Für eine Reparatur sollte man sich dann die spezielle Eigenschaft von Wurzelholzfurnier zunutze machen. Und das sind eben die Hell-Dunkel-Schattierungen, ein kurvenreiches Maserbild, ineinanderlaufende Formen. Meist sind Ausbrüche auch so ausgeformt, daß die Ränder bereits entsprechend der Maserung verlaufen. Ist das nicht der Fall, zieht man um die Schadstelle herum eine solche Kontur, die später beim Ausflicken mit einem neuen Stück Wurzelholz nicht auffällt. Zum Beispiel entlang des Hell-

1. Unregelmäßige Ausbrüche in Wur furnier haben ihren Vorteil: Wird da satzstück konturgetreu ausgeformt, s man die Flickstelle später kaum noch

2. Nachdem mit einem scharfen Messer der Kürschner geöffnet wurde, Spachtel als Hebewerkzeug ansetzen und Schellackplättchen (je nach Größe auch mehrere!) unterschieben.

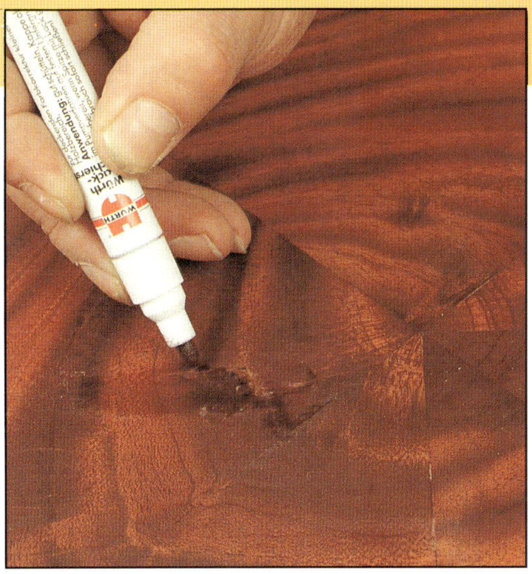

4. Fallen die Schnitt- und Bruchstellen doch noch auf, werden sie mit einem Lackretuschierstift leicht nachgefärbt. Anschließend lackiert man die gesamte Fläche über.

3. Mit einer Metallspachtel das Furnier und den Schellack fest auf die Platte drücken. Ein Lötkolben oder Bügeleisen bringt den Lack zum Schmelzen.

Messer schneidet man zunächst den Kürschner vorsichtig auf, um das Furnier hier neu aufkleben zu können, und zwar mit Schellack. Dieses Produkt der Schildlaus (mit dieser Substanz schützt sie ihre Eiablagen), gibt es getrocknet als Plättchen. Sie werden unter das lose Furnier geschoben. Mit einer Metallspachtel drückt man Furnier und Schellack fest auf die Platte und bringt das Plättchen mit einem Lötkolben zum Schmelzen. Nimmt man die Heizquelle weg, erkaltet der Schellack schnell und verklebt das Furnier mit der Trägerplatte. Risse oder kleine Ausbrüche füllt das eingefärbte Material ebenfalls. Überschüssiger Schellack wird mit Schleifkork und Schleifpapier verschliffen. Mit einem Lackretuschierstift können, wenn nötig, Schnitt-und Bruchstellen nachgebessert werden. Anschließend wird die gesamte Fläche überlackiert. ■

Werkzeugkasten

Messer, Metallspachtel, Lötkolben oder Bügeleisen, Schleifkork, Schleifpapier Körnung 150, Retuschierstift, Nitrolack.

Text und Fotos: Kaleidoskop

2. Die durchgezeichnete Kontur auf das Ersatzfurnier legen und Form sorgfältig ausschneiden.

3. Verleimt wird mit Holzleim (z.B. Ponal). Zulage verwenden und Seidenpapier dazwischenlegen!

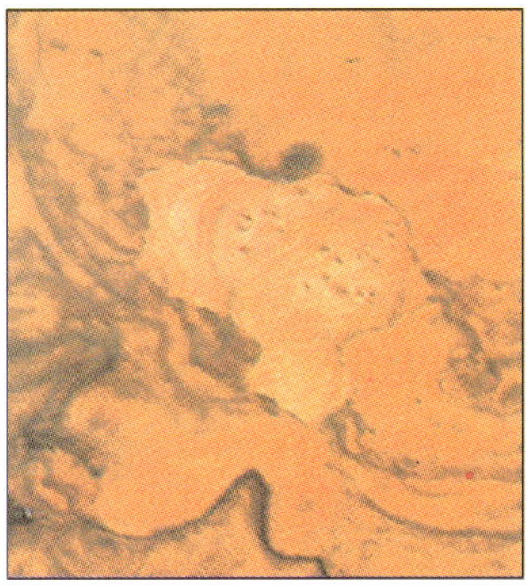

4. Übergänge verschleifen und Platte insgesamt nachlackieren.

Dunkel-Übergangs, entsprechend einer Ausbuchtung oder eines Kurvenverlaufs sowie um Augen oder andere markante Holzzeichnungen herum. Also auf keinen Fall der Einfachheit halber schnell ein Quadrat herausstanzen. Denn geradlinige Ränder fallen im Wurzelholz als „Fremdkörper" immer auf!

Ist die umrissene Stelle dann freigelegt, das Blindholz also sichtbar und gesäubert, nimmt man ein Stück Seidenpapier zur Hand und legt dieses auf die Stelle. Denn jetzt geht es darum, die bewußt kompliziert gehaltene Form exakt auf das Ersatzfurnierstück zu übertragen. Mit einem weichen Bleistift tastet man nun die Kontur der Schadstelle ab, indem dieser flach über die Ränder hin- und herbewegt wird. Seine Mine markiert die Umrißlinie des Fehlstückes.

Ein passendes Neufurnier wird nun so ausgesucht, daß dessen Maserung möglichst der des Fehlstückes entspricht. Völlig deckungsgleiche Zeichnungen gibt es wohl nie, ähnliche Maserbilder jedoch schon. Meist muß man erst ein bißchen drehen und wenden, um die geeignetste Stelle und Position zu finden. Hat man sich entschieden, wird das Seidenpapier mit dem „Abdruck" aufgelegt und mit Klebeband fixiert. Zusammengeklebt läßt sich nun beides exakt ausschneiden. Lieber zunächst etwas gröber zuschneiden, die endgültige Form jeweils nach trockenem Auflegen nacharbeiten.

Stimmen schließlich die Konturen rundherum, wird das Paßstück dünn mit Leim bestrichen, eingefügt und mit Hilfe einer flächenmäßig größeren Zulage unter Druck eingeleimt. Damit dabei kein Leim auf die Furnierfläche kommt, der die Zulage ungewollt festleimen könnte, wird ein Stück Seidenpapier dazwischengeschoben. Nach dem Abbinden des Leims, die Papierreste wegschleifen, die neue Furnierauflage mit der Umgebung beischleifen (oder besser die ganze Fläche überschleifen) und alles endlackieren beziehungsweise ganzflächig Politur auftragen. ■

Werkzeugkasten

Messer, Stechbeitel, Bleistift, Schere, Zulage, Schraubzwinge, Schleifpapier und -klotz.

Fotos: Henkel

Profitips

Wackeligen Stuhl neu verleimen

Bevor ein Stuhl vollends auseinanderbricht, sollte das wackelnde Bein oder, wenn erforderlich, die gesamte Stuhlzarge neu verleimt werden.

Stühle aus Holz sind zwar stabil, aber ewig halten sie nicht. Vor allem dann nicht, wenn man oft damit schaukelt oder sie durch häufige Umzüge beansprucht. Erstes Merkmal, bevor ein Stuhl auseinanderbricht ist das Knarren reibender Hölzer. Genauer: Das sich Lösen der verdübelten oder verzapften Zarge vom Stuhlbein. Da hier zwei Hölzer quer zu ihrer Faserrichtung miteinander verleimt sind, ist es eine besonders empfindliche Stelle. Ist sie bei älteren Modellen gar mit Knochenleim verklebt, so dauert es

1. Wenn sich nur ein Stuhlbein aus dem Zargenverband gelöst hat und wackelt, muß man die Zarge so weit auseinanderziehen oder -klopfen (bei letzterem Unterlage verwenden!), ...

2. ... daß sich auch die Querstrebe herausnehmen und an den Enden reinigen läßt.

3. Ebenfalls mit dem Stechbeitel schabt man am Zargenzapfen und im Schlitz des Stuhlbeins die alten Leimreste und Holzsplitter ab.

Profitips

Alten Stuhl aufarbeiten

Erst eine einwandfreie Oberflächenbehandlung erweckt altes Möbelholz so richtig zum Leben. Am Beispiel eines alten Stuhles zeigen wir die Methode mit Bienenwachsbalsam.

Wenn alte Möbel so aussehen, als seien sie nichts mehr Wert, hat der Betrachter sein Urteil zu oberflächlich ausgesprochen. Und das hier sogar im wörtlichen Sinn. Denn allzu oft (leider!) ist es die Oberfläche, die für das Urteil „häßlich" verantwortlich gemacht wird. Dabei ist aber auch gerade sie das geringste Problem, wenn es darum geht, ein altes Stück wieder aufzuarbeiten Und plötzlich sieht dann der vergammelte Stuhl aus wie ein Prachtstück. Sehen Sie selbst.

Eine neue Oberfläche bringt den Holzton und die Holzmaserung erst richtig zur Geltung. Eine alte Lackschicht, stumpf und fleckig, vehindert den Blick auf das Holz, oft sogar so stark, daß man nicht einmal erkennt, welche Holzart sich darunter verbirgt. So war es auch bei unserem Exemplar. Man sah eigentlich nur noch braun, die Lackschicht war verschmiert, blind und unansehnlich.

In solchen Fällen muß also erst mal der Lack ab. Aber mehr auch nicht, denn die Patina, die das Holz mit den Jahren bekommen hat, soll ja bleiben. Also geht man sachte vor und schleift bei dünner Lackschicht diese ab (oder zieht mit der Ziehklinge ab), bei dicker und schmieriger Lackierung oder bei Nitrolacken geht es auch mit Stahlwolle und Nitroverdünnung. Wir wollen jedoch mehr zur sanfteren Methode greifen und möglichst wenig mit aggressiven und gesundheitsschädlichen Stoffen umgehen. Deshalb verwenden wir bei der Wiederherstellung der Oberfläche umweltverträgliche Naturprodukte (hier von Leinos).

Ist das Möbel vom alten Lack befreit, kann man auch besser beurteilen, wie stark etwa ein Holzwurmbefall vorangeschrit-

1. Der Stuhl ist noch gut in Schuß, nur der Lack läßt zu wünschen übrig. Um eine neue Oberfläche aufzubauen, muß erst einmal alles sorgfältig abgeschliffen werden.

4. Jetzt erst kann eine Neuverleimung auch funktionieren. Im Schlitz am Zapfen, unterm Sitz und an der Strebe Leim angeben.

5. Zunächst horizontal vorspannen. Dabei je eine Zwinge mittig an den Verleimstellen von Zarge und Strebe ansetzen. Zulagen schützen das Möbel!

nicht mehr lange, bis die Zarge ganz auseinanderfällt und dem Stuhl seine Stabilität raubt. Eine alte Schreinerweisheit sagt zwar, daß Stühle gar nicht vernünftig zu reparieren sind. Wir zeigen aber dennoch wie es üblicherweise geht.

Damit die Reparatur möglichst lange hält, sollte man die aus dem Leim gegangenen Teile vorsichtig auseinanderziehen und sie gründlich von alten Leimresten befreien. Die gesäuberten Stellen mit Expreß-Holzleim bestreichen (eventuell auch wasserfest) und mit Zulagen und Zwingen etwa zwei bis drei Stunden spannen.

Ist ein Stuhl rundum aus dem Leim, hilft nur das völlige Zerlegen und systematische Neuverleimen, wobei meist die Hinterbeine als Paar verleimt, dann die Vorderbeine mit den Querstreben mit den hinteren Beinen zusammengefügt werden. Bei Stühlen, Hockern oder Sesseln, die keine geraden Flächen fürs Ansetzen der Zwingen haben, sind Spanngurte eine gute Alternative. ■

Werkzeugkasten

Stemmeisen, Expreß-Holzleim, Massivholz-Zulagen, Schraubzwingen oder Spanngurte

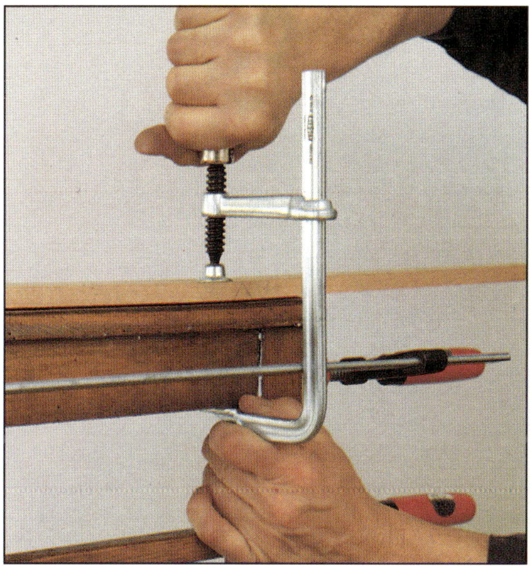

6. Dann drückt man mit einer weiteren Zwinge den Sitzrahmen auf die Zarge herunter und zieht schließlich die Querzwingen endgültig fest, bis der Leim aus der Fuge tritt. Diesen gleich rückstandsfrei abwischen.

Text und Fotos: Hobbywood

2. Holzwurmbefall bekämpft man mit giftfreiem Wirkmittel. Dieses zweimal satt auftragen.

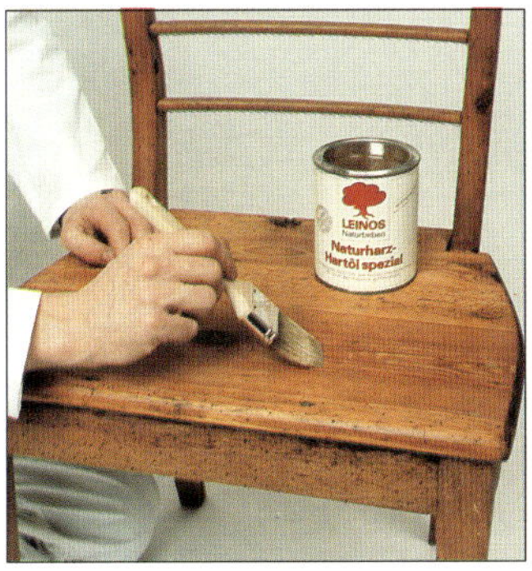

3. Öl bis zur Sättigung einstreichen. Nach 30 min. Naßstellen mit trockenem Pinsel vertreiben.

4. Löcher oder kleinere Schäden mit Holzwachs ausbessern. Dieses gibt es als Hartwachsstange.

5. Mit einem fusselfreien Lappen wird das flüssige Bienenwachsbalsam unter gleichmäßigem Druck eingerieben. Der Auftrag sollte hauchdünn sein.

6. Erst nach mindestens 12 Stunden das Wachs per Bürste in Maserrichtung glanzpolieren oder mit dem Poliervorsatz einer Bohrmaschine.

ten ist. Wenn dann ein entsprechendes Mittel aufgetragen wird, sollte man darauf achten, daß ein giftfreies Produkt verwendet wird. Unser Mittel wirkt laut Aussage des Herstellers nicht durch Abtötung des Holzwurms, sondern dadurch, daß es das Holz so verändert, daß es dem Schädling nicht mehr als Futter dienen kann.

Nach dieser Schutzbehandlung bekommt der Stuhl einen Naturharzhartöl-Anstrich als Grundlage für den weiteren Aufbau. Außerdem werden noch Löcher oder kleine Absplitterungen mit Hartwachs gefüllt. Die eigentliche Oberflächenbeschichtung erfolgt dann schließlich mit einem flüssigen Bienenwachsbalsam, das mit einem Tuch eingerieben wird und seinen Endzustand dann erreicht, wenn es nach Aushärtung aufpoliert worden ist. Dann hat der Stuhl eine harte und transparente Oberfläche, die das Holz wunderschön anfeuert. ■

Werkzeugkasten

Schleifpapier (grob und fein), Ziehklinge, Pinsel, Stechbeitel, flexible Spachtel, Tuch, Bürste.

Fotos: Leinos

Profitips

Stuhl abschleifen und lackieren

Manchmal ist ein alter Stuhl stabiler als einer der neueren Machart. Wenn sein Lack nicht mehr gut aussieht, ist eine Neubeschichtung daher lohnenswert.

Nur aus optischen Gründen sollte man einen robusten Stuhl aus Hartholz nicht ausrangieren. Denn der Möbel-Markt bietet heutzutage entweder teure Luxus- oder kurzlebige Billigware an. Ein unansehnlicher Klarlacküberzug oder eine altmodische Farbgebung läßt sich ja beseitigen.

Beim Lackieren kommt es vor allem auf die Untergrundvorbereitung an. Zunächst muß der alte Lack vollständig entfernt werden. Das geht beispielsweise mit einem Exzenterschleifer . Man verwendet immer feineres Schleifpapier (80/120/180). Die Ecken be-

1. Die Lackschicht des Stuhles ist fleckig, an den Armlehnen völlig aufgelöst. Weil das Sitzmöbel besonders robust gebaut und bequem ist, lohnt sich eine Neulackierung.

2. Bei den Flächen kommt ein Elektrowerkzeug zum Einsatz, ansonsten der Schleifblock.

3. Aus allen Ecken den alten Lack säuberlich mit einem Stechbeitel herauskratzen.

Profitips

Mehrfach überstrichenen Stuhl abbeizen

Wieder einmal dient ein alter Stuhl als Anschauungsbeispiel für eine Arbeitstechnik. In diesem Fall hat es sich doppelt gelohnt, denn am Ende kam auch noch ein hübsches Möbel dabei heraus.

Irgendwann einmal war auch dieser Stuhl modern. Als er es nicht mehr war, hat man ihn eben mit Hilfe von Farben der Zeit angepaßt, immer wieder eine neue Schicht, bis er zum Schluß sogar wieder braun gestrichen wurde.

Der Kenner aber weiß, daß sich unter diesen vielen Farbschichten etwas ganz Besonderes verbirgt. Und mit der richtigen Technik läßt es sich ans Tageslicht bringen:

Dazu müssen erst die alten Lackschichten abgebeizt und dann das gedunkelte Holz aufgehellt werden. Dann wird der Stuhl geschliffen und geölt. Die dazu benötigten Spezialprodukte gibt es allesamt von Owatrol.

Mit Dilunett, einem gel-artigen alkalischen Abbeizmittel rückt man den Farbschichten zu Leibe. Das Gel wird am besten mit einem Pinsel mit Nylon-Haaren dick und lückenlos auf die Oberfläche des Stuhles aufgetragen. Aufgrund seiner Konsistenz haftet das Mittel auch gut an senkrechten Flächen. Sobald die beige Eigenfarbe des Mittels zu braun übergegangen ist, (je nach Stärke der Beschichtung und Art der Farbe laut Hersteller von 15 Minuten bis zu zwölf Stunden) entfernt man die gelöste Beschichtung mit Hilfe von Spachteln und Schabern.

Danach wird das Holz mit „Net-trol" gereinigt, neutralisiert und aufgehellt. Der ganze Stuhl muß gut mit der Flüssigkeit eingeschrubbt werden.

1. Unter den vielen Farbschichten verbigt sich ein Liebhaberstück. Also erst einmal abbeizen.

4. Ist das Holz vollständig vom alten Lack befreit und abgeschliffen, wird es gewässert.

5. Nach dem Trocknen stehen noch feinste Holzfasern hoch, die nun entfernt werden müssen.

6. Je sogfältiger der Untergrund vorbereitet ist, umso schöner verläuft der Deckanstrich.

7. In schickem Schwarz und in passender Umgebung wirkt der betagte aber solide Stuhl wieder wie neu.

kommt man mit Hilfe eines Stechbeitels lackfrei.

Jetzt muß das Holz gewässert werden. Dadurch stellen sich auch winzigste freie Holzfasern auf. Nach dem Trocknen können diese durch Feinstschleifen von Hand beseitigt werden (beim kurzfaserigen Buchenholz mit 320er Papier oder wie hier mit einem Spezial-Stahlschleifkissen), wodurch die Oberfläche geschlossener wird. Das führt später zu einem besseren Verlauf der Farbe.

Mit einer Bürste muß erst noch alles entstaubt werden, dann kann der Anstrich-Aufbau erfolgen: Erst ein porenfüllender Holzgrund, dann Vorlack (von ICI-Dulux). Nach einem Zwischenschliff wurde als Deckanstrich in unserem Fall „Fester Lack" verwendet. Dieser wird erst beim Streichen flüssig und ergibt in Schwarz bereits beim ersten Anstrich eine hochglänzende, strapazierfähige Beschichtung. ■

Werkzeugkasten

Exzenterschleifer, Stechbeitel, Schwamm, Schleifpapier oder Schleifkissen, Pinsel

Fotos: HUM

2. Mit Hilfe von Schabern und Spachteln das Gel-Farbmasse-Gemisch entfernen.

3. Durch Abschrubben mit Net-trol wird das Holz neutralisiert, gereinigt und aufgehellt.

4. Nach dreitägiger Trocknung wird der Stuhl mit 100er Schleifpapier abgeschliffen.

5. Zweimal ölen, nochmal schleifen und ein drittes Mal ölen – dann sieht's so aus.

Jetzt warten Sie erst einmal etwa zehn Minuten, bevor Sie das Holz mit viel Wasser unter starkem Schrubben waschen.

Dilunett kann laut Hersteller zusammen mit nicht-toxischen und schwermetallfreien Farben zum Hausmüll gegeben werden. (Im Zweifelsfall als Sondermüll entsorgen!) Mit Net-trol neutralisiert darf das Spülwasser mit unbedenklichen Farbresten in die Kanalisation geleitet werden. Sind giftige Farbstoffe mit im Spiel, natürlich nicht!

Nach mindestens dreitägiger Trocknung erst dürfen Sie die losen Holzfasern des Stuhles abschleifen (Sandpapier Körnung 100). Danach ist das Möbel bereit für die Behandlung mit Interiöl: Mit einem weichen Flachpinsel werden zunächst zwei sättigende Anstriche aufgetragen. Nach dreißig bis sechzig Minuten verbleibender Überschuß abgewischt. Dann über Nacht muß der Stuhl wieder einmal trocknen.

Anderntags folgen der Trokkenfeinschliff mit Körnung 200 und der dritte Anstrich mit Interiöl. Nach einer halben Stunde schließlich wischt man wiederum überschüssiges Öl ab. ■

Werkzeugkasten

Flachpinsel, Nylonborstenpinsel, Schaber, Spachtel, Bürste, Handschuhe, Tücher.

Fotos: Owatrol

Profitips

Gesplittertes Stuhlbein ergänzen

Ein Stuhl steht oder fällt mit den Beinen. Schäden an den Beinenden beeinträchtigen das Stehvermögen und sehen außerdem häßlich aus. Wir zeigen, was dann der Schreiner macht.

Beine von Stühlen oder Sesseln müssen einiges aushalten. Sie nehmen Lasten auf, müssen mit mechanischer Beanspruchung durch Verrücken und hartes Aufsetzen fertigwerden und sie kommen mit Wasser sowie Bodenputz- beziehungsweise -pflegemitteln in Berührung. Und ein alter oder gar antiker Stuhl hat dann schon mehreres mitgemacht. Vielleicht stand der eine oder andere auch mal längere Zeit irgendwo abgestellt in einem feuchten Keller oder an einem ungeschützten Platz im Freien. Und das tut Holz wahrlich nicht gut.

Typische Schäden sind dann beispielsweise morsche oder wurmzerfressene Beinabschlüsse oder gar ausgebrochene Kanten und größere Holzabsplitterungen. Wer ein altes Stück besitzt oder erwirbt, sollte sein Augenmerk also besonders auf die Stuhlbeinenden legen. Manchmal geht wirklich nichts mehr, es sei denn, man tauscht ein Bein komplett aus. Doch in den meisten Fällen begrenzt sich der Schaden nur auf die letzen zwei bis fünf Zentimeter eines Stuhlbeins und häufig ist auch nur ein einzelnes Bein betroffen. Und da lohnt sich eine Restaurierung auf jeden Fall.

1. Absplitterungen an einem Bein müssen zunächst begradigt werden. Dabei sägt man entlang einer Maserlinie ab.

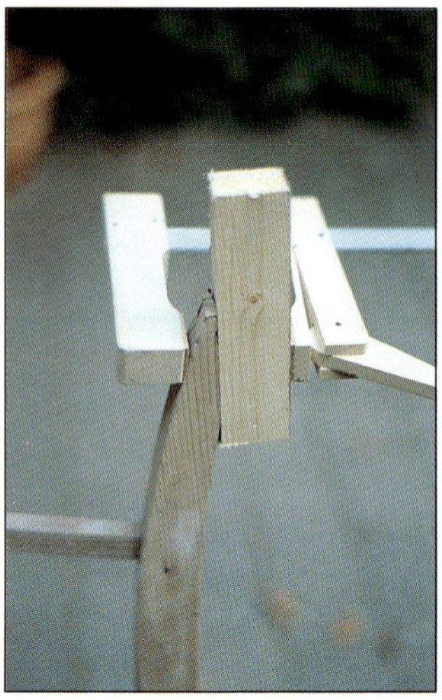

2. Ein großzügig bemessenes Ersatzholz mit gleichlaufender Maserrichtung gut anleimen.

Eine sensible und fachgerechte Restaurierung - das heißt hier Stuhlbeinergänzung - zeichnet sich aus durch die Verwendung von altem, trockenem und gleichartigem Holz mit möglichst ähnlichem Maserbild, sparsam eingesetzt (also so wenig wie möglich absägen, aber so viel wie nötig!)

Profitips

Sitzpolster neu beziehen

Gefällt der Bezug eines Stuhles mit intaktem, lose eingelegte Sitzpolster nicht mehr, tauscht man ihn ganz einfach gegen einen hübscheren aus.

Am Anfang der Arbeiten steht das Entfernen des alten Polsterbezuges. Wenn der in guter, alter Technik befestigt worden ist, braucht man dazu viel Geduld und viel Gefühl: Erstens müssen die vielen kleinen Nägel mit einem geeigneten Gerät (Nagelheber) entfernt werden –wer alte Messer oder Stechbeitel dazu einsetzt, begibt sich in große Verletzungsgefahr, zweitens ist darauf zu achten, daß der unter dem Oberstoff liegende Nesselbezug nicht beschädigt wird.

Bei völlig durchgesessenem Polster bezieht man selbstverständlich erst nach Erneuerung des Polsterkorbes oder nach dem Aufpolstern mit Schaumstoff. Oft jedoch sind die Polster „alter Erbstücke" noch gut in Form, sei es, weil das gute Stück stets geschont wurde, sei es daß der Bezug sehr häßlich ist, und sich deshalb nie jemand draufsetzen wollte.

Die weiteren Arbeiten sind stark von der Art des gewählten neuen Bezugsstoffes abhängig. Spezielle Polsterstoffe und elastische Stoffe lassen sich einfacher verarbeiten. Einfarbige Stoffe sind leichter zurechtzuschneiden, symmetrische Dessins machen etwas mehr Schwierigkeiten, ganz genau abmessen muß man bei Motivstoffen.

Bei Uni-Stoffen legt man den Polstereinsatz mit dem Nesselstoff auf die Unterseite des neuen Stoffes und prüft durch Hochschlagen des Stoffes, wieviel Zugabe inklusive Stoffumschlag nötig ist. Bei Musterstoffen muß darauf geachtet werden, daß das Muster schön zur Mittelachse läuft. Bei Motivstoffen wendet man nach dem Errechnen der Schnittzugabe Polster und Stoff, wählt den gewünschten Motivausschnitt und zeichnet mit Krei-

1. Wenn das Polster noch gut in Form ist, kann solch ein Sitzmöbel leicht attraktiver gemacht werden. Zunächst den alten Stoff vorsichtig ablösen, den neuen Bezug ausmessen.

und vor allem richtig an das Stuhlbein angesetzt. Und das heißt nicht einfach quer absägen, sondern so, daß später die Nahtstelle zwischen altem Holz und neuem Ansatzstück so wenig wie möglich auffällt. An einem bäuerlichen Weichholz-Stuhl aus der Biedermeierzeit haben wir für Sie die wichtigsten Arbeitsschritte dokumentiert. ■

Werkzeugkasten

Säge, Klemmzwinge, Band-/Schwingschleifer, Retuschierstifte, Lackpinsel, Stahlwolle.

3. Von einem gesunden Stuhlbein nimmt man die Kontur ab und überträgt sie aufs Neuholz.

4. Überstände des Ansatzholzes außerhalb der Markierungslinie mit einer Stichsäge absägen.

5. Nach dem Beischleifen mit dem Bandschleifer folgt der Endschliff per Schwingschleifer.

Fotos: WS

6. Ist der Stuhl grundiert, zeigt er seinen endgültigen Farbton. Neues Holz entsprechend färben.

7. Maserbild korrigieren: Retuschierfarbe trocknen lassen und mit Stahlwolle abschwächen.

8. Mit Lack, zum Beispiel Schellack, werden schließlich Stuhl und Beinansatz überlackiert. Die Reparaturstelle ist nachher kaum noch sichtbar, der Stuhl stabil.

2. Neuen Bezugsstoff und Polster mit der Oberseite nach unten legen, Stoff hoch- und einschlagen.

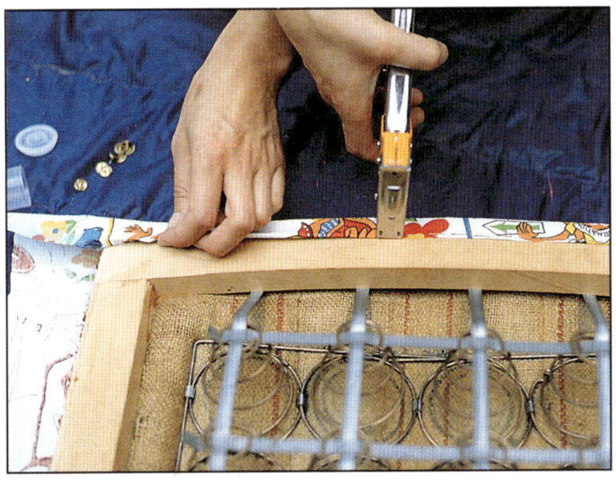

3. Dicht an dicht Klammern von der Mitte nach außen hin durch den Stoff ins Holz tackern.

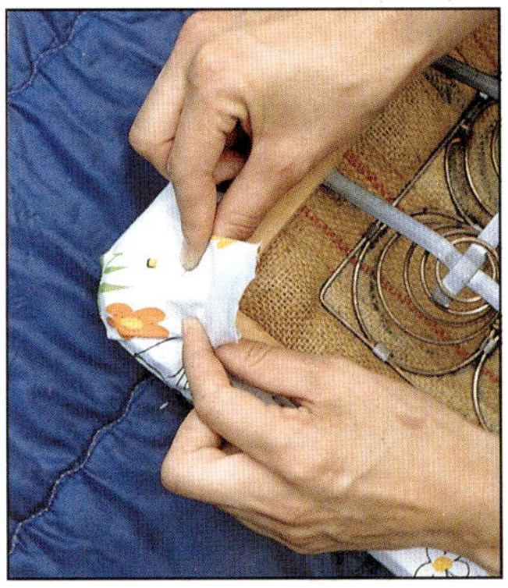

4. Stoffzipfel kürzen, über Eck nach innen ziehen, festtackern.

5. Mit Schutzband abkleben, jetzt noch quer klammern.

6. So verändert findet das Möbel sehr schnell Freunde.

de die benötigte Zugabe an. Sollen mehrere Stühle neu bezogen werden, stellt man die Zuschnitte selbstredend in Serie her.

Anstelle von Blaukopfnägeln und Hammer verwendet man heutzutage bevorzugt Heftklammern und Tacker. Zum Antackern des Stoffes am Holzrahmen des Polsters wird alles wieder auf den Kopf gestellt. Der Stoff wird etwa eineinhalb Zentimeter eingeschlagen, getackert wird jeweils von der Mitte nach nicht ganz außen, gegenüberliegende Seiten nacheinander. Danach erst kommen die Ecken dran. Die Stoffzipfel werden gekürzt, und über Eck so nach nach innen gezogen, daß keine oder wenigstens nur symmetrische Falten bleiben. Abschließend werden die Stoff-Rahmen-Übergänge, am besten mit Textilklebeband, abgeklebt. Eine Serie quer genagelter Heftklammern gibt der ganzen Verbindung den richtigen Halt. ■

Werkzeugkasten

Schere, Nagelheber, Tacker, Schneidermaßband, (Stoff)-Kreide, textiles Klebeband

Fotos: HUM

Profitips

Verzogene Schrankteile verbinden

Möbelstücke sind selten hundertprozentig rechtwinkelig gebaut. Sollen sie dicht beieinanderstehen, etwa bei einer Anbau- oder Kombinationswand, hilft meist nur sanfte Gewalt und ein Möbel-Schraubverbinder.

Systemmöbel oder Schrankwände passen häufig nicht ganz parallel aneinander. Manchmal ist die miese Qualität billiger Spanplatten daran Schuld, manchmal auch das massive Holz teurer Möbel, das auch nach Jahren noch plötzlich anfangen kann, zu „arbeiten". Wo Unterlagen nichts ausrichten können, können einfache Möbel-Schraubverbinder Abhilfe schaffen (hier: Mehrzweckverbinder, bestehend aus einer Ansatzschraube mit Schaft und Schlitz plus Hülsenmutter mit Schlitz). Solche Möbelverbinder sind in verschiedenen Größen, Materialien und Qualitäten zu haben: Ganz aus Kunststoff, in Metallausführung oder als Mischprodukt. Die Kunststofftypen sind in diversen Möbelfarbtönen erhältlich, die aus Metall sind robuster, der Drehschlitz reißt nicht aus. Bei Verbindern aus Kunststoff sollte man deshalb einen Schraubendreher mit maximaler Breite verwenden.

Zum Arbeitsablauf: Stemmen Sie die zu verbindenden Möbelteile in die optimale Lage und fixieren diese mit Hilfe einer oder mehrerer Schraubzwingen. Ein Karton oder ein Brettchen zwischen Zwinge und Holz vermeidet Schrammen am Möbelstück.

Nun wählen Sie die Stelle für die Verbindungsbohrung (Manschmal sind mehrere nötig). Die Größe der Bohrung durch die Möbelteile richtet sich nicht nach der Dicke der Schraube, sondern nach dem Maß der Hülse des Verbinders. Bohren Sie lieber langsam, dafür absolut waagerecht. Damit das Loch auf der anderen Seite nicht zu sehr ausbricht

Stehen Anbaumöbel nicht dicht beieinander, sieht das unschön aus und der gestalterische Grundgedanke des Systems geht verloren. Mit Mehrzweckverbindern können Sie schnell Abhilfe schaffen.

Profitips

Schubkasten gängig machen

Schwer laufende sowie klemmende Schubladen können ein Möbel fast unbrauchbar machen. Aber oft ist es ja nur eine Kleinigkeit, die einen sauberen Lauf verhindert hat.

1. Schleifspuren an den Schubladenseiten oder sich verkeilende Schubkästen sind Zeichen dafür, daß das Holz wieder einmal gearbeitet hat. Mit Gewalt kommt man zwar auch weiter, aber wohl nicht auf Dauer.

Da rüttelt man und schüttelt man, und kommt doch keinen Zentimeter weiter. Und wenn doch, dann meist mit dem ganzen Möbel auf einmal. Klemmende Schübe von Kommoden oder Schränken oder schleifende Schubladen von Tischen oder Schreibtischen können ganz schön zum Ärgernis im Alltag werden. Vor allem, wenn´s schnell gehen soll, klemmt es an allen Ecken und Enden. Wer dann mit einem Fluch auf den Lippen das gute alte Stück verwünscht, tut ihm eigentlich unrecht. Denn immerhin besteht es aus Holz.

Und Holz arbeitet bekanntlich. Dadurch kommt es eben dazu, daß Schubladenwangen am Korpus streifen oder sich beim Herausziehen selbst festklemmen. Die „Reibung" wird nicht nur spürbar, sondern auch sichtbar. Schleifspuren an den Seiten zeigen, wo die Passung nicht mehr stimmt. Beim Einregulieren der Lauffähigkeit sollte man dann allerdings vorsichtig vorgehen. Einfach drauflos zu hobeln, kann mehr Schaden anrichten als helfen. Denn bekommt die Schublade zuviel Spiel, verkantet sie leicht und kann sich sogar richtig verkeilen. Also zunächst lieber gefühlvoll das Holz an den Streifstellen abschleifen. Die Gängigkeit des Schubkastens sollte dabei zwischendurch mehrmals kontrolliert werden. Gibt es beim Ein- und Ausschieben keine spürbaren Widerstände mehr, bringt Seife oder Kerzenwachs die endgültige „Schmierung".

Hilft Abschleifen alleine nicht, muß doch gehobelt werden. Dabei genügt oft schon ein Hobelstoß an der richtigen Stelle. Bei ganz hartnäckigen Fällen, kann auch das ganzseitige Abhobeln angesagt sein. Wer einen Elektrohobel hat, sollte den Spanabtrag jedoch minimal einstellen und

1. Möbelteile positionieren, mittels Schraubzwingen fixieren und waagerecht durchbohren.

2. Hülsenmutter von links, Ansatzschraube von rechts in die entgratete Bohrung stecken.

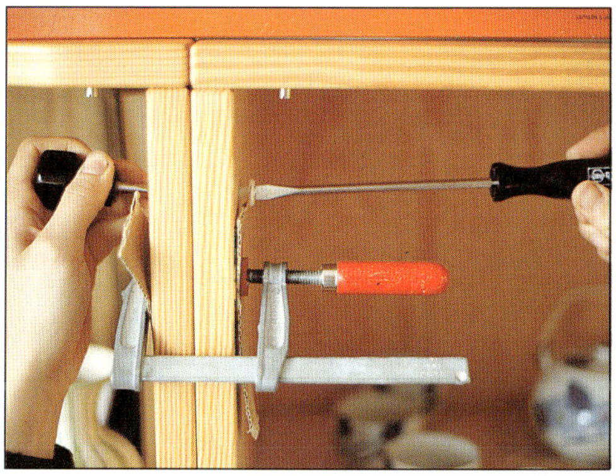

3. Hülse arretieren, Schraube eindrehen. Gerade bei Plastikverbindern muß das Werkzeug passen.

4. Die jederzeit wieder lösbare, unauffällige Verbindung macht aus „losen Teilen" eine Einheit.

(wichtig vor allem bei Spanplatte), einen dicken Holzklotz gegendrücken. Kleinere Ausrisse werden durch den Kopf des Möbelverbinders abgedeckt.

Entgraten und reinigen Sie nun die Bohrung und stecken Sie von beiden Seiten die Teile des Verbinders ein. Der eine Teil wird mit einem Schraubendreher in Position gehalten, der andere mit einem zweiten Werkzeug eingedreht. Normalerweise dauert's etwas, bis die Schraube packt.

Manchmal kommt man mit einem einzigen Verbinder aus. Sind mehrere nötig, sollten Sie darauf achten, daß die Verbindungspunkte waagerecht und senkrecht in einer Flucht liegen.

Wenn so fest wie möglich verschraubt ist, kann die Schraubzwinge vorsichtig entfernt werden, der Spalt zwischen den Möbelstücken ist beseitigt. ■

Werkzeugkasten

Bohrmaschine, Bohrer, Entgrater oder Schleifpapier, Schraubzwinge mit Schonbacken oder Unterlagen, Wasserwaage, zwei Schraubendreher.

Fotos: UHM

2. Zunächst einmal durch Abschleifen der Scheuerspurstellen versuchen, die Seitenteile wieder gängig zu bekommen.

4. Wenn von Zeit zu Zeit geseift oder gewachst wird, vermindert dies die Reibung. Das Holz nimmt dabei keinen Schaden.

3. Genügt das nicht, nimmt man einen Hobel zur Hand und stößt ihn von vorn nach hinten über die Seitenfläche. Zwischen durch Gängigkeit überprüfen.

lieber zweimal drüber gehen. Außerdem immer von der Frontseite her den Hobel ansetzen, damit vorn kein Furnier oder Holz ausreißen kann. Manchmal genügt auch schon das leichte Anfasen der äußeren Schubladen-Laufkanten, je nachdem oben oder unten. Und klemmt eine Schublade nicht an den Seiten, dafür aber an den Kanten, hobelt man nicht oben weg, sondern auf der Unterseite, wo solche Eingriffe nicht gleich beim Aufziehen der Schublade ins Auge springen. Eventuell muß dann auch die Frontplatte unten etwas abgenommen werden, damit sie wieder leicht zwischen den Korpusrahmen paßt. Wer ganz perfekt sein will, färbt die durchs Hobeln heller gewordene Stellen wie die Umgebung ein, um die Reparatur unsichtbar zu machen ■

Werkzeugkasten

Harter Schleifklotz, Schleifpapier (Körnung 80 bis 120), Hobel, Kernseife, Wachs.

Text und Fotos: Kaleidoskop

Profitips

Ausgebrochenes Topfband

Wenn Spanplattentüren überdehnt werden, können die Topfbänder schon mal ausreißen. Reparieren Sie dann die Ausrißstellen wie der Schreiner.

Qualitätsmöbeltüren sind so ausgelegt, daß sie mindestens hunderttausendmal auf- und zugehen, bevor ihre Topfbänder Ermüdungserscheinungen aufweisen und die Schrauben ausbrechen. Allerdings entsprechen nicht alle Türen diesen Anforderungen und selbst geprüfte Türen sind nicht sicher vor übermäßiger Beanspruchung und unsachgemäßer Betätigung. Ist ein Topfband einmal herausgebrochen, besteht jedoch kein Anlaß, sich gleich eine neue Tür zu beschaffen. Solche Schadstellen kann man beispielsweise mit Massivholzstücken ausleimen. Nach erneutem Ausbohren und Verschrauben des alten Topfbandes, hält dieses so gut wie vorher, wenn nicht sogar besser. Günstig ist es, wenn das einzuleimende Ersatzholz schwalbenschwanzförmig oder keilförmig zugesägt beziehungsweise die Ausfräsung der Aurißstelle ebenso ausgeformt ist. Dadurch wird die Stabilität im Reparaturbereich erhöht (wich-

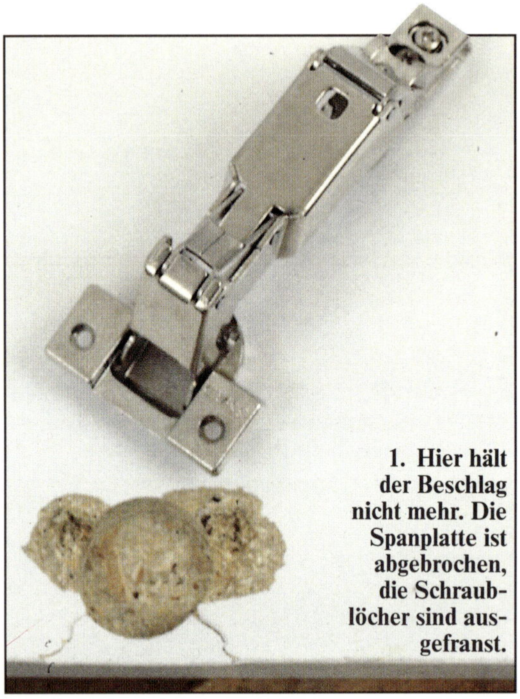

1. Hier hält der Beschlag nicht mehr. Die Spanplatte ist abgebrochen, die Schraublöcher sind ausgefranst.

2. Massivholzteil schwalbenschwanzförmig aussägen und Form übertragen.

3. Form herausfräsen. Der Fräserdurchmesser entspricht den „Rundecken“ der Holzeinlage!

Profitips

Ausgerissene Topfbohrung kitten

Möbeltüren hängen mit ihrem ganzen Gewicht an Topfbändern, die ihrerseits an der Tür in Topfbohrungen sitzen. Sind diese ausgebrochen, ist erneut für eine sichere Befestigung zu sorgen.

Topfscharniere sind heutzutage die gängigste Beschlagsart, wenn es um die Montage von Möbeltüren geht. Dabei wird die Montageplatte an der Korpusinnenseite befestigt, das eigentliche bewegliche Scharnierteil mit seinem Rundtopf in die Möbeltür innenseitig eingelassen. Das tiefe Einsenken bringt den Vorteil, daß nicht nur die Montageschrauben das Türgewicht halten müssen, sondern auch das Beschlagsteil selbst die Tür mit trägt, die Tür quasi unterstützt wird.

Bohrung und Beschlagstopf müssen deshalb exakt aufeinander abgestimmt sein, der Topf muß preß eingedrückt werden können. Ein Schaden an dieser so wichtigen Stelle sollte dann auch unbedingt ausgebessert werden, auch wenn nur kleinere Risse oder Ausbrüche sichtbar sind oder etwa Spiel entstanden ist zwischen Loch und Topf. Denn nur bei einer strammen Verbindung ist der Beschlag auf Dauer funktionstüchtig.

Als alternative Methode zum Einpassen eines Massivholzstückes (vergleiche obenstehende Reparaturanleitung) zeigen wir hier die einzelnen Arbeitsschritte bei der Verwendung eines Reparaturkitts. Das Material ist ein zweikomponentiger Holzreparaturharz. Dieser härtet so aus, daß er sowohl sichere Formstabilität für die Bohrungsränder gewährleistet als auch einen soliden Montageuntergrund für die Schrauben darstellt. Somit kann er Holz als Befestigungsmaterial gut ersetzen.

Bei der Reparatur sollten alle losen Teile an der Ausrißstelle beziehungsweise an der Beschich-

1. Hier wurde eine Tür zu weit geöffnet und schon riß das Topfband aus. Damit es wieder sicheren Halt findet, wird eine Kittmasse aufgestrichen.

tig vor allem bei schweren Türen), denn das eingeleimte Holzstück ist zusätzlich zur Verleimung auch noch gegen Zugkräfte durch die „Selbstverkeilung“ gesichert.

Beim Ausfräsen sollte so tief wie möglich eingetaucht werden – Schrauben halten um so besser – jedoch nur so weit, daß das Deckfurnier der Frontseite oder die Oberflächenbeschichtung unbeschädigt bleibt, denn auf der Vorderseite sollte ja nicht ersichtlich sein, daß hinten ein Hilfsholz in die Spanplattenfläche eingelassen wurde. Damit auch auf der Innenseite die Reparaturstelle so gut wie möglich „verschwindet“, muß das Ersatzholz paßgenau und fugenfrei sitzen, die Fläche bündiggeschliffen und abschließend farblich der umgebenden Innenseite angepaßt werden. ■

Werkzeugkasten

Säge, Oberfräse, Zwinge, Ständerbohrmaschine, Forstnerbohrer, Schleifer, Pinsel, Schraubendreher.

4. Kontrollieren Sie genau, ob die Kontur beziehungsweise die Frästiefe stimmt.

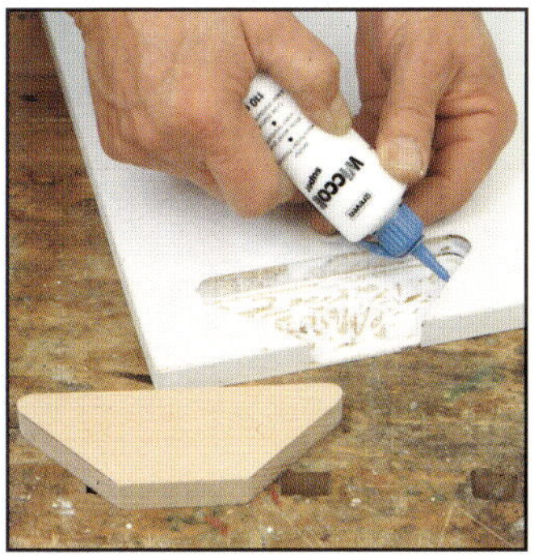

5. Auf den Fräsgrund und rundherum Leim angeben. Ebenso das Holzteil mit Leim versehen.

6. Holz einleimen. Zwischen Zulage und Platte Papier legen, um das Ankleben zu verhindern.

7. An gleicher Stelle wie ursprünglich nun die Bohrung für das Topfband erstellen.

8. Mit einem Exzenterschleifer dann die Reparaturstelle sowie die Kanten beischleifen.

9. Fast unsichtbar wird die Stelle, wenn das Füllholz noch entsprechend lackiert wird.

Text und Fotos: Hobbywood

2. Lose Teile entfernen. Kitt auf den Bohrungsrändern, Fehlstellen und Türkanten verteilen.

3. Ausgehärtet läßt sich die Stelle bis auf die umgebende Fläche herunterfeilen und einebnen.

tung entfernt werden. Nach dem Anmischen von Harz und Härter wird die Topfbohrung großzügig ausgekittet, wobei die Masse gut an den Spanplattenuntergrund gedrückt werden sollte. Auch die Kanten sind grob nachzubilden.

Nach dem Aushärten der Kittmasse nimmt man eine Feile zur Hand, mit der die Stelle oberflächenbündig abgetragen wird, die Kanten winkelgerecht begradigt werden. Richtig glatt bekommt man die Kittflächen jedoch erst nach zwei Schleifgängen mit unterschiedlich grobem Schleifmittel.

Damit dann auch das Topfband genau paßt, muß in exakt ermittelter Position und mit dem richtigen Bohrerdurchmesser die Topfbohrung erneut erstellt werden. Der Kitt wird leicht durchtrennt und bildet scharfe Ränder aus. Zum Schluß den Topfbeschlag einsetzen und verschrauben. ■

4. Für den Feinschliff zum Beispiel den Exzenterschleifer einsetzen. Zweimal überarbeiten.

5. Die Topfbohrung erstellt man anschließend am Bohrständer. Hierbei richtige Tiefe beachten!

6. Wenn der Anstrich erfolgt ist, Topfband eindrücken, ausrichten und im Kitt verschrauben.

Werkzeugkasten

Schraubendreher, Feile, Schleifmaschine und -papier (Körnung 100 und 200), Bohrständer, Bohrmaschine, Forstnerboh-

Fotos: Kaleidoskop

Profitips

Splittrige Regalbrettkante verkleiden

Mit Dekorkanten aus Kunststoff oder Echtholz werden ramponierte oder mangelhaft zugesägte Regalböden wieder attraktiv.

Wo ein neuer Umleimer nicht mehr hilft, können Dekorkanten noch alles retten. Diese schmückenden „Kantenschoner“ vom Hersteller Döllken decken nämlich nicht nur die Senkrechten an einem Brett ab, sondern auch noch einen Teil der Flächen. Kleine Macken und Absplitterungen der Beschichtung vom unsauberen Sägen verschwinden unter den farbigen Leisten.

Das geht in der Regel völlig ohne Spachtelarbeiten, ein Bügeleisen wird in keinem Fall gebraucht. Die Dekorkanten sind im Baumarkt für 16 und 19 Millimeter dicke Platten erhältlich. Als Kunststoffausführung in verschiedenen Farben, mit und ohne Nut für eine kontrastierende Einlegeleiste (schwarz, weiß, grau, rot, gelb und blau).

Daneben wird noch eine Massivholzkante mit Nut für Einlegeleisten angeboten (Dekor-Kante SH). Diese Kante ist beiz- und lackierfähig, so daß man jeden gewünschten Farbton erzielen kann.

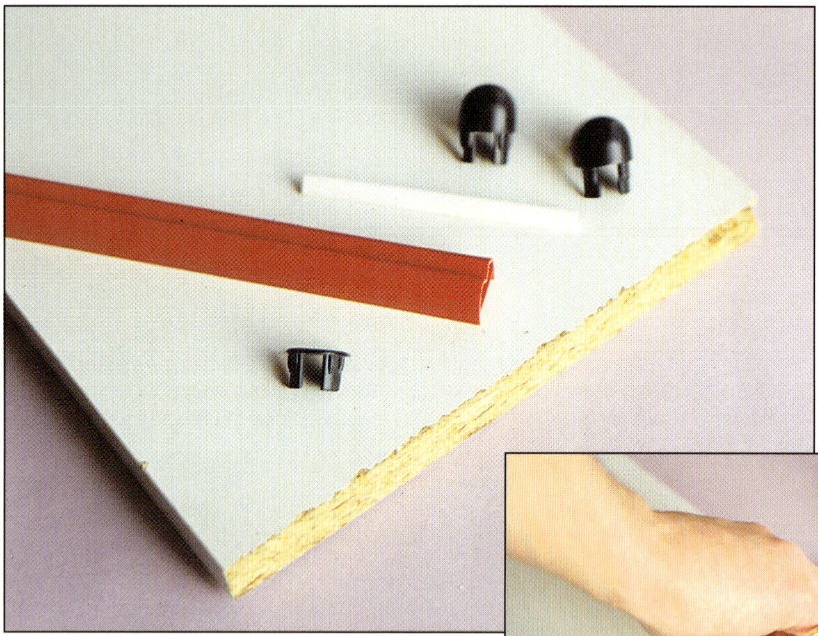

1. Auch aus einem derart ausgefransten Regalbrett läßt sich noch etwas Schönes machen. Lassen Sie Macken und Absplitterungen einfach unter Dekorkanten verschwinden.

2. Zunächst die benötigten Teilstücke genau ausmessen, dann die Dekorkante mit einer feinzahnigen Säge ablängen.

Profitips

Neuen Umleimer aufbügeln

Sind Umleimer an Regalböden unsauber verarbeitet, lösen sie sich mit der Zeit oder man bleibt an kleinen Überständen hängen und sie reißen ab.

Schäden an Umleimern sollte man umgehend beseitigen. Erstens, weil der Anblick nicht gerade schön ist, zweitens, weil dann der Feuchteschutz der stark hygroskopischen Spanplatte nicht mehr vorhanden ist und das Brett, gerade in der Küche, bald aufquellen würde. Und schließlich ist ein perfekt umleimter Regal- beziehungsweise Schrankfachboden viel leichter zu reinigen.

Für die schnelle und einfache Reparatur bietet der Handel Umleimer zum Aufbügeln in verschiedenen Abmessungen und Dekoren an, meist als Rollenware. Damit der Kleber, der beim Aufbügeln schmilzt, gut haften kann und die Brettkannte nicht uneben wird, muß zunächst der beschädigte Umleimer an der gesamten Frontseite des Fachbodens entfernt werden. Das kann bei mehrschichtig aufgebautem Material recht kniffelig sein. Verwenden Sie dabei einen Stechbeitel. Mit dem Tapetenmesser (Cutter) beschädigt man allzu leicht die Kanten der Flächenbeschichtung des Fachbodens. Letzte Kleberreste beseitigen Sie mit Schleifpapier.

Schneiden Sie nun den neuen Umleimer mit etwas Längenüberstand zurecht, legen Sie ihn auf die freigelegte Brettkante und fixieren Sie ihn an einem Ende mit einem Klebstreifen. Jetzt arbeiten Sie mit dem Bügeleisen von der Mitte aus zum nicht fixierten Ende hin, lösen dann das Klebeband ab und bügeln auch die andere Hälfte fest, wieder von der Mitte nach außen.

Das Bügeleisen wird dabei langsam unter gleichmäßigem Druck geführt, erst völlig plan, dann nochmals jeweils leicht nach links und rechts gekantet – hier muß der Umleimer nämlich unbedingt optimal festsitzen!

Beispiel Küchenoberschrank: An einem kleinen Überstand des Umleimers blieb man mit der Dose immer wieder hängen – bis zum Bruch.

1. Den beschädigten Umleimer über die gesamte Länge des Fachbodens entfernen.

2. Ein neues Stück Umleimer mit etwas Längenzugabe zuschneiden und auflegen.

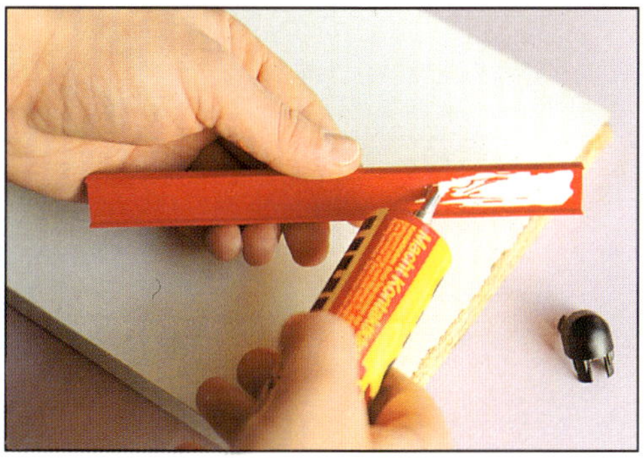

3. Auf die planebene Rückseite der Dekorkanten einen herkömmlichen Kontaktkleber auftragen. Nach Gebrauchsanweisung verkleben.

4. Die abgerundeten Eck-Elemente werden ganz einfach nur aufgesteckt. Ihren Halt bekommen sie durch das folgende, verklebte Kantenstück.

5. Die Einlegeleisten gibt's in harmonierenden und kontrastierenden Farben. Sie werden in die vorhandene Nut eingeklebt.

6. Mit solchermaßen „runderneuerten" Regalböden lassen sich auf einfache Weise attraktive Möbelideen umsetzen.

Die Handhabung ist kinderleicht. Man mißt die Plattenseiten ohne Zugabe, überträgt jeweils die Maße auf die Kunststoff-Dekorleisten und längt mit einer feinzahnigen Säge oder einem Bastelmesser ab. Die Innenflächen der Dekorkanten werden mit einem üblichen Kontakt- oder Sekundenkleber entsprechend Herstellerangabe bestrichen und auf die Plattenkante aufgesetzt.

Die abgerundeten Eck-Elemente müssen nicht einmal geklebt werden. Man steckt sie einfach auf die verklebte Leiste, anschließend folgt die nächste Dekorleiste (Bei links und rechts begrenzten Fachböden wird einfach nur die Vorderkante belegt, den seitlichen Abschluß bilden spezielle Endstücke).

Die Dekorleisten müssen nicht immer zu Reparaturzwecken verwendet werden. Mit ihnen lassen sich auch intakte Regalböden auf einfache Weise verschönern. ■

Werkzeugkasten

Maßband, Bleistift, feinzahnige Säge oder Bastelmesser, Kontakt- oder Sekundenkleber.

Fotos: HW (5), Döllken (1)

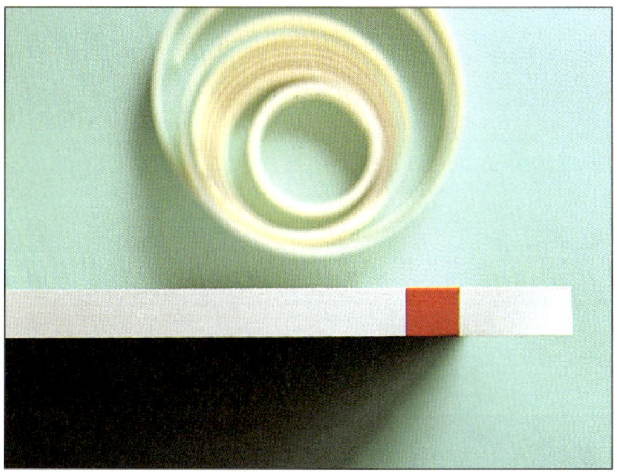

3. Wer keinen Helfer hat, fixiert den Umleimer an einem Ende besser mit einem Klebestreifen.

4. Gebügelt wird von der Mitte nach außen. Gerade an den Kanten besonders sauber arbeiten!

5. Der Schmelzkleber erstarrt in Sekunden. Sofort kann man die Längsüberstände abschneiden.

6. Mit einem Stechbeitel oder einem Kantenschneider den Breitenüberstand abnehmen.

Bügelt man mit untergelegtem Vlies, empfiehlt in unserem Fall der Hersteller, die Heiztemperatur des Eisens auf „Leinen" einzustellen, beim Arbeiten ohne Unterlage auf „Baumwolle".

Nach dem Aufbügeln erstarrt der Kleber sofort. Die Materialüberstände an den beiden Längsenden kürzt man mit der Schere, dann arbeitet man mit feinem Schleifpapier nach.

Da Umleimermaß und Brettdicke selten überall ganz genau aufeinander abgestimmt sind, müssen auch hier Überstände abgenommen werden. Auch dafür eignet sich wiederum ein scharfer Stechbeitel. Es gibt aber auch Spezialwerkzeuge (sogenannte Kantenschneider, beispielsweise den „Kantex" von Martor) zum Entfernen der Überstände.

Schließlich müssen die Längskanten des neuen Umleimers noch mit feinem Schleifpapier leicht gebrochen werden. ■

Werkzeugkasten

Bügeleisen, Schere, Stechbeitel, eventuell Kantenschneider, Schleifpapier, Klebestreifen.

Profitips – Harzgallen entfernen

Harzgallen verkleben Werkzeuge und behindern die Oberflächenbehandlung. Sie sollten deshalb vor der weiteren Holzbearbeitung entfernt werden.

Harzgallen sind mit Harz gefüllte Zellzwischenräume im Holz. Sie kommen bei den meisten Nadelhölzern vor, besonders bei Kiefer und Fichte, jedoch nicht bei Tanne. Das in den Harzgallen gespeicherte Harz kann die Werkzeuge beim Verarbeiten verkleben und erschwert die Oberflächenhandlung sowie das Verleimen der Teile. Hinzu kommt, daß das Harz angeschnittener Harzgallen in warmen Räumen noch jahrelang klebrig flüssig bleibt, durch praktisch alle Anstriche und sogar durch Spachtelkitt hindurchschlägt. Es ist egal, ob Sie das Holz für den Treppenbau oder für ein neues Möbel verwenden wollen, vor der Bearbeitung müssen immer zuerst die Harzgallen entfernt werden.

Am elegantesten ist das Ausfräsen der Harzgalle mit einer Schattenfugen- und Lamellofräse wie der Elu DS 140. Die mit einem breiten Spezialfräser ausgerüstete Fräse wird einfach auf die Schadensstelle gesetzt und ins Material eingedrückt. In die entstandene Vertiefung können jetzt Holzflicken, kleine Schiffchen, die es in fast allen Holzarten gibt, eingeleimt werden. Achten Sie darauf, daß auch die Maserung etwa der des Werkstückes entspricht. Überstehende Holzflicken werden mit dem Handhobel zugehobelt oder mit einem Bandschleifer mit feinem Schleifpapier bündig geschliffen. So kann der Reihe nach ein Holzfehler nach dem anderen ausgefräst und durch Einleimen eines Flickens beseitigt werden. Warten Sie bei eng nebeneinandersitzenden Harzgallen, bis der Kleber des ersten Flickens angezogen hat, dann können Sie problemlos einen zweiten direkt daneben setzen. Sollte Ihr Werkstück sehr viele Harzgallen aufweisen, lohnt es sich meist nicht,

1. Anstelle der Harzgallen, die die Bearbeitung des Holzes behindern, sollen kleine Holzflicken eingesetzt werden.

2. Mit einer Lamellofräse (hier ein Demogerät mit Sichtfenster) wird die Harzgalle ausgefräst.

3. Überprüfen Sie, ob der Holzflicken von der Größe und von der Maserung her paßt.

Profitips – Zierornament nachbilden

Zierornamente an Bilder- oder Spiegelrahmen, an alten Möbelstücken oder Treppengeländern lassen sich mit speziellen Werkstoffen abformen und reproduzieren.

Zierornamente sind meist sehr filigran, in exponierter Lage und in der Regel schon recht alt. Es genügt daher manchmal schon eine kleine Berührung beim Abstauben eines Möbels oder Rahmens, und solch ein Ornament geht zu Bruch.

Handelt es sich um ein Einzelstück, hilft nur noch kleben. Bei symmetrisch angeordneten oder in Reihe mehrmals vorhandenen Zierornamenten, also da, wo der Verlust besonders auffällt, besteht die Möglichkeit, ein Schmuckteil mit Hilfe von Formbaumassen vollständig zu reproduzieren.

Vom Spezialisten Hobby-Time gibt es zum Herstellen von Negativformen unterschiedliche Abformmassen, je nachdem, ob es sich um einfache Ornamente oder solche mit Hinterschneidungen handelt. Entscheidend für die Wahl der Abformmasse ist auch das Füllmaterial, mit dem die Form anschließend ausgegossen werden soll.

Für Formen mit Hinterschneidungen gibt es zum Beispiel das Produkt Silco-Formaplast S2. Es handelt sich hierbei um eine hochviskose, streichfähige Masse, die laut Herstellerangaben auch zum Abformen von senkrecht stehenden Skulpturen oder von Deckenreliefs geeignet ist. Wohingegen sonst häufig erst Formbaukästen für das Abformen von Gegenständen gebaut werden müssen, ist das bei diesem Produkt nicht notwendig.

Damit das Original, von dem die Form abgenommen wird, keinen Schaden leidet, darf eine Formbaumasse keine aggressiven Lösungsmittel beinhalten! Auf jeden Fall sollte man Originale vor dem Kontakt mit Formbaumassen zusätzlich durch das Vorbehan-

1. Der aufwendig mit Ornamenten verzierte Spiegelrahmen ist beschädigt. Da ein identisches Schmuckteil unversehrt geblieben ist, kann dieses als Modell für eine Nachbildung dienen.

4. In die ausgefräste Schadensstelle wird jetzt etwas Holzleim eingefüllt.

5. Dann kann der Holzflicken fest eingedrückt werden. Überqellenden Leim sofort abwischen!

6. Mit einem Bandschleifer wird hier der überstehende Holzflicken abgeschliffen.

7. Kaum mehr zu erkennen: Zwei der drei Harzgallen sind bereits beseitigt. Sehen Sie's?

eine Vielzahl von Flicken zu setzen. Dann wird das ganze Stück mit den Harzlagern herausgeschnitten und ein neues Stück Holz eingesetzt.

Wer keine passende Fräse zur Hand hat, kann kleine Harzgallen auch mit dem Forstnerbohrer ausbohren und einen flachen Astlochdübel einleimen. Anschließend muß ebenfalls wieder gehobelt oder geschliffen werden.

Wenn Sie Wert auf die natürliche Optik des Holzes mit seinen kleinen Schönheitsfehlern legen, können Sie mit einem alten Schreinertrick das Aussehen des Holzes erhalten. Hierzu müssen Sie die Harzgallen mit einem Lötkolben erwärmen und auskratzen. Anschließend wird die entstandene Vertiefung mit Schellack gefüllt. Auf den ersten Blick bleibt der Eindruck der Harzgallen bestehen. Allerdings läßt sich die so behandelte Oberfläche problemlos lackieren und verleimen. ■

Werkzeugkasten

Harzgallenfräse oder Forstnerbohrer, Holzleim, Handhobel oder Bandschleifer.

Text und Fotos: H-A Losch

2. Originalteil mit Trennmittel behandeln, Abformmasse anmischen und per Spatel auftragen.

3. Die Negativform „aushärten“ lassen, abziehen und dann die Gießmasse einfüllen.

4. Das Replikat durchtrocknen lassen, der Form entnehmen und auf den Rahmen kleben.

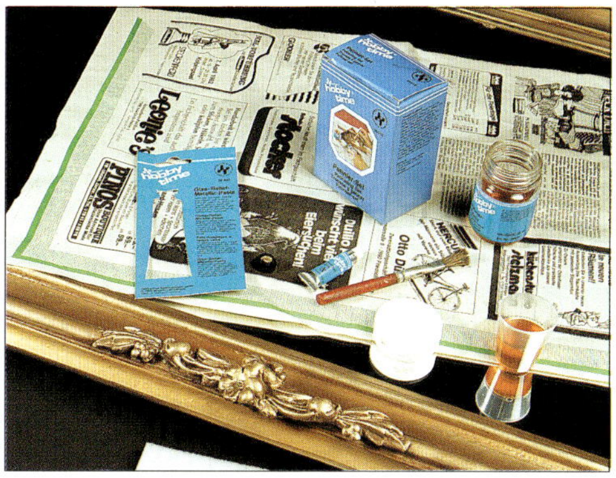

5. Die Nachbildung wird schließlich noch mit Relief- und Patinierfarbe beschichtet.

deln mit einem Trennmittel (es gibt Wachse, Teflonsprays, Vaseline, Puder) schützen.

Silco-Formaplast S2 wird unmittelbar vor dem Einsatz mit Silcoform-Vernetzer in einer Schale angerührt, dann mit einem Spatel auf das Original aufgetragen.

Nach dem „Aushärten“ ist die Form derart elastisch, daß sie wie eine Gummimaske vorsichtig vom Modell abgezogen werden kann. Der Formbau ist damit abgeschlossen, es folgt das Gießen.

Auch die so gewonnene Negativform muß erst mit einem Trennmittel behandelt werden, dann wird eine, dem Holz möglichst ähnliche Gießmasse eingefüllt. Nach dem Aushärten zieht man die elastische Form vom neu entstandenen Replikat. (Es können auch Kopien in größerer Auflage gegossen werden).

Das kopierte Ornament in unserem Beispiel wurde mit dem Spiegelrahmen verklebt und diesem farblich angepaßt. ■

Werkzeugkasten

Meßbecher, Holzspatel, elastische Mischschale, Pinsel

Fotos: Hobby-Time

Profitips

Stufen neu belegen

Sind die Trittstufen einer Treppe ausgetreten oder ist die ganze Treppe renovierungsbedürftig, läßt sich ohne Herausreißen der alten Treppe eine „neue“ erstellen. Man belegt sie einfach neu.

Der wunde Punkt einer Treppe ist die Kante und die Lauffläche. Hier nützt sie sich am meisten ab. Aber auch Abschürfungen oder Ausrisse durch harte Stöße, tiefe Kratzer, Feuchtigkeit oder Schäden durch Schädlingsbefall können eine Treppe zum Sanierobjekt werden lassen. Oftmals ist mit Oberflächenmaßnahmen (Schleifen, Lackieren) nichts mehr auszurichten. Bevor jedoch die alte Treppenanlage ganz geopfert wird, sollte man Tritte und Kanten lieber neu belegen.

In unserem Beispiel zeigen wir eine Altbautreppe, die mit dem Renova-System wieder voll funktionstüchtig geworden ist. Das System ist auf allen Treppen mit geraden Vorderkanten anwendbar (also geradläufige Anlagen wie auch gewendelte). Eventuelle Kantenabrundungen, etwa bei einer Antrittsstufe, werden dann so abgeschrägt, daß 45-Grad-Gehrungen entstehen. Die Renovierung geht dann so vonstatten, daß zunächst ein Kantenprofil in voller Länge vorn auf die Stufe geschraubt wird, wobei es genügt, nur von oben her Schrauben zu setzen. Das Kantenprofil sollte satt an der alten Stufe anliegen, Hohlräume, die sich aufgrund der abgenutzten Stufenoberfläche ergeben, sind auszufüllen beziehungsweise zu unterfüttern.

Mit dem Befestigen des Stufenwinkels hat man eigentlich auch schon die Vorderkante neu gestaltet, denn das Aluminium-Profil ist mit einem Holz-Verblendstreifen ausgestattet, der in Optik und Material dem späteren Stufenbelag gleicht. Falls der Winkel doch noch von vorn her festgeschraubt werden muß, läßt sich dieser

1. Zerfressen, verkratzt, ausgetreten: Diese Treppe blieb als konstruktives Element erhalten, sie bekam nur einen neuen Belag als schöne Außenhaut.

Profitips

Verklebte Stufen herrichten

Ist auf Holztreppen ein Gehbelag geklebt worden, tut man sich oft schwer, ihn wieder rückstandsfrei zu entfernen. Mit ein paar Tricks bekommt man beispielsweise Linoleum und Kleberreste spielend weg.

Ein Treppenaufgang aus massivem Holz ist eine Zierde für jedes Haus. Doch was tun, wenn sich die Stufen einer schönen Treppe unter einem inzwischen unansehnlich gewordenen Gehbelag verstecken müssen. Runter damit! Doch das ist leichter gesagt als getan. Denn Altbeläge kleben häufig so hartnäckig am Untergrund, daß man schon von vornherein die Mühen scheut, vor allem wenn man nicht weiß, wie man sich die Sache erleichtern kann. Mit unserem Beispiel einer Eichenholztreppe, deren Tritte vor Jahren mit einem Linoleumbelag und Kunststoffkanten versehen wurden, wollen wir zeigen, wie Sie Stufen von Altbelägen befreien und Trittflächen wieder so auffrischen können, daß das Holz wieder seine natürliche Schönheit präsentiert.

Zunächst entfernt man den Kantenschutz und zieht die einzelnen Stufenplatten ab. Wenn Sie langsam und gleichmäßig abziehen, lassen sich die Platten meist als ganzes Stück abnehmen. Außerdem vermeidet man so, daß Holzfasern mit herausgerissen werden, was bei ruckartigem Vorgehen eher vorkommt. Wo ein Belag fester anhaftet, nimmt man eine Spachtel zur Hilfe und schiebt sie unter.

Die dann noch verbleibende Kleberschicht läßt sich gut mit einem Heißluftgerät und breiter Düse grob abtragen, indem gleichzeitig die Spachtel die warme, aufgeweichte Masse abschabt. Kleberansammlungen am Spachtelblatt regelmäßig entfernen, damit der Schabeffekt erhalten bleibt. An schwierigeren Stellen, Kantenwölbungen oder um

1. Verklebt und verschandelt: Altes Linoleum auf massivem Holz ist oft nur schwer wegzubekommen.

2. Die Kanten sind noch am leichtesten abzuziehen, hinterlassen aber starke Kleberspuren.

3. Trittflächen langsam abheben, damit sie nicht stückeln und kein Holz ausgerissen wird.

2. **Erst die Aluwinkel mit der Kantenblende fest an den Stufenkanten verschrauben.**

3. **Die in Form gesägten Stufenplatten auflegen und nach vorn in die Trittkante schieben.**

4. **Stellbretter einpassen und verkleben. Gewichte und Zwingen sorgen für Anpreßdruck.**

Holzstreifen auch noch entfernen. Die Tritte werden exakt zugeschnitten und mit Montageschaum verklebt. Ihre Vorderkante wird in die geriffelte Aluminium-Antirutschkante geschoben, mit der sie dann oberflächenbündig abschließt. Hinten können die Stufen ruhig ein wenig Spiel haben, denn die Fugen zwischen Neubelag und altem Stellbrett (senkrechter Stufenabschluß) werden zum Schluß mit Hilfe der neuen Stellbretter abgedeckt. Diese werden übrigens wie die anderen Bauteile auch einfach verklebt. Meist führt man Stellbretter und Kantenverblendung in Holz/Laminat aus, während für die Trittstufen auch Teppichboden, Kork, Kautschuk oder Kunststoffboden in Frage kommt. Falls auch die Treppenwangen zu renovieren sind, kann man diese ebenfalls verkleiden. Das geschieht dann jedoch vor der Stufenbelegung. ■

5. **Fugen versiegeln. Hier eine Situation mit verkleideter Wange, die dann zum Schluß noch …**

6. **… mit einer Abdeckung versehen wird. Die Treppe ist wieder in einwandfreiem Zustand.**

Werkzeugkasten

Handkreissäge, Kappsäge oder Eisensäge, Winkellehre, Bohrer, Schrauber, Kartuschenpistole, Gewichte, Schraubzwingen.

Fotos: Renova

4. **Kleberschicht nach und nach mit Heißluftgerät erweichen und Kleber per Spachtel abschaben.**

5. **An Begrenzungen hilft der Dreiecksschaber, um Ritzen vollständig von Kleber zu befreien.**

6. **Runde Kanten schabt man mit einem entsprechend geformten Abziehwerkzeug sauber ab.**

Ritzen freizukratzen, tauscht man die Spachtel gegen Dreikantschaber beziehungsweise Formschaber aus. Von Black & Decker gibt es beispielsweise ein kleines Farbschaberset, das die wichtigsten Schabertypen beinhaltet.

Sind die Trittflächen so weit abgetragen, ist das Holz allerdings noch nicht porentief gesäubert und damit noch nicht lackierfähig. Das ist erst der Fall, wenn alle Flächen mit einer Abziehklinge nachbehandelt worden sind. Die Klinge muß immer sehr scharf sein (nachschleifen oder auswechseln!) und mit gleichmäßigem Druck und Zug bewegt werden. Sie trägt bei richtiger Schrägstellung hauchdünn die Oberfläche ab. Mit Schleifpapier ist diese Oberflächenreinigung übrigens nicht zu bewerkstelligen, da sich die Kleberreste erwärmen und das Papier sich sofort zusetzen würde. Auch Elektroschleifgeräte verschmieren hier mehr als daß sie entfernen. Ein Band- oder Exzenterschleifer kann jedoch ganz am Schluß zum Einsatz kommen, wenn es darum geht, die Trittflächen noch vollends zu glätten und allerletzte Kleberrückstände zu beseitigen, bevor Lack, Lasur oder Wachs aufgetragen werden können. ■

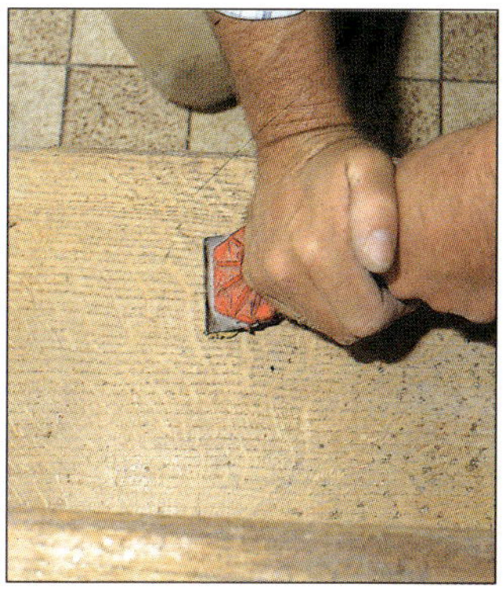

7. **Der Kleber ist grob entfernt, sitzt aber gern noch hauchdünn in der Maserung. Die Abziehklinge säubert das Holz restlos.**

8. **Nach eventuellem Nachschleifen kann die Endbehandlung erfolgen. Das Ergebnis überzeugt.**

Werkzeugkasten

Heißluftgerät, Schaber, Spachtel, Ziehklinge, Bandschleifer mit Schleifpapier (Körnung 80).

Fotos: Compact-Verlag

Profitips

Ramponierte Stufen neu versiegeln

Kratzer, Schrammen, Wasserflecken oder Lackschäden sind keine Seltenheit. Wie können solche Stufen wieder hergerichtet werden?

Holztreppen sind Bauelemente, die aufgrund der hohen Beanspruchung trotz regelmäßigem Nachbehandeln und Pflegen irgendwann einmal so weit sind, daß eine Renovierung von Grund auf erforderlich wird. Dann muß man wissen, wie man fachgerecht vorgeht, um den Stufen wieder Glanz und Widerstandsfähigkeit zu verleihen.

Zunächst müssen alle Wachs- und Bodenmittelreste, die sich im Laufe der Jahre angesammelt haben, sowie Oberflächenschmutz entfernt werden. Mit einem Wachsent-

1. Oft begangenen Treppen sieht man es auch an – trotz Vorsicht und Pflege. Wer eine Generalüberholung vorhat, muß erst die alten Wachs- oder Pflegemittelreste entfernen

Profitips

Knarrende Treppe ruhigstellen

Eine knarrende Treppe entlarvt so manchen Spätheimkehrer. Wir zeigen Maßnahmen gegen die unüberhörbaren Laufgeräusche.

Holz ist ein natürlicher Baustoff, der im Laufe der Zeit durch den ständigen Wechsel von Temperatur und Luftfeuchtigkeit zum Schwinden neigt. Für Holztreppen heißt dies, daß sich die Stufen, die meist auf oder in den Wangen gelagert sind, lösen und beim Begehen der Treppe nachgeben. Häufig sind auch zwischen Tritt- und Setzstufen (den Stoßbrettern) kleine Hohlräume entstanden, die bei jeder Belastung zusammengedrückt werden. Dann reibt Holz auf Holz, und es entstehen lästige Geräusche wie das allzu bekannte Treppenknarren.

Meist lassen sich die vorlauten Stufen leicht lokalisieren, so daß sie gezielt ruhiggestellt werden können. Sitzt die betroffene Stufe locker in den Wangen, helfen kleine Keile aus Hartholz, mit denen sie auf beiden Seiten wieder fest verankern wird. Manchmal genügt es auch schon, die Spannschraube, die die Wangen zusammenhält, etwas nachzuziehen.

Doch häufig reiben Tritt- und Setzstufe beim Besteigen aufeinander. Auch hier gilt es, wieder für eine feste Verbindung dieser Treppenteile zu sorgen. Welche Stellen sich dazu besonders eignen, zeigt die Skizze unten rechts. Ist die Treppe mit Teppichboden oder PVC belegt, so lassen sich hiermit die Hilfsverschraubungen leicht abdecken. Schwieriger ist es dagegen bei Holztreppen, die nur lackiert sind.

Am einfachsten ist die Befestigung von Tritt- und Setzstufe von der Rückseite her. Unten kann die Setzstufe direkt mit dem Tritt verschraubt werden. Oben können Dreiecksklötze oder auch eine Holzleiste, die geleimt und geschraubt werden, wieder für eine feste Verbindung sorgen. Nach dem Lackieren oder Lasieren in der Treppenfarbe fallen die Befestigungselemente kaum mehr auf.

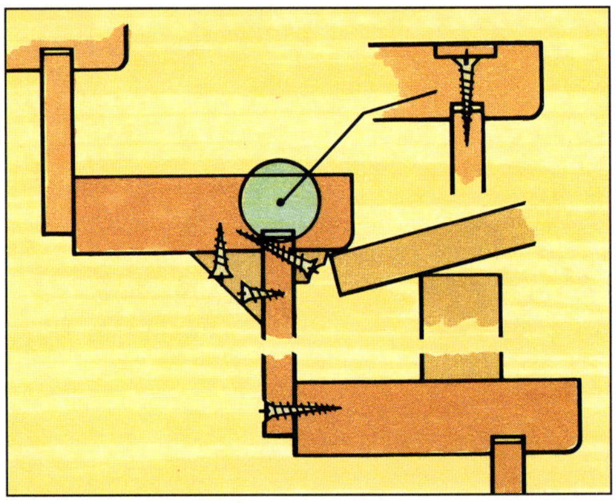

1. Wenn Treppenstufen knarren oder knacken, haben sie sich gelockert und müssen wieder fest miteinander verbunden werden. Die Skizze zeigt die wichtigsten Punkte für die Ruhigstellung.

ferner läßt sich das gut bewerkstelligen. Die Treppe soll völlig trocken sein, damit sie dann auch gut angeschliffen werden kann. Nicht bis zum puren Holz durchschleifen! Anschließend den verbleibenden Schleifstaub mit einem feuchten Schwamm abwischen.

Den entsprechenden Treppenlack, in unserem Fall Südwest Holzsiegel glänzend, nun mit weichem Pinsel oder Schaumstoffrolle auftragen. Nach etwa vier Stunden erfolgt der Zwischenschliff und das abermalige Entstauben. Nun wird das zweite Mal versiegelt. Alle Schritte wiederholen sich noch ein drittes Mal.

Die Endhärte ist schließlich nach einer Woche erreicht. Ein Tip zu guter Letzt: Setzen sie nach Möglichkeit umweltfreundliche Siegellacke ein. ■

Werkzeugkasten

Schwamm, Schleifgerät (Schleifpapier Körnung 100-180), Acrylpinsel oder Schaumrolle

2. Bei einer ganzen Treppenanlage lohnt sich fürs Anschleifen auf jeden Fall eine elektrische Schleifmaschine. Unzugängliche Stellen oder Profilierungen jedoch noch per Hand bearbeiten.

3. Mit feuchtem Schwamm den feinen Schleifstaub von Kanten und Stufen abwischen.

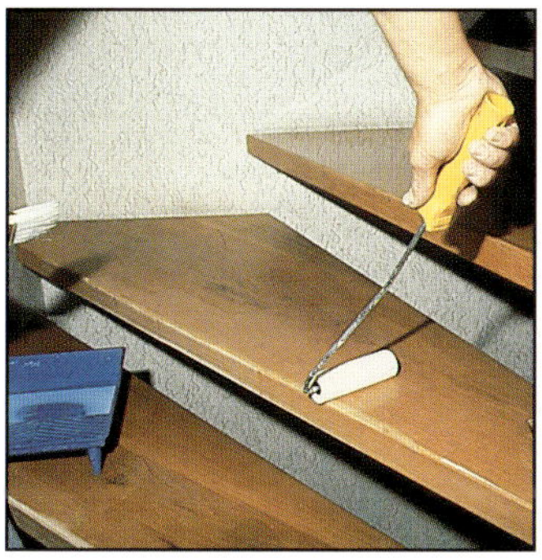

4. Holzsiegel gut aufrühren und mit Schaumstoffrolle oder Pinsel streifenfrei auftragen.

5. Den Zwischenschliff besser mit der Hand ausführen. Leicht und zügig die Bahnen ziehen.

6. Nach Zweitanstrich, Zwischenschliff und Endversiegelung glänzt die Treppe wie neu.

2. Dreiecksklötze lassen sich leicht aus einem Balken (ab 50 x 50 mm) anfertigen.

3. Mit diesen Dreiecken können Tritt- und Setzstufe von unten wieder befestigt werden.

4. Alternativ kann auch eine Leiste für die feste Verbindung dieser Treppenteile sorgen.

5. Hier wird die Trittstufe beim Verschrauben mit einem Hebelarm leicht angehoben.

6. Durch eine Dreiecksleiste wird die Schraube schräg durch Setz- und Trittstufe gedreht.

7. Manchmal genügt auch schon das Nachziehen der vorhandenen Spannschrauben.

Aufwendiger ist es, wenn die Treppe von der Rückseite bekleidet oder verputzt ist, dann bleibt nur eine Reparatur von der schönen, sichtbaren Seite. Aber auch hier gibt es wieder verschiedene Möglichkeiten.

Wird von oben geschraubt, sollten bei einer Holztreppe ohne überdeckenden Belag die Schraubenköpfe in der Trittstufe versenkt und mit einem Astlochdübel verdeckt werden. Nach anschließendem Bündighobeln, Schleifen und Lackieren der Treppenstufe sind die Reparaturstellen dann kaum mehr zu sehen.

Mit Hilfe einer kleinen Dreiecksleiste kann die eingelassene Setzstufe schräg von unten mit der darüberliegenden Trittstufe fest verschraubt werden. Achten Sie aber darauf, die Schraubenlöcher vorzubohren, sonst spleißt die schmale Leiste sehr schnell. ■

Werkzeugkasten

Handsäge oder Stichsäge, Schraubendreher, Akku-Bohrschrauber oder Bohrmaschine, eventuell auch großer Maulschlüssel oder Rohrzange.

Text & Fotos: H-A Losch

Profitips

Außentreppe entwässern

Außentreppen sind dem Regen und der Kälte ausgesetzt. Dringt Wasser in die Treppenkonstruktion ein und staut sich auf, sind zunächst häßliche Ausblühungen und Frostaufbrüche die Folge.

Neben den optischen Schäden wie Ausblühen und Veralgen sowie dem Losewerden oder Zerbrechen der Trittstufen durch auffrierendes Stauwasser leiden besonders auch die Seitenwände von verputzten Treppen. Auf Dauer wird die gesamte Treppenkonstruktion zerstört.

Soll Stauwasser wirkungsvoll abgeführt werden, braucht die Treppe eine Flächendrainage über einer Gefälleschicht, die das Sickerwasser jeweils zu den Entwässerungspunkten hin ableitet.

Die Gefälleschicht führt bei der gezeigten Treppe das Wasser seitlich weg, die Entwässerungslöcher werden dementsprechend auch hier, jeweils am hinteren Ende der Trittstufen, auf Höhe des Drainagebodens gebohrt.

Als Drainageboden wird hier die „Troba-Matte" von Schlüter verwendet, eine Polyethylenmatte mit sieben Millimeter hohen Noppen, welche an den Seitenwänden gelocht sind. Durch die Lochungen kann nach unten „gedrücktes" Wasser in die Hohlräume unter der Matte gelangen und der Gefälleschicht folgend abfließen.

Die Sanierung verläuft so: Zunächst werden die einzelnen Setzstufenplatten und die Trittstufenbeläge gekennzeichnet, anschließend vorsichtig entfernt. Nun entfernt man die darunterliegende Mörtelschicht. Häufig ist diese schon derart zerstört, daß sie sich auch durch Hammerschläge lösen oder mit der Maurerkelle wegschaben läßt. Sämtliche losen Teile müssen restlos entfernt werden, am besten, Sie nehmen zum Schluß noch den Staubsauger zu Hilfe.

1. Wenn Wasser in eine Treppenkonstruktion eindringt, kommt es nicht nur zu häßlichen Ausblühungen und Bemoosungen, – die ganze Konstruktion wird durch Frostaufbrüche zerstört.

Profitips

Ausgebrochene Stufenkante ausbessern

Beschädigte Treppenkanten oder Türschwellen aus Beton sind gefährlich und häßlich. Eine sichere Reparaturmethode ist die mit robustem Kunstharzmörtel.

Die Beseitigung von Kantenschäden bereitet oft Schwierigkeiten, weil kein sicherer Verbund zwischen Reparaturmaterial und Untergrund erreicht wird und so die Reparaturstelle leicht wieder ausbricht. Eine ebenso schnelle wie dauerhafte Methode zur Reparatur von Betonkanten bietet ein einfach zu verarbeitender Kunstharzmörtel. Er besteht aus einer sehr haftfähigen Polyurethanharz-Lösung und einer Trockenmischung.

Zur Reparatur schadhafter Stufenkanten werden zuerst

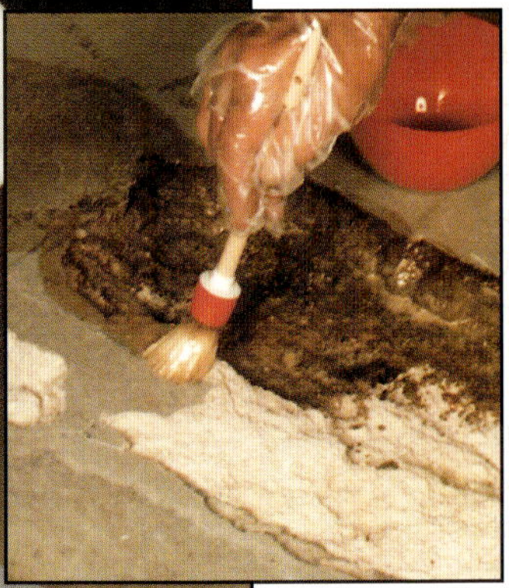

1. Nach dem Reinigen der Ausbruchstelle und dem Abstoßen loser Teile wird mit Polyurethanlösung satt grundiert. Wenn der Auftrag klebfrei ist, wird der 1 K Mörtel (Vosschemie) in die Schadensstelle eingearbeitet.

2. Trittstufen und alten Mörtel entfernen, dann erst die Gefälleschicht aufbringen.

3. Hierauf werden die zurechtgeschnittenen Troba-Drainagematten verlegt.

4. Jetzt bringt man ein Mörtelbett für den Treppenbelag auf, das gleichzeitig Gefälle reduziert.

5. Die gereinigten Trittplatten auflegen und spätestens dann für Entwässerungslöcher sorgen.

Nun fertigen Sie im Rahmen der zur Verfügung stehenden Aufbauhöhe auf der Rohtreppe eine Gefälleschicht aus Zementestrich an (Gefälle nach hinten und zur freien Seite). Hierauf wird die zurechtgeschnittene Drainagematte verlegt. Die (gereinigten) Trittplatten legt man in ein Mörtelbett, mit Hilfe dessen gleichzeitig alle Gefälle reduziert werden.

Nach dem Reinigen der Stützmauer (Hochdruckreiniger, Sandstrahlgerät oder chemische Mittel) werden an jeder Stufenseite, leicht schräg von unten nach oben, die Wasserablauflöcher gebohrt. Eine andere Möglichkeit wäre das Einmörteln von Kunststoffröhrchen, unmittelbar nach dem Auslegen der Troba-Matte.

An den Löchern werden sich immer wieder Ablagerungen zeigen, die, rechtzeitig entfernt, aber kaum Probleme bereiten. Sie sind ein Zeichen dafür, daß der Baukörper gut entwässert wird. ■

Werkzeugkasten

Hammer, Meißel, Wasserwaage, Abziehbrett, Maurerkelle, Schneidegerät, Bohrmaschine

Fotos: Schlüter-Systems

alle losen Teile im Bereich der Ausbruchstelle entfernt, worauf diese dann satt mit Polyurethanlösung grundiert wird. Wenn die Grundierung klebfrei ist, werden Polyurethanharz und Trockenmasse nach Vorschrift gleichmäßig vermischt und mit einer Stahlkelle aufgebracht.

Ein mit Folie bespanntes Brett, das bündig mit der Oberkante der beschädigten Trittstufe gegen die Reparaturstelle gesetzt und in dieser Position fixiert wird, sorgt beim Ausbessern für eine exakte Stufenkontur. Der zementgraue Mörtel läßt sich mit einem mit Lösungsmittel angefeuchteten Stahlglätter nahezu übergangslos ausziehen und härtet (wenn in einem Arbeitsgang aufgetragen) in Schichtdicken bis zu acht Zentimeter Dicke durch. Tiefere Ausbruchstellen müssen allerdings in zwei Arbeitsgängen aufgefüllt werden.

Nach zwölf Stunden ist die so reparierte Stufenkante oder

2. Dazu mischt man die Trokkenmasse mit der Lösung zu einem zähen Mörtelbrei an.

Schwelle bereits wieder belastbar. Damit erhält man praktisch über Nacht eine wieder voll einsatzfähige Treppe und vermeidet Probleme bei der Nutzung des Zugangs. Die durchgehärtete Reparaturstelle zeichnet sich durch hohe Druck- und Abriebfestigkeit sowie Zähigkeit aus und ist öl- und wasserfest. Außerdem ist sie überstreichbar. ■

3. Ein mit Folie bespanntes Brett, das kantenbündig an der Vorderseite der Stufe fixiert wird, stellt sicher, daß die Stufe kantengenau nachmodelliert werden kann.

4. Der schon nach zwölf Stunden ausgehärtete Mörtel ist dann sofort wieder belastbar.

Werkzeugkasten

Pinsel, Stahlkelle, Schraubzwingen, Hilfsbrett, Schutzhandschuhe.

Fotos: Vosschemie

Profitips

Wandriß armieren

Risse und Fugen an verputzten Innenwänden müssen vor dem Tapezieren geschlossen werden. Mit zusätzlichem Armierungsband ist eine solche Reparatur auch dauerhaft.

Bevor mit Streich-oder Tapezierarbeiten begonnen wird, sollte man Wände und Decken nach Unebenheiten und Rissen absuchen. Versäumt man dies, kommt es später zu unschönen Verzerrungen an Tapetenmustern, zu mangelhaftem Klebvermögen oder zu „Einbrüchen" in einem Dekorputz. Entstanden Risse etwa auf Grund von Gebäudebewegungen, kann sich ein unbeachtet gebliebener Riß schließlich rasch wieder im Wandbelag oder in der Wandbeschichtung sichtbar fortsetzen. Die schönste Zimmerwand ist dann verunstaltet und

1. Solche Putzschäden durch arbeitendes Mauerwerk müssen behoben werden. Damit Sie keine zweite böse Überraschung erleben, hilft nur eines: Der Riß braucht eine Gewebeeinlage.

Profitips

Ausgebrochene Gipskante nachformen

Außenkanten von vergipsten Innenwänden oder Gipskartonwänden sind stoßgefährdete Stellen. Ausbrüche lassen sich jedoch wieder beheben.

Vor allem, wenn etwas Großes und Sperriges innerhalb der Wohnung bewegt wird, sind nicht nur Türen und Wände, sondern ganz besonders Wandkanten gefährdet, da man an diesen doch gern hängenbleibt oder aneckt. Was bleibt, sind dann häßliche Absplitterungen, Ausbrüche oder im harmlosesten Fall Dellen und Oberflächenkratzer. Doch bleiben wir bei den größeren Schäden, denn da muß man was tun. Bloße Kratzer sind eher zu verschmerzen.

Meist verhindert man zwar solche Schäden bereits im vor-

1. Kantenschlag: Wer nicht aufpaßt, hat den Schaden, und zwar einen, den man sieht und den man reparieren muß. Die Stelle also zunächst einspachteln und grob zuformen. Dann Kantenband knicken und aufdrücken.

2. Diese so einlegen, daß der Riß gut überlappt wird. Nach und nach mit Füllmaterial zuspachteln, bis das Riß-Fit-Band nicht mehr zu sehen ist.

3. Größere Stellen besser erst mit Spachtelmasse auffüllen und dann das Band einbetten.

4. Nach 90 Minuten läßt sich die getrocknete Reparaturstelle abschleifen und nach dem Entstauben bereits weiterbehandeln (streichen, tapezieren, beschichten...).

wirkt baufällig. Wer eine sichere Rißverfüllung wünscht, sollte sich mit dem einfachen Ausspachteln nicht begnügen. Vor allem Risse und Fugen bis zwei Zentimetern benötigen eine dauerhafte Reparatur, besonders dann, wenn nachfolgend dünnere Tapeten aufgebracht werden sollen oder beispielsweise eine dünne Putzschicht. Der Riß muß also zusätzlich armiert werden, um Spannungen aufzufangen beziehungsweise die Spachtelmasse auch sicher halten zu können. Die Neuverfüllung muß nachher außerdem mit der Umgebung, das heißt dem alten Putz, fest verankert sein, damit am Übergang nicht wieder neue Abrisse entstehen können.

Mit einem speziellen Füllstoff für Innenwandrisse sowie einem glasfaserverstärkten Armierungsband sind solche Schäden jedoch sicher zu meistern. Schadstelle von losen Teilen befreien (eventuell auskratzen) und entstauben Das Rißband wird nun über die volle Länge eines Risses so angebracht, daß der Riß überall ausreichend überlappend abgedeckt wird. Das Füllmaterial rührt man im Verhältnis ein Teil Wasser zu zwei Teilen Pulver an und trägt ihn mit dem Spachtel in Stärken von ein bis zwei Millimetern auf, bis das Band nicht mehr zu sehen ist. Das Material seitlich zur noch intakten Umgebung hin ausziehen. Tiefe Risse (am besten leicht angenäßt) füllt man zunächst bis zum Grund auf, legt das Band ein und spachtelt es dann über. ■

Werkzeugkasten

Pinsel, Auskratzhilfe, Schere, Schleifklotz oder -maschine.

Fotos: Molto, Erfurt

aus, und zwar mit Hilfe von Eckputzschienen, die ins Gipsbett eingelegt werden und deren Metallkanten stabil und formgebend sind. Doch im Altbau oder bei der Verwendung von Gipskartonplatten (Trennwände, Durchgänge, Theken etc.) fehlt meist so ein Kantenschutz. Und selbst beim bloßen ständigen Streifen kann eine Außenkante mit der Zeit Schaden nehmen.

Was ist nun zu tun, wenn einmal ein Malheur passiert ist? Ganz einfach, man nehme ein Reparaturset zur Hand. Von Molto gibt es das Kanten-Fit, ein Heimwerkersystem, das alles beinhaltet: Einen speziellen Füllstoff, ein abrollbares, metallverstärktes Kantenband und einen Spachtel. Zunächst wird eine Schicht Füllstoff – angemischt im Verhältnis ein Teil Wasser, zwei Teile Pulver – auf die beschädigten Kantenflanken aufgetragen. Das Kantenschutzband schneidet man dann auf die benötigte Länge zu und

2. Das um die Kante gelegte Band hält dann die Spachtelmasse und hilft die Kante auszusteifen. Es wird nochmals überspachtelt, dann geschliffen.

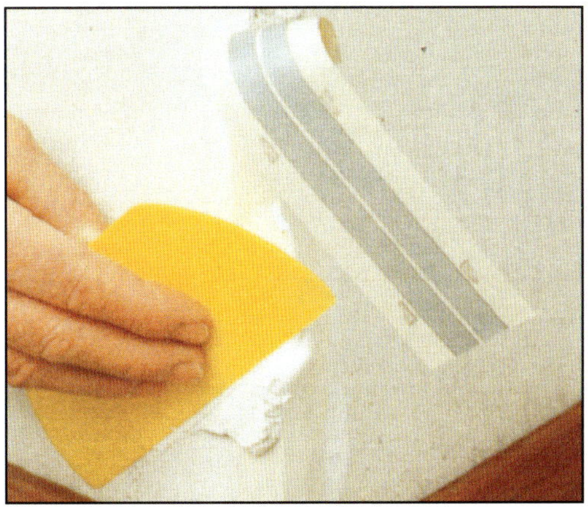

3. Auch bei Gipskartonaußenecken hilft das Reparaturband, Ausbrüche zu beheben. Und: das Komplettset macht es einem leichter, eine Reparatur überhaupt anzugehen.

knickt es mit der Metallseite nach innen so, daß eine scharfe Kante entsteht. Nun wird es auf das Spachtelbrett gedrückt und etwa 90 Minuten stehen gelassen. Nach dem Trocknen wird mit weiterem Füllstoff so überspachtelt, daß die Papierseite des Reparaturbandes vollständig bedeckt und die Kante sauber ausgebildet ist. Außerdem sollten die Übergänge zur intakten Wandfläche fließend sein. In getrocknetem Zustand kann die so reparierte Stelle schließlich glattgeschliffen werden. Natürlich ist dann noch der Wandbelag nachzubessern. Tapete wohl bahnenweise, mit Rauhfaser kann man „ausflicken". Bei Putz sind solche Stellen am einfachsten wieder unsichtbar zu machen. Auf jeden Fall ist die Kante jetzt wieder sauber hergestellt. ■

Werkzeugkasten

Schere, Schwing- oder Exzenterschleifer bzw. Schleifklotz mit feinem Schleifpapier.

Fotos: Molto

Profitips

Loch in Trockenbauplatte schließen

Beim Umzug oder beim Renovieren kommt's vor, daß Trockenbauplatten beschädigt werden. Selbst ein Loch in einer Hohlwand kann man reparieren.

Bauplatten aus zwei Deckenlagen Pappe und mit einer Gipsfüllung (also Gipskartonplatten) sind einfach zu verarbeiten und deshalb ein vielverwendeter Baustoff. Ein Nachteil: Sie sind nicht völlig stoßfest.

Kleine Löcher und Risse lassen sich noch mit Gips verspachteln. Bei größeren Beschädigungen müssen jedoch neue Plattenstücke eingepaßt werden. Dazu rahmt man das Loch in der Platte zunächst mittels Stift und Zeichendreieck oder Winkelmesser ein und schneidet das gekennzeichnete Stück mit einem Fuchsschwanz- oder einer Stichsäge

1. Ein kräftiger Stoß mit einem harten, kantigen Gegenstand kann ein Loch in einer Wand aus Gipskartonplatten verursachen, wenn diese als Hohlwand ausgeführt ist.

2. Ein Rechteck um die Schadensstelle anzeichnen und vorsichtig heraussägen.

3. Das Rechteck entnehmen und als Schablone für das Ersatzstück verwenden.

Profitips

Ausgerissene Vorhangstange befestigen

Wenn mal was ausgebrochen ist, in unserem Fall eine Vorhangstange, muß die Schadensstelle für eine Wiederbefestigung solide repariert werden.

Der Vorhang fiel, und keiner wußte zunächst warum. Die Ursache war jedoch schnell ermittelt. Eine tobende Kinderschar hatte beim Spiel den Vorhang als ideale Versteckmöglichkeit entdeckt. Und dabei ist es dann auch passiert. Fazit: Auch Dübelbefestigungen an Wänden halten nicht allem stand. Doch keine Angst, ein solcher Schaden läßt sich leicht beheben, und zwar so, daß an der selben Stelle wieder gedübelt und montiert werden kann.

1. Putz-, Gips- und Steinabbrüche entfernen, Staub von hinter her herauspinseln.

2. Zur besseren Haftung des Verfüllmaterials, Schadensstelle vollständig anfeuchten.

Wenn eine Vorhanghalterung nur auf einer Seite herausgebrochen ist, sollten Sie die Stange entweder vollständig abnehmen oder das freie Ende von der Decke her abgehängt fixieren, so daß die noch intakte andere Wandbefestigung nicht auch noch herausgehebelt wird. Um später wieder einen sicheren Untergrund und eine feste Dübelstelle zu bekommen, muß dann der Ausrißbereich neu verfüllt werden.

Bevor jedoch ein Reparaturmörtel eingebracht wird, müssen alle losen Stein-und Putzteile entfernt und die Vertiefung bis in die tiefste Stelle sorgfältig von Staub befreit werden. Ein mit Wasser benetzter Pinsel kommt auch in die hinterste Fuge. Zu naß sollte allerdings nicht damit umgegangen werden, da sonst die darunterliegenden Wandflächen durch ablaufendes Schmutzwasser in Mitleidenschaft gezogen werden könn-

4. Die Kanten anschrägen, damit sich später die Fugen gut verspachteln lassen.

5. Zwei kurze Haltehölzer einschieben und mit Senkkopfschrauben an die Bauplatte montieren.

6. Das ebenfalls abgeschrägte Ersatzstück einsetzen und an den Haltehölzern festschrauben.

7. Schließlich noch mit Spachtelmasse verfugen und alles nach dem Trocknen glattschleifen.

aus. Falls man dabei auf eine Unterkonstruktion stößt, ist vorsichtig zu sägen. Vorher schon sollte geprüft werden, ob hier Installationsleitungen verlaufen.

Das ausgeschnittene Plattenstück kann nun als Vorlage für das Ersatzstück dienen oder man überträgt die Maße mit dem Lineal. Entsprechend wird ein Stück aus einer neuen Innenausbauplatte oder aus einem Reststück gesägt. Die Kanten des Ausschnitts und des Ersatzstückes werden nun angeschrägt, damit sie sich nach dem Einpassen gut mit Spachtelmasse füllen lassen. Jetzt unterlegt man Haltehölzer und schraubt sie so fest, daß das Ersatzstück gut aufliegt und sicher zu befestigen ist. Schließlich werden die Fugen verspachtelt und die Wand ist wieder heil. Bei einer tapezierten Wand muß nach dem Trocknen und Schleifen der Spachtelmasse nachtapeziert oder nachgestrichen werden. ■

Werkzeugkasten

Zeichenstift, Lineal, Säge, Teppichmesser, Bohrschrauber, Spachtel, Schleifpapier.

Fotos: P. Himmelhuber

ten. (Wand eventuell unterhalb mit Folie abdecken beziehungsweise abkleben.)

Zur Verfüllung einer solchen Ausbruchstelle eignet sich ein schnell härtender und schnell belastbarer Montagezement. Diesen in einem kleinen Gefäß nach Herstellerangaben zubereiten und fest in die Wandöffnung drücken. Darauf achten, daß der Zement auch Kontakt nach hinten zum Mauerwerk hat und daß keine Hohlräume entstehen. Soll anschließend tapeziert werden, sollte die Oberfläche glattgestrichen werden, für Putze ist dies nicht erforderlich.

Bevor der Endbelag aufgebracht wird, bohren Sie noch die entsprechenden Dübellöcher. Die Vorhangstange ist nach der Montage wieder voll einsatzfähig. ■

Werkzeugkasten

Pinsel, Glas Wasser, Spachtel, Bohrmaschine, neue Dübel, Schraubendreher.

3. Schnellabbindenden Montagezement mit einem Spachtel ganz in die Tiefe eindrücken.

4. Nach Aushärtung an genau ermittelter Stelle die Dübellöcher für die Grundplatte der Halterung erstellen und Dübel bündig einsetzen.

5. Jetzt erst den frischen Putz auftragen und die Struktur der Umgebung angleichen.

6. Grundplatte anschrauben, ebenso das Gegenstück, die hölzerne Stangenhalterung.

7. Wenn der Bohrstaub entfernt worden ist, können die Schals wieder aufgehängt werden.

Profitips

Tapetenschaden ausbessern

Sind Papiertapeten erst kurze Zeit an der Wand, lassen sich Farbspritzer oder Beschädigungen der Oberfläche im Doppelschnitt-Verfahren fachmännisch beseitigen.

1. Tapetenstück mit gleichem Musterverlauf auflegen und mit Tapetenmesser und Stahllineal die Doppelschnitt-Technik anwenden.

Das Anbringen von Tapeten ist selten die letzte Maßnahme bei einer Renovierungsaktion. Und gerade, wenn hier und da noch Schlußarbeiten mit Farbe ausgeführt werden, aber auch dann, wenn die frisch tapezierten Räume wieder möbliert werden, passiert schnell ein kleines Malheur. Doch solange Papiertapeten weder ausgebleicht, noch durch den Schmutz der Raumluft nachgedunkelt sind, können kleine Beschädigungen beseitigt werden.

Unsere Bildfolge zeigt hierzu das Doppelschnitt-Verfahren. Man legt hierbei ein Stück übriggebliebene Tapete, etwas größer als die Schadensstelle, über den beschädigten Abschnitt. Dabei ist exakt auf Verlauf von Mustern oder Prägungen zu achten, auch bei Tapeten ohne Rapport.

Entlang einem Stahllincal werden nun mit einem frisch bestückten Tapetenmesser vier Schnitte (möglichst zwei senkrechte und zwei waagerechte) durch die aufgelegte und die beschädigte Tapete gleichzeitig ausgeführt. Dabei nicht zu stark drücken, sonst dringt die Klinge in den Wandputz ein und wird sofort stumpf.

Profitips

Tapeten ablösen

Das Entfernen alter Tapeten kann zu einer mühseligen Plackerei werden. Mit dem richtigen Werkzeug tut man sich viel leichter.

1. Das Ablösen alter Tapeten vorm Verkleben der neuen ist lästig, aber notwendig. Die geeignete Vorgehensweise und durchdachtes Werkzeug sorgen für einen flotten Arbeitsfortschritt und schonen gleichzeitig den Untergrund des Wandbelages.

Alte Tapeten dürfen nicht einfach mit neuen überklebt werden. Schon aus Gründen der Hygiene, denn in Tapeten setzen sich Schadstoffe der Luft fest.

Doch manchmal ist das Ablösen nicht ganz einfach und der Belag läßt sich nur in markstückgroßen Fetzen von der Wand schaben. Das kann an der Qualität des Papiers liegen, am seinerzeit verwendeten Kleister oder ganz einfach am falschen Vorgehen und Werkzeug.

Wir möchten Ihnen hier das „weltweit erste Komplettsystem zum Entfernen von Tapeten" zeigen. (Hersteller: Lehnartz)

Zur gründlichen Perforation der Alttapete, die notwendig ist, damit Wasserdampf oder Lösemittel direkt an der alten Kleisterschicht wirken kann, dient der sogenannte „Tapeten-Tiger". Die Eindringtiefe der selbstschärfenden Messerrädchen regelt sich automatisch. Im Gegensatz zur althergebrachten Nagelwalze bleiben Beschädigungen des Untergrundes bei diesem Gerät normalerweise aus.

Fürs Ablösen bietet das System zwei Alternativen: Ein Tapetenablöse-Fluid, das mit einem Schwamm auf die Wände aufgetragen wird und den Dampf-Tapetenablöser „Titanic". Letzterer verfügt über einen dreieinhalb Meter langen, wärmeisolierten Schlauch. Dies gibt der Dampfplatte einen großen Aktionsradius, auch Decken sind damit erreichbar. Die Dampfplatte wird direkt auf die perforierte Tapete gehalten. Laut Hersteller genügen je nach Art der Tapete (unbeschichtet, gestrichen) zehn bis

2. Das schadhafte Tapetenstück mit dem Tapetenmesser restlos herauslösen.

3. Ohne zu drücken die Rückseite des Ersatzstücks mit einem Papierklebestift bestreichen.

4. Das neue Tapetenstück an einer Kante sauber ausrichten und nach innen klappen.

5. Weder mit den Fingern, noch mit einem Tuch anreiben. Nur ganz vorsichtig anrollen.

Und Vorsicht! Das aufgelegte Tapetenstück darf beim Umsetzen des Messers nicht verrutschen, sonst müssen Sie gleich noch einmal anfangen, diesmal mit einem etwas größeren Ausschnitt.

Das beschädigte Tapetenstück wird mit Hilfe des Tapetenmessers vorsichtig aus dem Wandbelag herausgelöst. Muß dabei gekratzt oder geschabt werden, das Messer immer vom Schnitt nach innen bewegen.

Das neue Tapetenrechteck wird auf der Rückseite mit einem Papierkleber bestrichen. Gerade bei geprägten Tapeten dürfen Sie hier keinen Druck ausüben. Sofort anschließend setzen Sie das Ersatzstück an einer der senkrechten Schnittkanten der Reparaturstelle an und klappen es seitlich in den Tapetenausschnitt ein.

Damit weder Prägungen leiden, noch glänzende Stellen entstehen wird das Ersatzstück mit einer sauberen Walze angerollt. ■

Werkzeugkasten

Stahllineal, Tapetenmesser mit neuer Klinge, Papierklebestift, saubere Walze.

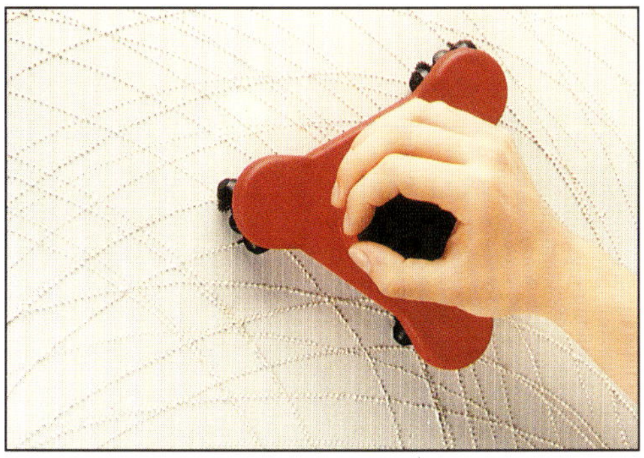

2. Das Werkzeug mit den selbstschärfenden Messerrädchen an Orbital-Perforierköpfen "zupft" tausende kleiner Löcher in die Tapete.

Das System: Werkzeuge zum Perforieren (klein und groß), Hilfen zum Lösen (per Dampf oder Fluid) und ein Schaber mit zweierlei Klingen.

3. Während man das eine Stück Tapete mit dem Tapetenentferner beseitigt, löst die Dampfplatte den Kleister des nächsten Abschnitts.

4. Der Zuleitungsschlauch der Dampfplatte ist dreieinhalb Meter lang. Dadurch können auch tapezierte Decken bearbeitet werden.

zwanzig Sekunden, um den Kleister aufzulösen. Das Gerät arbeitet mit normalem Leitungswasser, eine Tankfüllung erzeugt bis zu neunzig Minuten lang Wasserdampf.

Den Rest erledigt ein Tapetenentferner mit Wechselklingen für harte und weichere Untergründe. Eine Gleitrolle an der Unterseite des Werkzeugs bestimmt den richtigen Winkel beim Abschälen und hilft so, Beschädigungen des Untergrundes zu vermeiden. ■

Werkzeugkasten

Perforierwerkzeug, Dampf-Tapetenablöser oder Schwamm, Schaber und Klingen.

Fotos: Lehnartz

Profitips Schimmelflecken beseitigen

Schimmelflecken an der Wand sind nicht nur unschön, sondern auch gesundheitsgefährdend.

Feuchtigkeit an der Wand ist der ideale Nährboden für Schimmelpilze. Die Ursachen dafür können vielfältig sein. Im Bad oder vor allem nach dem Einbau neuer Fenster ohne Verbesserung der Wärmedämmung sind sie aber meist hausgemacht. Die Luftfeuchtigkeit, die vorher durch die undichten Fenster ausgetauscht wurde, kondensiert jetzt auf der kalten Außenwand. Vor allem Außenecken und Wand-Deckenanschlüsse sind am stärksten gefährdet, weil hier einerseits die Luftzirkulation geringer, andererseits aber auch durch den größeren Außenwandanteil oder Kältebrücken die Oberflächentemperatur der Wand niedriger ist.

Und ist die Wand erst einmal durchfeuchtet, verschlechtert sich die Wärmedämmung zusehends, neben dem Schimmel sind dann auf Dauer weitere Bauschäden zu erwarten.

Durch Veränderung ihrer Lüftungsgewohnheiten müssen sich die Bewohner den veränderten Klimaverhältnissen anpassen. Die fehlende Zugluft ist durch stärkeres und

1. Wo hohe Luftfeuchtigkeit und kalte Wände zusammentreffen, können sich Schimmelflecken bilden.

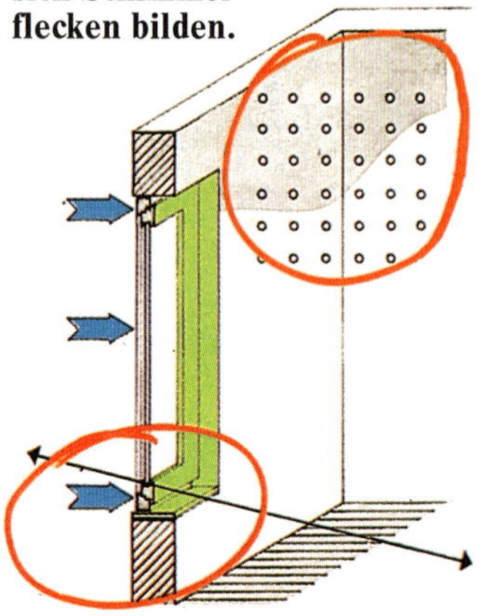

2. Modernisierte Fenster und alte Wände stellen die bauphysikalischen Verhältnisse auf den Kopf: Der natürliche Luftaustausch fehlt, und die Feuchtigkeit kondensiert nicht mehr auf der Scheibe, sondern in der jetzt kälteren Wandecke. Intensive Lüftung ist die wichtigste Gegenmaßnahme.

Profitips Nikotin- und Wasserflecken beseitigen

Flecken an der Wand lassen sich nicht einfach überstreichen. Bei falscher Behandlung schlagen sie auch bei guter Farbe immer wieder durch.

Häßliche Flecken an Wand und Decke können viele Ursachen haben. Häufig sind dies Wasserschäden durch undichte Rohre oder einen geplatzten Waschmaschinenschlauch. Aber auch die Wände im Wohnzimmer eines Kettenrauchers sehen mit der Zeit nicht mehr schön aus, und in der Küche bilden sich selbst bei Einsatz eines Dunstabzuges lästige Fettablagerungen. Beim Überstreichen mit gewöhnlicher Wandfarbe werden die braunfärbenden Bestandteile der Flecken leicht angelöst und schlagen so durch den

neuen Anstrich wieder durch. Auf der frisch gestrichenen Wand wird der alte Fleck wieder sichtbar. Selbst durch Tapeten können besonders hartnäckige Flecken hindurchwandern. Und die Wand im dreckigen Gelbton zu strei-

Fettspritzer in der Küche, Nikotinablagerungen im Wohnzimmer oder Wasserschäden im Badezimmer haben meist häßlich braune Flecken, die selbst beim Überstreichen sichtbar bleiben.

richtiges Lüften auszugleichen. Statt geringer Dauerlüftung durch ein Kippfenster sollten Sie den Fensterflügel mehrmals täglich für fünf bis zehn Minuten ganz öffnen.

Hausbesitzer sollten das Problem grundsätzlich anpacken und durch eine Außendämmung den Wärmeschutz des Hauses so weit verbessern, daß die Oberflächentemperatur der Wand wieder deutlich über der der Fenster liegt.

Was bleibt dem Mieter?

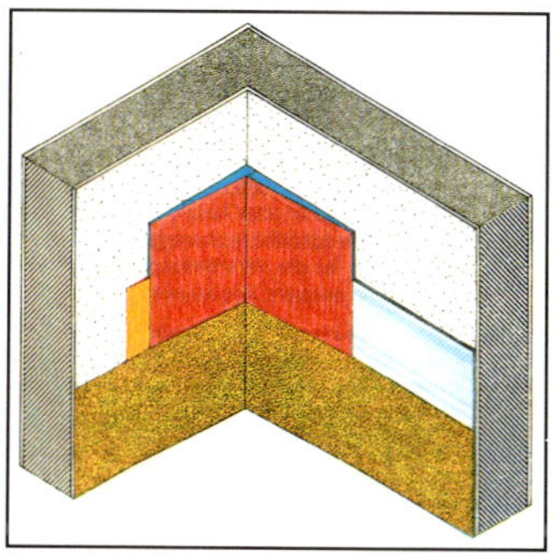

4. Dämmkeile können die Oberflächentemperatur in den Ecken etwas erhöhen und so die Schimmelgefahr mildern.

3. Bei gestrichenen Wänden den Schimmel abtöten und abbürsten, anschließend mit gutdeckender Farbe neu überrollen.

Ohne Behebung der eigentlichen Ursachen (hohe Luftfeuchtigkeit, schlechte Dämmung) bleibt die Beseitigung der Schimmelstellen nur eine kosmetische Operation auf Zeit, die aber dennoch aus Gesundheitsgründen auch dringend notwendig ist.

Dazu muß die Schimmelfläche mit einem Pilzmittel eingesprüht werden. Außer den handelsüblichen Mitteln mit meist sehr schneller Wirkung, aber auch hoher Umweltbelastung eignen sich auch fünfprozentige Essigessenz oder Sodalauge als chemische Kampfstoffe. Die Anwendung dieser Hausmittel ist langwieriger und sollte wiederholt werden. Befallene Tapeten oder Wandbekleidungen müssen entfernt werden. Bürsten Sie dann die abgetöteten Schimmelreste vom Untergrund gründlich ab, bevor Sie weiterarbeiten.

Je nach gewünschter Oberfläche kann die Wand jetzt neu gestrichen, tapeziert oder wieder neu bekleidet werden. Verwenden Sie zum Streichen eine gutdeckende Qualitätsfarbe und setzen Sie ihr ein die Pilzbildung hemmendes Mittel zu. Bei sehr stark beeinträchtigten Stellen vorher grundieren. Auch dem Tapetenkleister können Sie ein fungizides Mittel zusetzen, das die künftige Entwicklung des Schimmels hemmt.

Eine zusätzliche Verbesserung der Wärmedämmung durch eine Innendämmung oder notfalls gar nur durch eine dünne Styropor-Untertapete kann die Wandtemperatur so weit anheben, daß sich Schimmel bei guter Lüftung künftig nicht mehr bildet. Für die besonders empfindlichen Ecken werden außerdem Dämmkeile angeboten, die sich ebenfalls als Notlösung eignen. ■

Werkzeugkasten

Sprühflasche, Bürste, Farbrolle oder Tapezierwerkzeug

Die zusätzliche Isolierschicht soll die organischen Flecksubstanzen binden.

chen ist schließlich auch nicht jedermanns Sache.

Die Lösung ist die fachgerechte Vorbehandlung der Wand mit einem Filtergrund, der die färbenden Substanzen bindet. Der Untergrund muß fest, trocken und tragfähig sein. Nicht haftende Anstriche und Leimfarben entfernen. Flächen mit Wasserflecken trocken durch Abbürsten reinigen. Bei extremen Nikotin- und Fettablagerungen empfiehlt sich ein Abwaschen der Wand mit warmem Wasser unter Zusatz von fettlösenden Haushaltsreinigern. Anschließend gut trocknen lassen.

Streichen Sie die Wand möglichst mit einem umweltfreundlichen Filtergrund auf wässriger (lösemittelarmer) Basis wie zum Beispiel Caparol Filtergrund. Nachteil: Dieser Anstrich muß mindestens zwölf Stunden (bei 20 °Celsius und 65 Prozent Luftfeuchte) durchtrocknen, bevor weitergearbeitet werden kann. Bei lösemittelhaltigen Produkten genügen meist schon vier bis sechs Stunden Trockenzeit, dafür sollte dieses Material aber in Feuchträumen nicht verwendet werden.

Nach der Vorbehandlung kann mit hochwertiger Wandfarbe ein- bis zweimal gestrichen, tapeziert oder mit Strukturputz beschichtet werden.

Sollten in extremen Fällen beim Überstreichen dennoch braune Flecken sichtbar werden, den Grundanstrich noch einmal wiederholen. ■

Werkzeugkasten

Farbrolle, Bürste

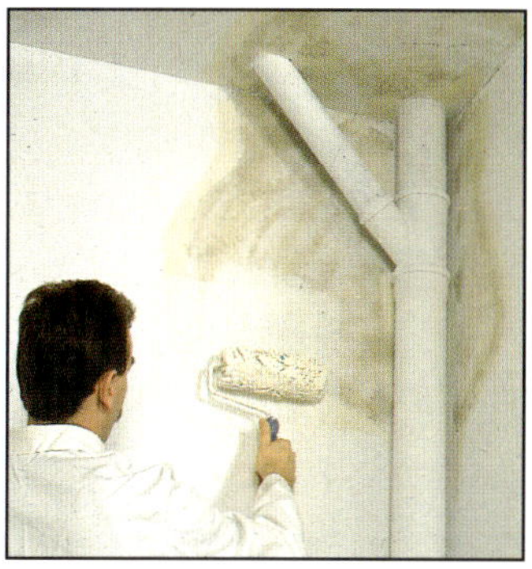

Wasserflecken trocken abbürsten und zuerst mit Filtergrund vorstreichen.

Wände mit extremen Fett- und Nikotinablagerungen abwaschen und dann grundieren.

Profitips

Balkenkopf neu ansetzen

Deckenbalken, auskragende Balkonbalken oder auch Dachpfetten weisen oft verfaulte oder befallene Stellen auf. Wir zeigen wie ein Balkenkopf saniert, ein Balken verlängert wird.

1. Ein Dekkenbalken, als Balkontragebalken weiterlaufend, ist am Ende morsch. Mit einem Alligator das Holz so weit „zurückstutzen", bis es wieder feste Konsistenz zeigt.

2. Balken nun zur Hälfte ausklinken, und zwar auf einer Länge von 50 Zentimetern.

Balkenenden von Holzbalkendecken verfaulen vor allem dann, wenn sie ohne Trennung zum Mauerwerk eingebaut worden sind und so mit der Zeit Feuchtigkeit aus der Mauer aufnehmen konnten. Auch Balkonbalken, die frei herausragen und deren Stirnseite Wind und Wetter ausgesetzt sind, sind gefährdet, da sich zwischen Balken und Bodenbelag Nässe halten und der Bereich nach und nach morsch werden kann. Nicht immer muß dann ein Balken komplett ausgewechselt werden. Zimmermannsmäßig richtig, hinsichtlich der statischen Anforderung an einen Tragbalken, ist ein verfaulter Balkenkopf wie folgt zu ersetzen. Die Lösung heißt Überblattung mit zusätzlichen ringförmigen Holzverbindern. Dazu unser Beispiel eines Balkonbalkens. Das Balkenende muß erst einmal freigelegt werden. Also Deckenverschalung beziehungsweise Bodenbelag abnehmen. Völlig morsches Balkenmaterial wird dann vorn senkrecht abgesägt. Damit der Balken wieder auf seine ursprüngliche Länge kommen kann, wird nun der Balken von

Profitips

Astloch im Profilbrett schließen

Was tun, wenn an Profilhölzern Äste herausgefallen sind oder Massivholzvertäfelungen rissige Äste oder Verknorpelungen aufweisen? Kein Problem mit Astlochplättchen vom Schreiner.

1. Wo viele Äste sind, gibt's auch mal Makel oder gar Fehlstellen. Solche „Schandflecken" lassen sich ausmerzen.

2. Zunächst wird der kranke Ast ausgebohrt, wobei man bis etwa zwei Drittel der Brettstärke eintaucht. Nicht jedoch tiefer als das Plättchen dick ist.

Holz ist ein lebendiger Werkstoff, gewonnen durch das Umlegen und Zerteilen von Baumstämmen. Und die haben nun mal Äste. Viele Menschen finden Holz mit vielen Ästen sogar erst richtig schön. Was aber, wenn es sich nicht um gesunde, also gut verwachsene Äste handelt? Wenn es vielmehr verknorpelte schwarze Krusten oder gar richtige Löcher sind? In der Fachsprache als „kranke Äste" oder „Durchfalläste" bezeichnet, beeinträchtigen sie freilich nicht nur die Ästhetik der Oberfläche, sie erschweren auch die Verarbeitung des Holzes (Zuschnitt, Oberflächenbehandlung) und wirken sich zudem negativ auf die Statik aus. Aus diesen drei Gründen sollte man solche „Narben" heilen. Dafür gibt es eine relativ einfache und schnelle Methode. Mit einem

3. Aus möglichst gut abgelagertem Holz ein Verlängerungsstück zurechtschneiden

4. Zwei Holzverbinder mit etwa 10 cm Randabstand innen in die Verlängerung einsenken.

5. Diese dann an den Balken setzen, mit Zwingen festhalten, durchbohren und verschrauben.

6. Der Balkonbalken ist wieder tragfähig, der Boden neu gelegt. Jetzt sollte man noch streichen.

vorn nach hinten senkrecht zur Hälfte ausgeklinkt (bei uns etwa 50 cm). Der Balken steht also vorn nur noch mit halber Stärke da. Ein Verlängerungsstück mit gleicher Dicke und der Länge, die dem Balken die alte Länge wieder gibt, wird in gleicher Form zugesägt.

Wenn nun die beiden halb ausgeklinkten Balken zusammengebracht werden (Überblattung), ergibt sich wieder die Gesamtdicke. Außerdem ein breiter Bereich für die Verschraubung. Zuvor müssen jedoch sogenannte Temperguß-Holzverbinder (zum Beispiel von Bierbach) eingetrieben werden. Sie sitzen balkenbündig auf dem Balken (auf Plattendicke ausfräsen!) und krallen sich mit ihren beidseitigen Spitzen ins Holz, so daß sich die zwei Balkenteile nicht mehr verdrehen können. Wenn nun die Balkenverlängerung hergestellt wird, halten durchgesteckte Gewindestangen und Muttern die Teile zusammen. Beim Zusammenziehen werden die

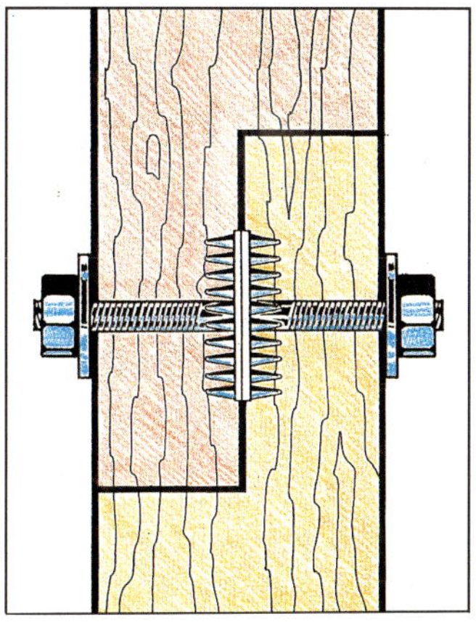

Zähne der Holzverbinder noch tiefer ins Holz gedrückt, der neue Balkenkopf sitzt bombenfest. Zuletzt die überstehenden Gewindestangen absägen, mit Rostschutz behandeln und den sanierten Balken farblich anpassen, falls er sichtbar bleibt. ■

Werkzeugkasten

Alligator, Stechbeitel, schwerer Hammer, Bohrmaschine mit Holzbohrer, Schraubenschlüssel, Eisensäge, Schraubzwingen.

Fotos: WS

3. Auf den Bohrgrund und an die Ränder Leim angeben und passende Scheibe einlegen.

4. Das Plättchen mit zwei, drei Hammerschlägen auf eine Zulage gut einpressen.

5. Ist der Leim trocken, Überstand in Maserrichtung abhobeln, damit dann der …

6. … künstliche Ast nur noch mit der umgebenden Holzfläche plangeschliffen werden muß.

7. Wenn ein längsgemasertes Plättchen eingesetzt wird, Maserung des Bretts beachten.

Forstnerbohrer (wegen seines Einsatzes häufig auch als Astlochbohrer bezeichnet) rückt man dem „kranken Fleck“ zu Leibe. In das Bohrloch, das übrigens etwa 10 mm mehr Durchmesser als der Ast haben sollte, gibt man Leim ein und klopft mit Hammer und Zulage vorgefertigte „A-Spots“ ein. Diese Massivholzscheiben gibt es passend zu den Standarddurchmessern der Forstnerbohrer entweder als Längsholz oder als Hirnholz. Letztere sehen einem richtigen Ast täuschend ähnlich. Wer will, kann sich aus aus einem Rundholz scheibchenweise Plättchen abschneiden. Nach hinten sollten sie dann leicht angeschrägt werden. Daher übrigens auch bei fertigen A-Spots die Bezeichnung Konusplättchen. ■

Werkzeugkasten

Ständerbohrmaschine, Forstnerbohrer, Holzleim, Zulage, Hammer, Hobel und Schleifer.

Text und Fotos: Hobbywood

Profitips

Loses Waschbecken sicher befestigen

Klafft eine Fuge am hinteren Beckenrand, bedeutet das ungenügenden Befestigungsdruck oder noch schlimmer: ausgeleierte und lockersitzende Dübel. Da sollte man rasch für sicheren Sitz sorgen.

Solide sollte ein Waschbecken schon an der Wand sitzen. Befüllt kommt ganz schön was an Gewicht zusammen, man stützt sich ja auch mal auf, und ein undichter Wandanschluß ist im Naßbereich auch nicht gerade erwünscht. Scheuen Sie sich also nicht, ein schiefhängendes oder lockersitzendes Becken neu und sicher zu befestigen. Es gibt dafür entsprechende Dübelsysteme.

Die alten Dübel werden entfernt, die Löcher für die 14er Dübel aufgebohrt. Als neue Wasch-

1. Schiefer Sitz und fingerdicker Spalt: Dieses Becken muß wieder an die Wand. Wenn das Nachziehen der vorhandenen Muttern nichts bewirkt, weil die Dübel locker sitzen, muß neu befestigt werden.

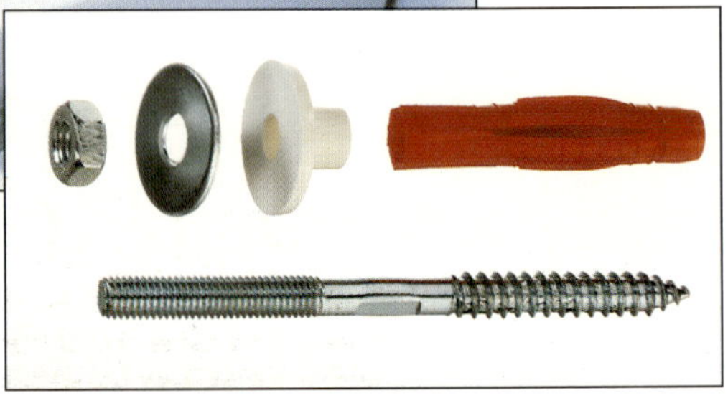

2. Dauerhaft sicher geht es zum Beispiel mit dem Tox System B, bestehend aus Tri-Allzweckdübel (14/75), 2 Stockschrauben (M 10 x 140), 2 Kunststoffscheiben mit Bund, 2 Metallscheiben und 2 Muttern (M 10).

Profitips

Dübelloch korrigieren

Löcher bohren ist eigentlich kein Problem. Wenn aber ein Loch doch mal falsch sitzt, ärgert man sich. Es gibt jedoch eine Möglichkeit, an selber Stelle Bohrungen zu korrigieren.

Bohrlöcher können aus unterschiedlichen Gründen an die falsche Stelle geraten. Zum Beispiel kann man sich vermessen haben oder hat die Wasserwaage nicht exakt angelegt. Oder aber man ist auf einer unebenen Wandoberfläche (grober Putz, Reliefverblender, Fugennähe...) beim Einbohren abgerutscht und das Loch sitzt nun einige Millimeter daneben. Das ist besonders ärgerlich, wenn es sich um Fälle handelt, wo Bohren ohnehin lästig ist: In Betonmauern oder in Natursteinwänden. Dann bohrt man eben einfach an anderer Stelle ein zweites Mal, könnte man argumentieren, und das Problem ist gelöst. Doch gerade das geht nicht immer.

Geht es etwa um das Aufhängen eines Schränkchens in einer vorgegebenen Nische und in vorgegebener Höhe, ist das Bohren an anderer Stelle nicht möglich, zumal sich meist auch die Aufhängvorrichtungen am Schrank selbst nicht versetzen lassen. Und ist bei zwei Bohrungen die Waagerechte nicht eingehalten worden, kann man nicht einfach direkt über oder unter dem falschen Loch das neue bohren. Da hält kein Dübel mehr. Und bevor man das falsche Loch wieder zuputzt, wartet und doch keine sichere Bohrstelle erhält, greift man vielleicht lieber zu einem der hier vorgestellten Korrekturdübel.

Mit diesen kleinen Helfern bekommt man das Problem rasch in den Griff. Dabei handelt es sich um Metalldübel, die vorn einen seitlich versetzten Ring aufweisen. Der Dübelschaft wird in das falsch gebohrte Loch gesteckt, der Ring so angeordnet, daß er die neue richtige Bohrstelle genau markiert. Wird nun durch den

1. Auf rauhem Putz abgerutscht: Bohrung und Befestigungsloch (oben links) sind nicht mehr deckungsgleich. Damit hier dennoch befestigt werden kann, nimmt man einen Korrektürdübel.

3. Damit die neuen 14er Dübel passen, müssen gegebenenfalls die alten Bohrlöcher geweitet werden. Darauf achten, daß die Löcher im Wasser sind.

4. Die Dübel mit horizontaler und vertikaler Flügelstellung ins Bohrloch bringen und gefühlvoll bündig mit den Fliesen einschlagen.

5. Holzgewinde in den Dübel drehen, bis das gewindelose Mittelteil noch etwa halb zu sehen ist. Dann das Becken einfädeln und aufschieben.

6. Sind die Muttern angezogen und ist der Wandanschluß sauber, kann die Armatur angeschlossen werden. Später verfugt man dauerelastisch.

beckenträger fungieren die Stockschrauben. Diese haben ein Holzgewinde (wird in die Dübel eingedreht) und ein metrisches Gewinde (für die Muttern). Um sie in die Dübel drehen zu können, setzt man zwei Muttern auf das Gewinde und kontert sie. Mit einem Gabelschlüssel kann so das Holzgewinde leicht in den Dübel geschraubt werden. Das Waschbecken wird dann über die aus der Wand ragenden Gewindestangen geschoben, wobei die Hülsen der Kunststoffscheiben verhindern, daß das Porzellan auf den blanken Gewindebolzen reibt. Sitzt das Becken, werden noch zwei Metallunterlegscheiben aufgefädelt und das Ganze mit Muttern festgezogen. Das Becken muß eben an der Wand anliegen. Vielleicht kann ein Helfer das Becken etwas anheben und andrücken, damit der Anpreßdruck der Muttern nicht zu einem Bruch führt. Zum Schluß Fuge mit Silikon abdichten. ■

Werkzeugkasten

Bohrmaschine, Hammer, Gabelschlüssel oder Rohrzange, Silikon-Kartuschenpistole.

Fotos: Tox-Dübelwerk

2. Das Mittenmaß zwischen Aufhängloch und Dübelloch gibt den Versatz an. Hier 6 mm.

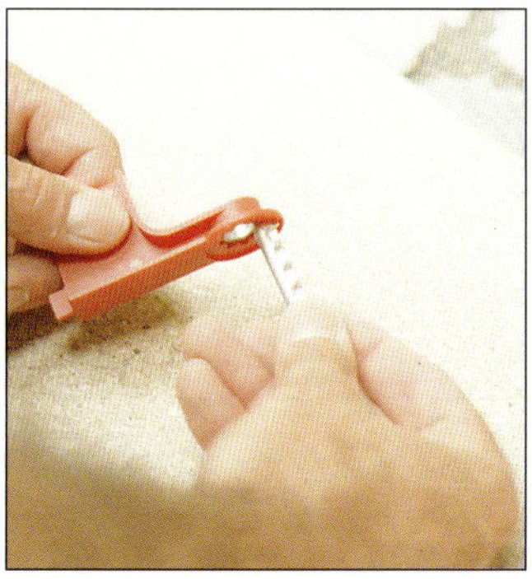

3. Den Ring des Korrekturdübels (hier 8/6) in den Halter setzen. Die Richtung ist wählbar.

4. Schaft des Korrekturdübels ins falsche Loch stecken und durch den Ring neu bohren.

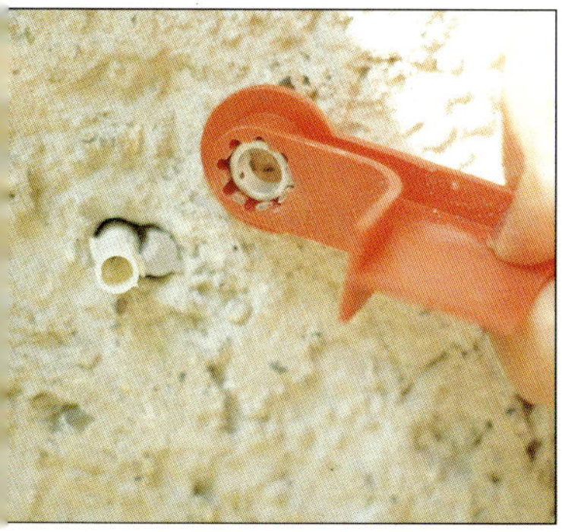

5. Nun den Ring abbrechen und den neuen Dübel parallel zum Metallschaft einführen. Jetzt...

6. ...stimmen Dübel und Aufhängöse überein, die Schraube findet den Weg ins Dübelloch.

7. Unsere Schlauchhalterung konnte man somit trotz Mißgeschick am alten Ort befestigen.

Ring hindurch das neue Dübelloch gebohrt, kann der Bohrer nicht in das alte abgleiten, denn der Metallschaft führt den Bohrer.

Der Metallschaft dient jedoch nicht nur der Führung, sondern vor allem auch dem Verfüllen des alten Lochs. Nach dem Bohren wird der Korrekturdübel am Kopf abgebrochen (der Ring fällt also weg), der Rest verbleibt in der Wand und parallel dazu kann nun der neue Dübel eingeschoben werden. Der Metallschaft gibt ihm genügend seitlichen Halt. Der neue Dübel befindet sich jetzt an richtiger Stelle und nach dem Eindrehen der Schraube sitzt diese auch fest und sicher.

Wichtige Vorraussetzung ist hierfür aber noch die Wahl des richtigen Korrekturdübels. Da diese bezeichnet sind, ist es ein Leichtes, den richtigen zu nehmen. Die Bezeichnung 8/6 bedeutet dann zum Beispiel, daß ein Bohrloch mit 8 mm Durchmesser um 6 mm versetzt wird. ■

Werkzeugkasten

Schlagbohrmaschine, Hammer, Zollstock, Schraubendreher.

Fotos: WS

Profitips

Defekte Schraube ausdrehen

Wer abgebrochene, ausgebrochene oder korrodierte Schrauben entfernen muß, kann sich mit einem Schraubenausdreher das Problem elegant vom Hals schaffen.

Manchmal bricht eine Schlitz- oder Kreuzschlitzschraube schon beim Eindrehen aus oder gar ab. Weil der Elektroschrauber kein vorwählbares Drehmoment hatte, weil ein falsches Bit oder ein ungeeigneter Schraubendreher verwendet wurde, weil es sich um billige Schrauben handelte…

Doch auch wenn nach Jahren einmal eine Schraube entfernt werden muß, kann es leicht zum Bruch kommen, weil die Schraube total verrostet ist. Wer dann nicht um die Existenz sogenannter Schraubenausdreher weiß, steht vor großen Schwierigkeiten. Mit dem genannten Werkzeug ist das Entfernen von kaputten Schrauben mit Rechtsgewinde (und dieses haben ja fast alle) in den meisten Fällen machbar, auch dann, wenn es sich um „kopflose" Sechskant- oder Innensechskantschrauben handelt.

Ein großer Vorteil der Schraubenausdreher liegt in der Tatsache, daß hier, im Gegensatz zum gänzlichen Aufbohren, beim Ausdrehen weder Decke, Wand oder Gewinde, worin die Schraube steckt, noch ein eventuell mit der Schraube befestigtes Teil zerstört wird.

Zum Arbeitsablauf: Zunächst muß der Schraubenschaft aufgebohrt werden. Bei ausgebrochenen Schlitzen oder Kreuzschlitzen kann meist direkt gebohrt werden, bei abgebrochenem Schraubenkopf sollten Sie erst mit einem Körner ankörnen, damit der Bohrer nicht abrutscht. Dann ein Sackloch senkrecht in den Schraubenschaft bohren. Der Schraubengröße entsprechend muß der Bohrer gewählt werden. Bedenken Sie, daß sich die meisten Schrauben stark verjüngen. Wenn anzunehmen ist, daß die defekte Schraube nicht allzu fest sitzt, etwa in Holz oder in einem Dübel, reicht schon eine weniger tiefe Bohrung. Wählen Sie dann einen passenden Schraubenausdreher (das Set von Emil Lux hat fünf verschiedene Größen).

Schrauben mit deformierten Köpfen kommen im Zeitalter des elektro-unterstützten Schraubens immer häufiger vor. Sie lassen sich mit speziellen Schraubenausdrehern „ziehen" und tauschen.

1. Wenn notwendig, erst an der Schadensstelle ankörnen, dann senkrecht in den Schaft bohren.

2. Entsprechend der Schraubengröße und dem Sacklochdurchmesser einen Ausdreher wählen.

3. Den Ausdreher links herum eindrehen, dieser „frißt" sich fest und dreht die Schraube heraus.

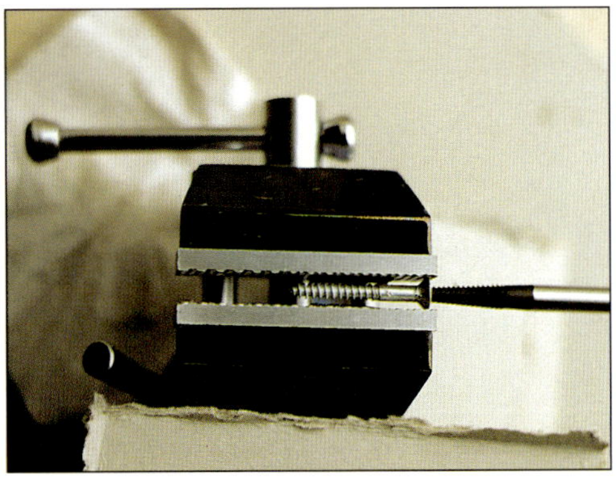

4. Die festsitzende Schraube im Schraubstock einspannen und vom Ausdreher trennen.

Der Schraubenausdreher wird links herum eingedreht. Zum Eindrehen von Hand benötigt man ein sogenanntes Windeisen. Wer einen kräftigen Elektroschrauber oder -bohrschrauber mit Linkslauf hat, tut sich damit leichter, vorausgesetzt, er kann auch hiermit langsam und vorsichtig eindrehen. Sobald der Ausdreher sich im Innern der Schraube festsetzt („frißt"), dürfen Sie etwas kräftiger zupacken. Immer weiter nach links drehen, die Schraube kommt dann automatisch heraus.

Um die recht feste Einheit von Schraubenausdreher und defekter Schraube zu lösen, spannen Sie die Schraube in einen Schraubstock und drehen den Ausdreher rechts herum wieder aus. ■

Werkzeugkasten

Schraubenausdreherset, Körner, Bohrmaschine und Metallbohrer, Schrauber mit Linkslauf oder Windeisen, Schraubstock.

Fotos: HUM

Profitips – Kohlenwechsel beim Exzenterschleifer

Feiner Schleifstaub und hohe Dauerbelastungen sorgen dafür, daß der Kohlenwechsel bei Schleifwerkzeugen früher als bei anderen Elektrowerkzeugen fällig wird.

Wenn der Motor stehenbleibt, die Drehzahl durch Aussetzer abfällt oder ein erhöhtes Bürstenfeuer auftritt, ist es Zeit für einen Wechsel der Schleifkohlen. Für alle Reparaturen von Elektrowerkzeugen gilt: **Zuerst den Netzstecker raus!** Dann erst können Sie das Gehäuse aufschrauben. Bei unserem Exzenterschleifer müssen zuerst der Zusatzhandgriff und die Schleifplatte entfernt werden. Merken Sie sich beim Herausdrehen die Position der einzelnen Gehäuseschrauben, weil sie möglicherweise nicht alle gleich lang sind. Jetzt können Sie die rechte Halbschale des Gehäuses vorsichtig abziehen. Wer will, kann jetzt bereits die Klammern über den Kohlenschächten lösen und die Kohlen herausfummeln. Einfacher geht es, wenn Sie erst noch den kompletten Träger abschrauben. Sie können ihn dann leicht nach oben abheben und auch verklemmte Kohlen mit einem Stift herausdrücken. Durch den feinen Staub, der beim Schleifen anfällt, kann es nämlich leicht passieren, daß die Kohlen nicht abgenutzt sind, sondern nur in ihrer Führung festsitzen. Dann können Sie sich möglicherweise den Einbau der neuen Kohlen sparen, häufig genügt schon ein Ausblasen des Führungsschachtes. Wenn die alten Kohlen aber nur noch halb so lang sind wie die Ersatzkohlen, sollten Sie gleich die neuen einbauen. Zur Montage schieben Sie die Kohlen samt Feder in die Führung und drücken die Klammern wieder drauf. Mit dem Daumen können Sie verhindern, daß die Kohlen nach innen herausspringen. Drücken Sie sie etwas zurück, damit sich der Kohlenträger leichter aufsetzen läßt. Der

1. Vor Beginn aller Arbeiten an Elektrowerkzeugen zuerst den Netzstecker ziehen. Dann kann der Zusatzhandgriff abgeschraubt werden.

2. Die Mutter der Schleifplatte wird mit einem Inbusschlüssel herausgedreht.

Profitips – Kabel an der Stichsäge auswechseln

Angesägte Kabel, an der Heißluftpistole verschmorte Isolierung oder auch gebrochene Adern sind typische Mängel an Elektrowerkzeugen.

Zuerst Stecker raus und Grundplatte lösen. Achten Sie beim Aufschrauben des Gehäuses auf die Größe der Schrauben und merken Sie sich die Positionen. Nehmen Sie die beim Aufschrauben obenliegende Gehäuseschale vorsichtig ab. Schauen Sie sich den Verlauf und Anschluß des Netzkabels an. Schrauben Sie die Zugentlastung auf und lösen Sie die Adern am Schalter. Zur Not tut's auch Öl oder Fett. Führen Sie dann die Adern wie beim alten Kabel zum Schalter und klemmen Sie sie an. Anschließend müssen die einzel-

1. Achten Sie beim Aufschrauben des Gehäuses auf die Größe und Länge der Schrauben.

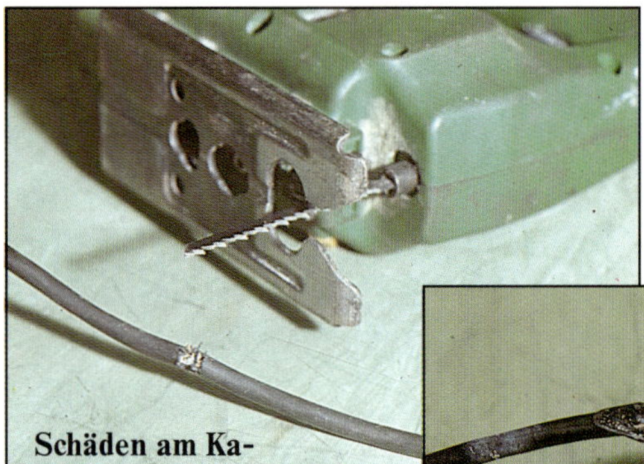

Schäden am Kabel können beim Arbeiten mit Elektrowerkzeugen schon mal vorkommen.

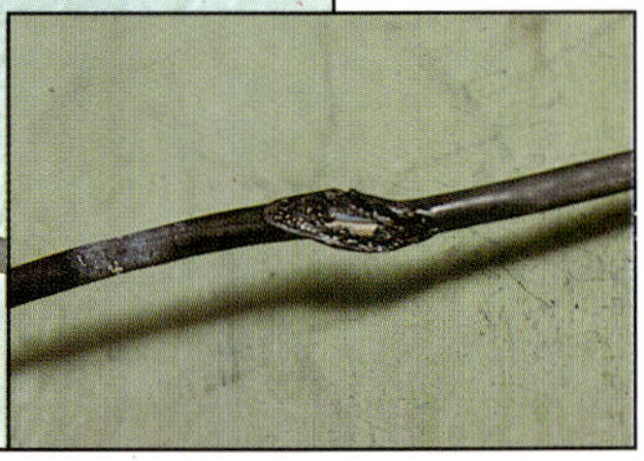

Auch solche Verletzungen wie der verschmorte Mantel können lebensgefährlich sein.

2. Die Gehäuseschale vorsichtig abnehmen und die Zugentlastung entfernen.

3. Die Klemmen am Schalter aufschrauben und das alte Netzkabel entfernen.

4. Das neue Netzkabel ebenso anschließen. Aderendhülsen verwenden, nicht verzinnen.

3. Jetzt können Sie alle fünf Schrauben am Gehäuse und Handgriff entfernen.

4. Mit etwas Fummelei könnten Sie jetzt die Schleifkohlen bereits herausziehen. Zum leichtern Wechsel der Kohlen sollten Sie aber vorher die Schrauben in der Kohlenaufnahme herausdrehen.

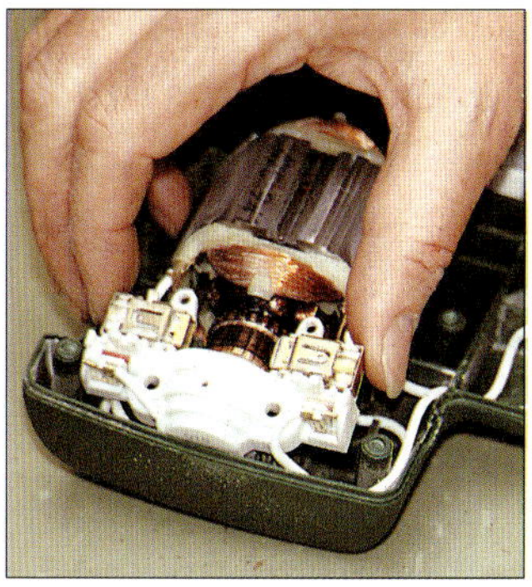

5. Dann läßt sich der komplette Träger mit den Schleifkohlen leicht abziehen.

6. Wenn Sie die Klammer abziehen, können Sie die Kohle samt Andrückfeder herausziehen.

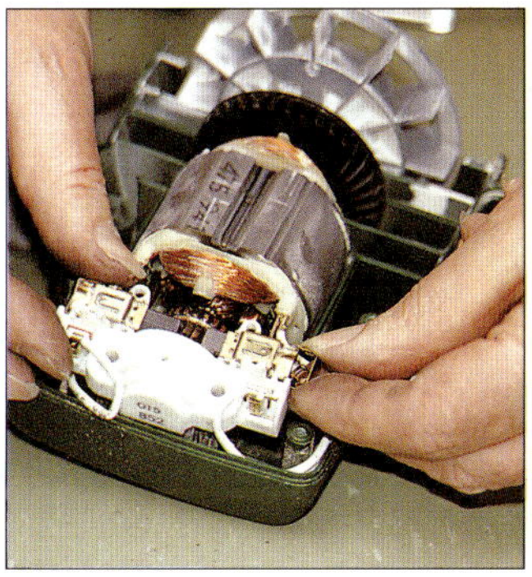

7. Stecken Sie die neuen Kohlen in die Führung und drücken Sie die Klammer wieder gut drauf.

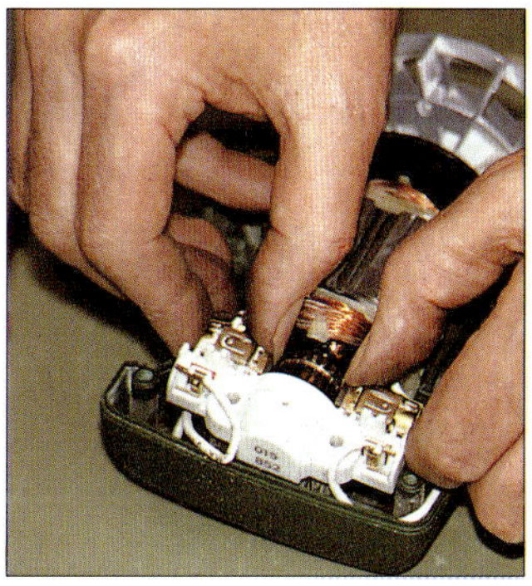

8. Schieben Sie die Kohlen beim Einsetzen des Trägers mit dem Daumen etwas zurück.

weitere Zusammenbau erfolgt wie die Demontage, nur in umgekehrter Reihenfolge. Bevor Sie die Maschine wieder in Betrieb nehmen, schreiben die Hersteller eine Isolationswiderstandmessung sowie eine Hochspannungsprüfung vor. Die sollten Sie zu Ihrer Sicherheit in einem Fachbetrieb vornehmen lassen. ■

Werkzeugkasten

Kreuzschlitzschraubendreher oder Akkuschrauber, Inbusschlüssel und Zange.

nen Kabel wieder exakt in die Führungen gedrückt werden – am besten mit einem Stück Holz oder einem stumpfen Schraubendreher. Achten Sie beim Zusammensetzen des Gehäuses darauf, daß kein Kabel eingeklemmt wird. Lassen sich die Gehäuseschalen nicht leicht zusammenstecken, haben Sie meist etwas falsch gemacht, deshalb nicht mit Gewalt arbeiten. Beim Zusammenschrauben darauf achten, daß bei unterschiedlich großen Schrauben auch die richtige Schraube ins richtige Loch kommt. Zum Abschluß der Arbeiten schreiben die Hersteller eine Isolationswiderstandsmessung sowie eine Hochspannungsprüfung nach VDE vor. Diese Messungen sollten Sie zu Ihrer Sicherheit in einem Reparaturbetrieb durchführen lassen. ■

Werkzeugkasten

Akkuschrauber und Elektriker-Schraubendreher

5. Die einzelnen Adern wieder sorgfältig verlegen und in die Kabelführungen drücken.

6. Das Kabel etwa einen Zentimeter vor Ende des Mantels wieder mit der Zugentlastung einklemmen.

7. Gehäuseschalen zusammenstecken und drauf achten, daß kein Kabel eingeklemmt wird.

8. Die Grundplatte der Stichsäge wieder montieren und festschrauben.

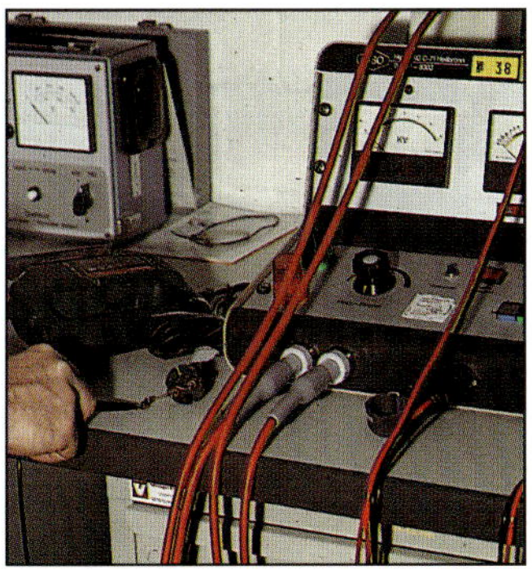

9. Isolationswiderstands- und Hochspannungsprüfung beim Fachmann vornehmen lassen.

Profitips

Bohrfutter austauschen

Bohrer drehen durch, der Zahnkranz läßt sich nur schwer bewegen, die Backen zentrieren nicht mehr – Gründe um das Bohrfutter auszutauschen.

Was eine leichte Arbeit sein sollte, scheitert häufig daran, daß sich das alte Bohrfutter nicht einfach abschrauben läßt. Bei Bohrmaschinen mit Rechts-Links-Lauf ist das Bohrfutter nämlich gegen das Abdrehen im Linkslauf gesichert. Manchmal ist es mit erhöhtem Drehmoment auf die Spindel geschraubt, häufiger aber mit einer Schraube im Bohrfutter fixiert. Um diese Schraube herauszudrehen, müssen Sie das Bohrfutter weit öffnen, dann können

1. Die Sicherungsschraube im Bohrfutter hat ein Linksgewinde. Zum Lösen also rechtsherum drehen.

2. Sitzt die Schraube fest, kann ein Hammerschlag das Lösen erleichtern.

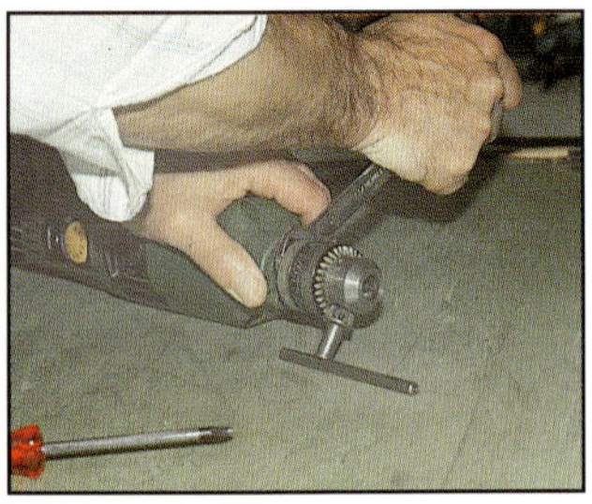

3. Alternativ können Sie das Bohrfutter etwas fester anziehen. Bohrfutterschlüssel ...

Profitips

Bohrmaschinenschalter auswechseln

Im harten Einsatz verschmutzt die Bohrmaschine leicht. Der feine Bohrstaub setzt schon mal den Schalter außer Gefecht.

Reparaturen an Elektrowerkzeugen erfordern besondere Aufmerksamkeit und Sorgfalt, damit die elektrische Sicherheit nicht beeinträchtigt wird. Verwenden Sie dabei nur Original-Ersatzteile des Geräteherstellers. Achten Sie beim Öffnen der Maschine auf Größe und Lage der Schrauben. Sie dürfen später nicht verwechselt werden. An unserer Bohrmaschine hatte der Vorbesitzer wenig fachmännisch herumgebastelt. Die einzelnen Kabel wurden deshalb nachträglich mit Aderendhülsen versehen. Das früher übliche Verzinnen wird heute nicht mehr empfohlen, weil

1. Beachten Sie beim Öffnen des Maschinengehäuses die Größe der Schrauben und ihre Position.

2. Heben Sie die Gehäuseschale von der Schraubseite vorsichtig ab.

3. Bevor Sie die Adern vom Schalter abschrauben, notieren Sie sich am besten die jeweilige Position.

4. Hier wurde schon einmal gebastelt! Nachträglich werden Aderendhülsen aufgesteckt.

Sie sie mit einem Schraubendreher rechtsherum (Linksgewinde!) lösen. Sollte sie zu fest sitzen, kann ein Schlag auf den Schraubenkopf oder weiteres Anziehen des Bohrfutters das nötige Spiel schaffen. Damit sich beim Drehen der Spindelachse das Bohrfutter nicht mitdreht, kann es mit einem auf die Tischplatte gedrückten Bohrfutterschlüssel oder besser noch in einem Schraubstock (Kunststoff- oder Kupferbacken) festgehalten werden. Ist die Schraube entfernt, kann das alte Bohrfutter abgeschraubt und das neue aufgedreht und festgezogen werden. Hier genügt der Bohrfutterschlüssel in der Hand als Drehsicherung. Die Sicherungsschraube wieder einsetzen. Linksherum drehen! ■

Werkzeugkasten

Schraubendreher, Bohrfutterschlüssel, Schraubstock, Gabelschlüssel, eventuell auch Hammer und Durchschlag.

4. . . . oder Schraubstockbacken verhindern dabei das Mitdrehen des Bohrfutters.

6. Anschließend das Bohrfutter wieder einspannen und mit dem Gabelschlüssel lösen. Dann kann es leicht mit der Hand abgeschraubt werden.

5. Jetzt läßt sich die Sicherungsschraube meist leicht lösen und entfernen.

7. Das neue Bohrfutter auf die Spindel schrauben und mit dem Gabelschlüssel anziehen.

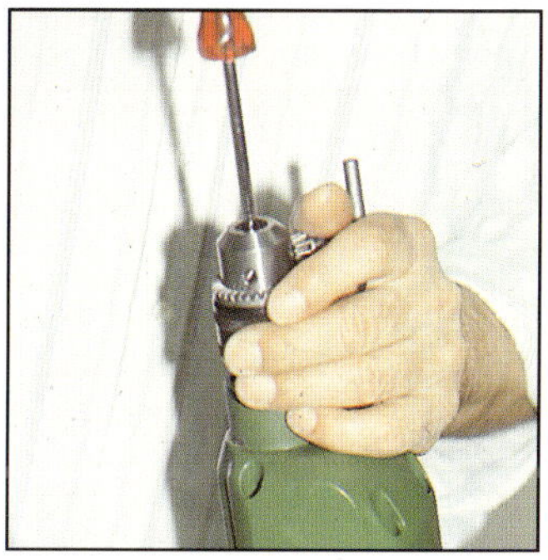

8. Zum Schluß die Sicherungsschraube wieder fest eindrehen. Linksherum schrauben!

die weiche Lötmasse in der Schraubklemme nachgeben und sich so mit der Zeit wieder lösen kann. Die aufgesteckten Aderendhülsen sollten Sie leicht andrücken, damit die Kabel nicht gleich wieder herausrutschen. Sie werden später mit der Schraube richtig festgeklemmt. Es empfiehlt sich, zusätzlich Sicherungslack auf das Gewinde der Schalterschrauben zu streichen. Achten Sie auch auf die exakte Kabelführung, sonst geht das Gehäuse meist nicht zu, oder es besteht die Gefahr, daß Kabel eingeklemmt werden. Zu Ihrer Sicherheit sollten Sie nach Abschluß der Arbeiten eine Isolationswiderstandsmessung sowie eine Hochspannungsprüfung nach VDE bei einem Reparaturbetrieb vornehmen lassen. ■

Werkzeugkasten

Akkuschrauber und Elektriker-Schraubendreher, Zange oder Seitenschneider

5. Mit Zange oder Seitenschneider die Aderendhülsen vorerst nur leicht anklemmen.

6. Jetzt können die Adern in den neuen Schalter gesteckt und angeschraubt werden.

7. Das Kabelende muß wieder sicher in der Zugentlastung eingeklemmt werden.

8. Das Gehäuse muß sich leicht schließen lassen. Vorher die Kabel sauber verlegen.

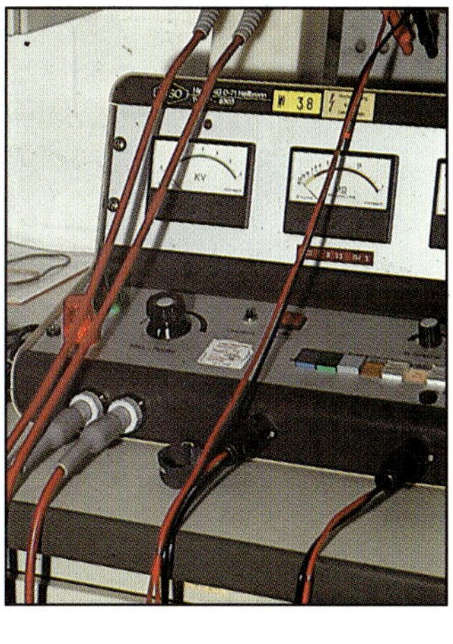

9. Zum Abschluß der Arbeit ist eine Isolationswiderstandsmessung und eine Hochspannungsprüfung beim Fachmann notwendig.

Profitips

Bohrer und Fräser nachschärfen

Freihändig nachgeschärfte Schneiden sind immer noch besser als stumpfe. Im Notfall muß man sich wenigstens zu helfen wissen.

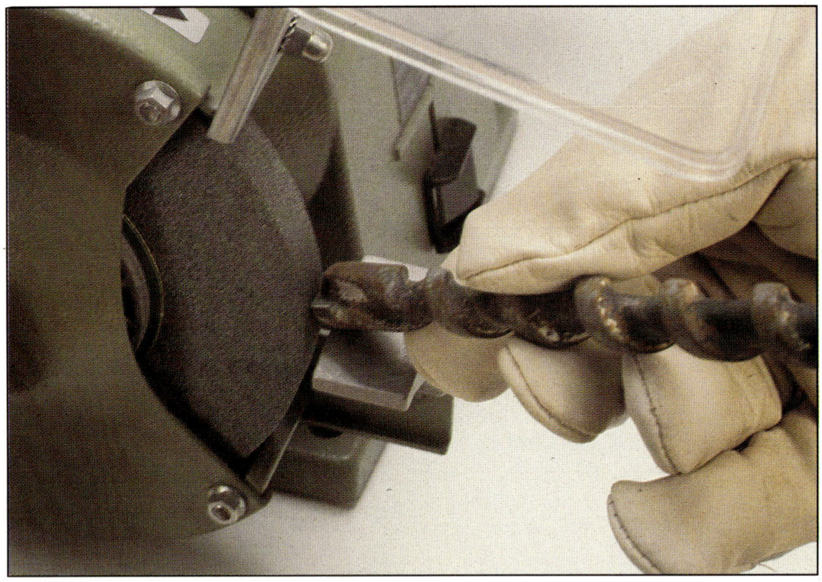

1. Eine Schleifmaschine zum Schärfen von Werkzeugen sollte wenigstens mit einem einfachen Führungsschlitten und Funkenschutz ausgestattet sein. An Steinbohrern zuerst die Grundschneide schärfen und anschließend die Schneidenkante negativ im 90-Grad Winkel anformen.

Grundsätzlich mag als wirtschaftlich gelten: hartmetallbestückte Werkzeuge in der Lohnschärferei schärfen lassen und abgestumpfte HSS-Werkzeuge durch neue ersetzen. Denn Schärfen in Handarbeit wird in der Regel ungenau.

Doch wer weiß schon, welche Überraschungen manch simpler Wochenendjob bringt. Werkzeugbruch, kein Ersatz, Fachgeschäfte zu, das zwingt zur Unterbrechung, wenn man sich nicht einstweilen provisorisch helfen kann.

Wo beim Schärfen jedoch Funken sprühen ist es heiß und damit schädlich für die harten Werkzeugstähle. Wenn Sie behutsam vorgehen, die Schleifvorgänge zählen um jede Schneide gleichmäßig abzuschleifen und das Werkzeug häufig in Wasser kühlen, kann nichts schiefgehen.

Hartmetallschneiden können Sie allerdings nur an Scheiben oder mit Abziehsteinen aus Siliciumkarbid (grün/grau) bearbeiten. Für Schnellstahl sollte es, meist rötlich gefärbter, Edelkorund sein. Freihändig lassen sich nur kurze Schneiden aus Schnellstahl schleifen. Ausgenommen die Hartmetallspitzen von Steinbohrern. Diese nehmen nämlich eine ungleiche Spitzengeometrie nicht so übel und haben zudem eine „negative“ Fase.

Andere Hartmetallschneiden kann man aber immer noch mit dem Abziehstein bearbeiten, ohne daß sich die Form ungünstig verändert. Mit Petroleum als Gleitmittel läßt sich der Stein leichter führen.

Beim Nachschleifen von längeren Schneiden, zum Beispiel HSS-Messer für den Elektrohandhobel, muß man wenigstens eine einfache Führung benutzen können. Holzspiralbohrer und die preiswerten Flachfräsbohrer verlangen nach scharfkantig, einsei-

Profitips

Werkzeuggriffe neu beschichten

Griffe müssen griffig sein. Bei vielen Werkzeugen sind sie deshalb mit einer Kunststoffschicht überzogen. Wenn diese mit der Zeit porös oder brüchig wird, können Sie selbst eine neue Schicht auftragen.

Zuerst müssen Sie den alten Kunststoffüberzug, beziehungsweise das, was davon noch übrig ist, von den Werkzeuggriffen entfernen. Wenn sich das Material nicht abziehen läßt, können Sie es mit einem Messer abschälen. Die freigelegten Griffe (es können so selbstverständlich auch bisher blanke Griffe beschichtet werden) müssen gänzlich von Materialresten befreit werden. Hierzu eignet sich besonders ein Stahlwollknäuel. Dieser entfernt auch gleichzeitig eventuell vorhandenen Rost (notfalls erst noch mit feinem Schleifpapier vorarbeiten).

Um Staub- und vor allem Öl- und Fettfreiheit zu garantieren, bearbeiten Sie die Griffe nun noch mit einem weichen Lappen, der mit einem fettlösenden Mittel getränkt ist. Fassen Sie die Werkzeuggriffe von nun an nicht mehr mit bloßen Händen an.

Zum Anfertigen und Erneuern von elastischen Beschichtungen bietet der Handel sogenannten Antirutschlack an. Das hier eingesetzte Produkt ist von Wenko. Es ist ein lösemittelfreies, wasserverdünnbares Mittel.

Beim Beschichten stehen zwei verschiedene Techniken zur Wahl: tauchen oder streichen. Beim Tauchen wird der Überzug gleichmäßiger. Sind lange Griffschenkel zu beschichten, muß man den Antirutschlack in ein schmales, hohes Gefäß umfüllen, manchmal, beispielsweise wenn die Griffe einer Schubkarre ummantelt werden sollen, ist das Tauchverfahren ziemlich umständlich. Aber auch mit dem Pinsel lassen sich gute Ergebnisse

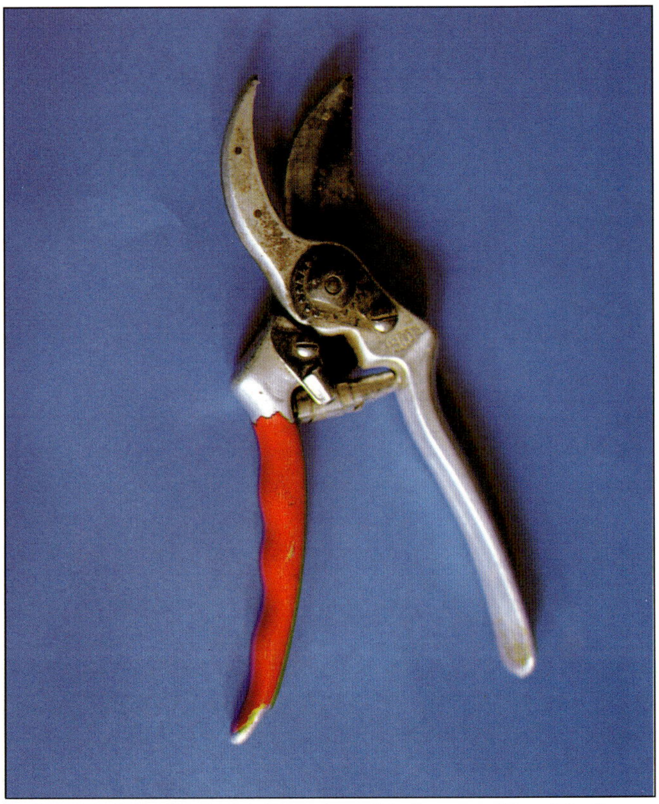

1. Selbst bei qualitativ hochwertigen Werkzeugen löst sich die Griffbeschichtung mit den Jahren. Hitze und Kälte, Fette und Öle, aber auch starke Zugkräfte führen dazu.

2. Schleifscheiben lassen sich auch nachträglich mit Hilfe eines Abrichtsteines an besondere Voraussetzungen anpassen.

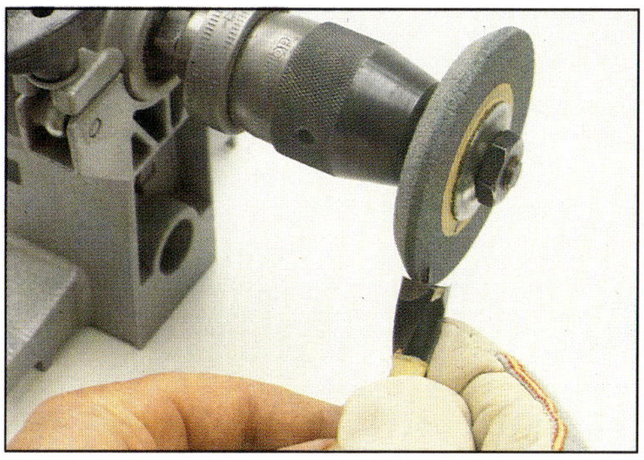

3. Zentrierspitze, Grundschneide und Vorschneider am Holz-Spiralbohrer lassen sich an einer einseitig konischen Scheibe nachschärfen.

4. Forstner-Bohrer lassen sich zwar nur unvollkommen, im Notfall jedoch mit einem Schleifstift gebrauchsfähig überarbeiten.

5. Auch Profilfräser für die Oberfräse können durch die Bearbeitung mit einem Form-Abziehstein wieder neue Qualität erhalten.

tig konisch profilierten Scheiben. Kleinschleifscheiben auf einem Aufspanndorn kann man mit einem Abrichtstein relativ leicht auf die gewünschte Form zurichten. Die Zentrierspitzen der Bohrer dürfen sich beim Nachschleifen jedoch nicht verändern.

Für gebogene Schneiden eignen sich Schleifstifte im Mini-Elektrowerkzeug. Besser noch in der Biegewelle an der Oberfräse. Denn die kleinen Stiftdurchmesser arbeiten nur bei sehr hohen Drehzahlen ruhig und rund genug.

Bei Schleifarbeiten nicht auf die Funkenschutzscheiben am Schleifbock verzichten sowie Schutzbrille und Arbeitshandschuhe tragen. Beim Nachschärfen oder Abziehen das Werkzeug fest im Schraubstock einspannen. Notfalls kann man es auch in der jeweiligen Werkzeugaufnahme belassen, wenn sich der Antrieb blockieren läßt. ■

Werkzeugkasten

Schleifmaschine, Schleifscheiben Edelkorund 80M und Siliciumkarbid 80K, Schleifstifte, Abziehstein, Abrichtstein

Text und Fotos: Dietrich Engelhard

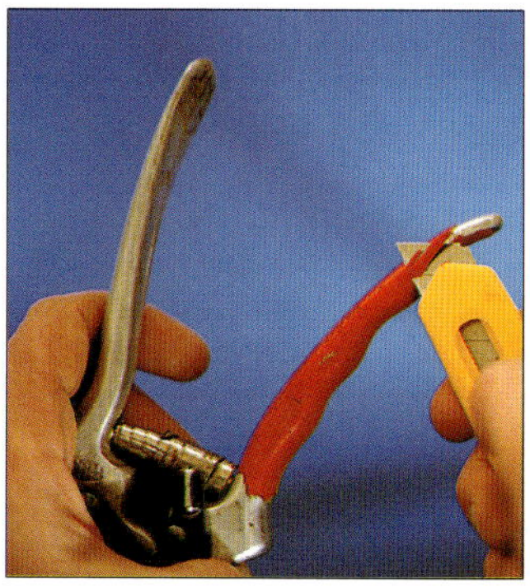

2. Zuerst die Reste des Kunststoffüberzuges mit einem Messer von den Griffen entfernen.

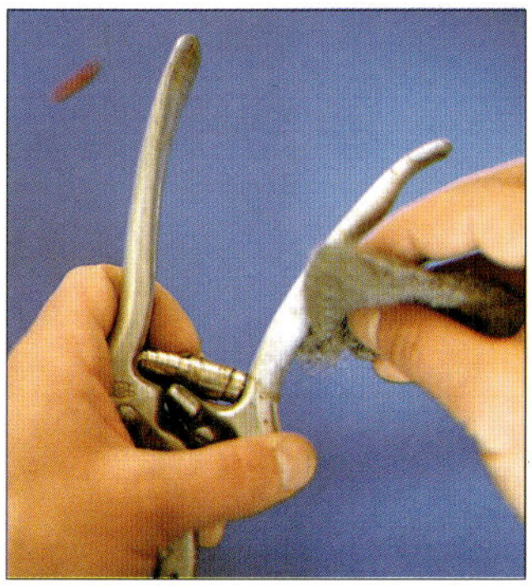

3. Mit Schleifpapier und Stahlwolle Rost, Kleber- und Kunststoffreste beseitigen.

4. Jetzt die Griffe von Staub, Fett und Öl befreien und dann nicht mehr anfassen.

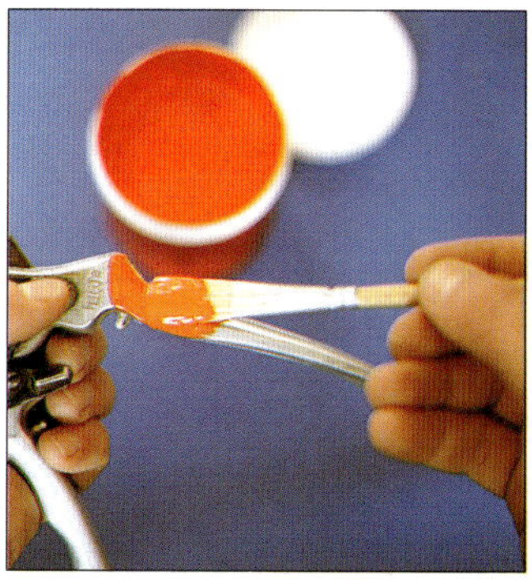

5. Den Lack aufrühren und an den gewünschten Stellen mit dem Pinsel auftragen.

6. Zum Trocknen das Werkzeug aufhängen. Erst später folgt die nächste Lackschicht.

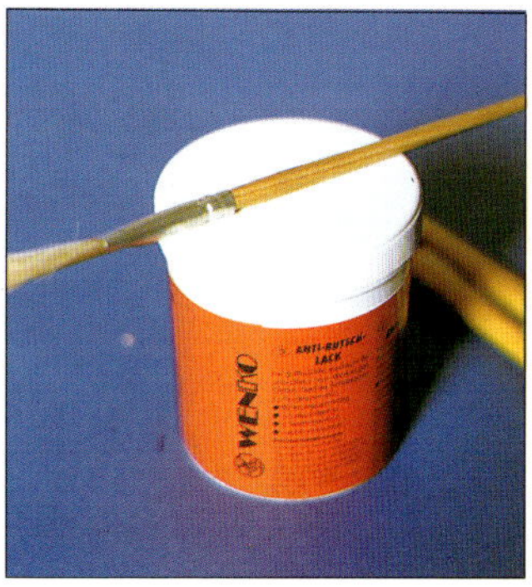

7. Fürs Tauchverfahren den Lack aus diesem Gebinde in ein schmales, höheres Gefäß füllen.

erzielen: Den gut aufgerührten, dickflüssigen Lack trägt man satt auf die Griffe auf. Das Werkzeug dabei so halten, daß die Farbe gut verläuft, sich aber keine Nasen bilden. Sobald der Lack leicht angezogen hat, hängt man das Werkzeug zum Trocknen auf.

Um eine dicke Schutzschicht zu bekommen, kann der Streich- oder Tauchvorgang mehrere Male wiederholt werden. Dazu muß aber eine Zwischentrocknungszeit eingehalten werden. Die Schlußtrocknung sollten Sie auf keinen Fall zu kurz bemessen. Warten Sie besser zwei Tage, bis Sie die beschichteten Griffe mit voller Kraft belasten.

Neben der Griffigkeit und einem geringen wärmeisolierenden Effekt bringt die Beschichtung noch einen weiteren Vorteil: Die Farbe des Lackes hat Signalwirkung. Damit behandelte, verlegte Werkzeuge werden so auf der Baustelle oder im Garten viel schneller wiedergefunden. ■

Werkzeugkasten

Messer, Stahlwolle, Lappen, Reiniger, Pinsel, Aufhänger

Fotos: Inka

Profitips

Heft eines Stechbeitels auswechseln

Wenn der Holzkopf bis zum Metallring eingeschlagen ist, sollte das Heft eines Stechbeitels ausgewechselt werden. Vorausgesetzt die Klinge ist noch ok.

Bei intensiv genutzten Handwerkzeugen wie Stechbeiteln oder Feilen verschleißen nicht nur Klinge oder Blatt, sondern auch die Hefte, mit denen man das Werkzeug in der Hand hält. Vor allem bei Stechbeiteln, die häufig mit einem Holzhammer ins Material getrieben werden, leidet das Heft meist schneller als die Klinge. Ein Austausch des Heftes lohnt sich aber nur dann, wenn die Klinge noch voll in Ordnung ist oder es sich wie in unserem Beispiel um ein Lieblingswerkzeug für besondere Aufgaben handelt.

Ersatz für ein Stechbeitelheft gibt es im Fachhandel in verschiedenen Größen für etwa drei bis fünf Mark. Auch wenn bei vielen Handwerkzeugen mittlerweile Kunststoffhefte Einzug gehalten haben, sind Ersatzhefte für Stechbeitel praktisch nur in Weißbuche zu erhalten. Das Holz ist besonders zäh und griffsympathisch (Vor allem wenn man viel schwitzt.). Eine stählerne Zwinge und ein Schlagring sollen zudem für lange Lebensdauer sorgen.

Zum Abziehen des Heftes spannen Sie am besten den Beitel fest ein. Mit Hammer und Meißel läßt sich das Heft meist am schnellsten lösen. Alternativ können Sie das Eisen auch in die Hand nehmen (Vorsicht: Verletzungsgefahr!) und das Heft mit dem Hammer rundum solange auf einem Amboß bearbeiten, bis sich die Klinge herausziehen läßt.

Das Ersatzheft ist in der Regel vorgebohrt. Doch die Größe der Bohrung genügt nicht, um die Angel ganz hineinzutreiben. Die Bohrung muß entsprechend der Angelform und -größe aufgeweitet werden. Profis bohren hier mit einem Stufenbohrer, der ebenso spitz wie die Angel zuläuft, vor. Es geht aber auch mit Holzbohrern verschiedener Durchmesser.

1. Wenn der Kopf so eingeschlagen ist oder der Schlagring gar fehlt, sollte das Heft ausgewechselt werden.

2. Spannen Sie den Beitel ein. Dann läßt sich das Heft ganz einfach mit Hammer und Meißel lösen.

Profitips

Stechbeitel schleifen

Stumpfe und schartige Stechbeitel erfordern mehr Kraft beim Stemmen. Mit einem gut geschliffenen Werkzeug arbeitet sich leichter und präziser.

Das mühsame Schleifen von Stechbeiteln mit einem Natursandsteinblock oder -rad gehört längst der Vergangenheit an. Heute werden dazu Bandschleifer, aber vor allem Schleifböcke mit künstlichen Schleifscheiben, meist Korundscheiben, eingesetzt.

Je nach Anwendungszweck und Arbeitsmaterial kann der gewünschte Keilwinkel der Schneide etwas variieren. Eine längere Fase, also ein spitzerer Winkel, sorgt für leichteres Arbeiten, verkürzt aber gleichzeitig die Standzeit der Schneide. Für den universellen Einsatz empfiehlt sich ein Winkel von 25 Grad zwischen dem Eisen und der Fase.

1. Wenn die Klinge Ihres Stechbeitels so aussieht, wie auf diesem Fotos, ist es höchste Zeit zum Schärfen.

Wenn Sie einen Schleifbock mit einstellbarem Schleifschuh oder einer Führung verwenden, müssen Sie den gewünschten Winkel vor Beginn der Schleifarbeit einstellen. Anschließend den Stechbeitel einspannen oder auflegen und die Fase mit mäßigem Druck nachschleifen. Dabei den Stechbeitel seitlich etwas hin- und herbewegen. Wasser oder ein Kühlmittel verhindern ein Ausbrennen (Braun- oder gar Blaufärbung) der Schneide. Angelaufene Schneiden halten die Schärfe nicht. Den angelaufenen Teil deshalb vollständig abschleifen.

Da die Schleifscheiben meist nur einen kleinen Durchmesser haben, wird die Fase nicht eben, sondern etwas hohl geschliffen und so zur Schneide hin geschwächt. Deshalb sollten Sie zu spitze Winkel vermeiden.

Um die richtige Schärfe zu erhalten, muß der beim Schleifen entstandene Grat abgezogen werden. Dies kann nach alter Handwerkstradition auf einem natürlichen Abziehstein geschehen. Beim Belgischen Brocken zum Beispiel wird der Stein mit Wasser eingenäßt. Auf dem Arkansasstein wird dagegen zum Abziehen ein Gemisch aus Petroleum und Öl verwendet.

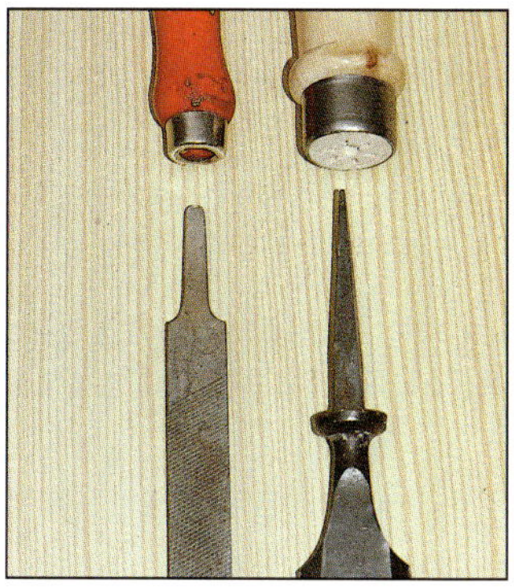

3. Das Ersatzheft für den Stechbeitel muß zu Größe und Form der Angel passen.

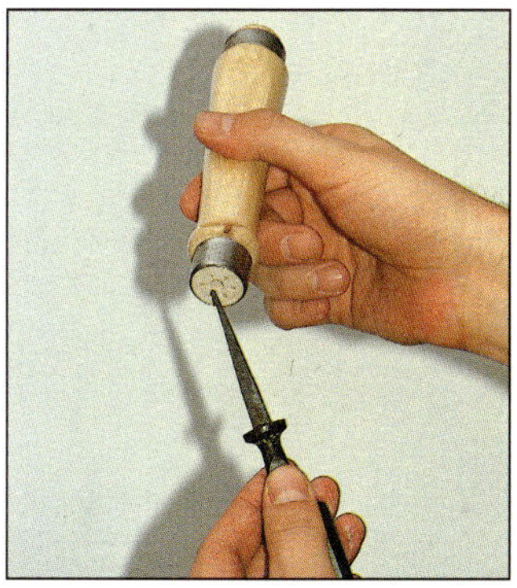

4. Die vorhandene Bohrung genügt nicht, um diese Angel vollständig hineinzutreiben.

5. Wenn Sie keinen Stufenbohrer besitzen, können Sie nacheinander das Heft mit unterschiedlich dicken Bohrern soweit aufbohren, daß die Bohrung weitgehend der Angelform entspricht.

6. Jetzt kann das Heft mit einem Holz- oder Gummihammer aufgeschlagen werden.

7. Der Anschlag muß ganz am Material anliegen, sonst spalten Sie im Laufe der Zeit das Heft.

8. Der Stechbeitel muß ganz fest sitzen und darf nicht herausfallen (Verletzungsgefahr!).

Sie müssen dann halt mehrmals und unterschiedlich tief bohren. Treiben Sie das Stechbeitelheft anschließend vollständig auf den Beitel. Achten Sie unbedingt darauf, daß der Stechbeitel auch wirklich fest sitzt, denn ein herausfallender Beitel kann böse Verletzungen verursachen. ■

Werkzeugkasten

Holz- oder Gummihammer, Meißel, Schraubstock, diverse Holzbohrer oder Stufenbohrer, Bohrmaschine.

Text und Fotos: H-A Losch

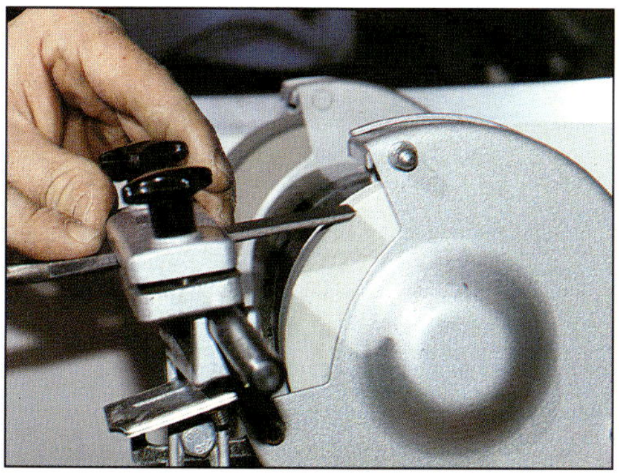

2. Für einen präzisen Schleifwinkel wird der Stechbeitel in einem Schleifschuh eingespannt.

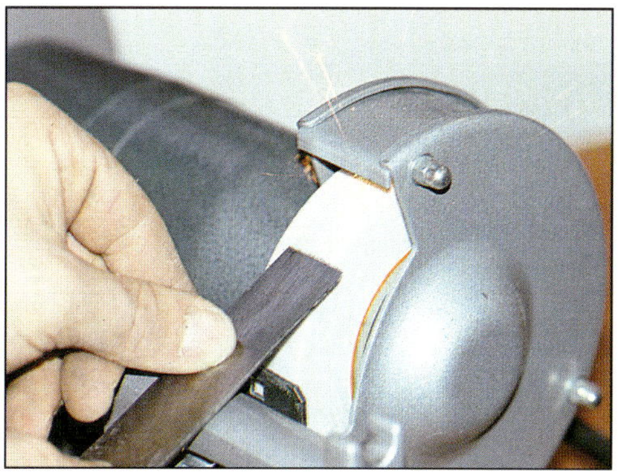

3. Während des Schleifens mit leichtem Druck die Schneide seitlich etwas hin- und herbewegen.

4. Der durchs Schleifen entstandene Grat muß anschließend abgezogen werden.

5. Zum Abziehen die Klinge wird die Fase hier leicht auf eine Gummischeibe gedrückt.

6. Die Spiegelseite nur flach auflegen und den Grat wieder auf die Fasenseite zurückdrücken.

Die steilgestellte Fase des Eisens zum Abziehen in kreisenden Bewegungen über den Stein führen. Ab und zu das Eisen umdrehen und mit der flach liegenden Spiegelseite den restlichen Grat wieder auf die Fasenseite zurückdrücken. Dann erneut von der Fasenseite abziehen usw., bis der Grat entfernt ist.

Einfacher und vor allem viel schneller geht es mit einem Schleifbock, der ein Lederabziehband oder wie der Elu MWA 57 eine Gummischeibe zum Abziehen hat. Auch hier den Grat von der Fasenseite im steilen Winkel abziehen und mit der flach aufgelegten Rückseite immer wieder zurückdrücken. Wenn der Grad vollständig entfernt und die Spitze blank ist, haben Sie wieder eine messerscharfe Schneide. Um Verletzungen zu verhindern, setzten Sie zur Aufbewahrung des Beitels eine Schutzkappe auf. ■

Werkzeugkasten

Schleifbock mit Korundschleifscheibe, Abziehstein (z. B. Belgischer Brocken oder Arkansasstein), -scheibe oder Lederband.

Text und Fotos: H.-A. Losch

Profitips: Sägezähne schärfen

Rauchsignale und Brandspuren sind eine unnötige Belastung für Werkzeug und Material. Auch provisorisches Nachschärfen hilft.

1. Stumpfe Sägeblätter bringen schlechte Ergebnisse. Also zum Schärfen in eine Feillade, die an der Unterkante durch ein stabiles Scharnier zusammengehalten wird, einspannen.

Im Gegensatz zu hartmetallbestückten Sägezähnen lassen sich Sägen aus Chrom-Vanadium-Stahl notfalls auch selbst mit einer Feile bearbeiten. Das ist zwar nur ein Notbehelf, aber immer noch besser als überlastetes Werkzeug, verdorbenes Material oder eine unerwünschte Zwangspause.

Meistens hilft es schon, wenn man den gesamten Rücken der einzelnen Zähne mit jeweils drei oder vier Feilenstrichen bearbeitet. Es muß je Zahn immer die gleiche Anzahl sein, damit die Zähne gleichlang bleiben.

Für Spitzzahnungen ist eine Schärffeile für Feinsägen 6,8 x 4,8 Millimeter, Schärfwinkel 40 Grad, geeignet. Oder eine Kreissägefeile mit einem Querschnitt wie ein flaches Dreieck (17 Millimeter breit, 11 Millimeter hoch) mit der Rücken und Brust der Zähne gleichzeitig bearbeitet werden.

Normale gleichseitige Dreikantfeilen (60 Grad Winkel) würden die Zähne deformieren. Für Sägeblätter mit Wolfszahnung kann man die flache Fläche einer Halbrundfeile mit einfachem Hieb verwenden.

Bei grober Zahnung und nicht zu hartem Werkzeugstahl ist auch leichtes Nachschränken der Zähne vor dem Schärfen möglich. Dabei werden die einzelnen Zähne abwechselnd nur wenig nach links oder rechts, entsprechend dem Urzustand und nach Augenmaß zurechtgebogen.

Es gibt zwar spezielle Schränkeisen und Schränklehren. Als Notbehelf genügt aber auch das Brechmaul am Glasschneider oder einfach ein Flachstahl mit einem Einschnitt. Für das Blatt einer Lochsäge genügt (wie für Handsägen) auch die Klinge eines 5 Millimeter Schraubendrehers zum Schränken.

Profitips: Stumpfe Kettensäge schärfen

Die Verschleißteile von Kettensägen sind die Kettenzähne. Und die sollten immer scharf sein. Regelmäßiges Schleifen ist notwendig.

Scharf sind sie, und deshalb auch von vielen gefürchtet: die Kettensägen mit ihrem heulenden Motor und der rasenden Sägekette. Doch die scharfen Zähne haben ja auch einiges zu leisten. Nicht nur zum Bäumefällen dienen sie, sondern auch bei Zimmermannsarbeiten oder beim Brennholzzubereiten weiß man ihren Biß zu schätzen. Aber auch die Glieder einer Kette können müde, sprich unscharf werden. Und dann sieht's mit der Leistung nicht mehr so gut aus. Man sollte also immer dafür sorgen, daß die Zähne gut „gewetzt" sind.

Mit einem kleinen Helfer können Sie das Schärfen perfekt selbst erledigen. Die Abbildungen zeigen die Vorgehensweise. Zuvor jedoch noch ein paar allgemeine Hinweise zum Kettensägenzahn und dessen Nachschliff.

Alle Zähne einer Kette sind auf gleiche Länge zu feilen. Der am stärksten abgenutzte Zahn gilt dabei als Richtmaß. Man mißt also die Länge des Zahndaches des stumpfsten Zahnes. Der Winkel zwischen Zahnbrust und Zahndach (in Laufrichtung gesehen) soll dann beim Schärfen nicht verändert werden. Das Zahndach fällt zwar mit leichtem Gefälle ab, der Winkel, in dem das Schärfgerät aufgelegt wird, sollte jedoch 90 Grad betragen. Und das dann immer. Andernfalls bleibt das Schärfen ohne Effekt.

Da sich die Zahnbrust durch das Schärfen mehr und mehr zur Seite hin verschiebt, der Zahngrund also immer breiter wird, ist darauf zu achten, daß der Grund waagerecht ausgebildet wird. Die Breite eines Zahngrunds beeinträchtigt das Sägen dabei nicht. Es kann also geschliffen werden, bis kein Material, sprich keine Zahnbrust mehr da ist.

Jeder Zahn hat einen Tiefenbegrenzer, der bewirkt, daß sich der

1. Die Säge fixieren und zwei, dreimal die Feile ohne Druck von oben an jeder Zahnbrust hin- und herführen. Da die Zähne....

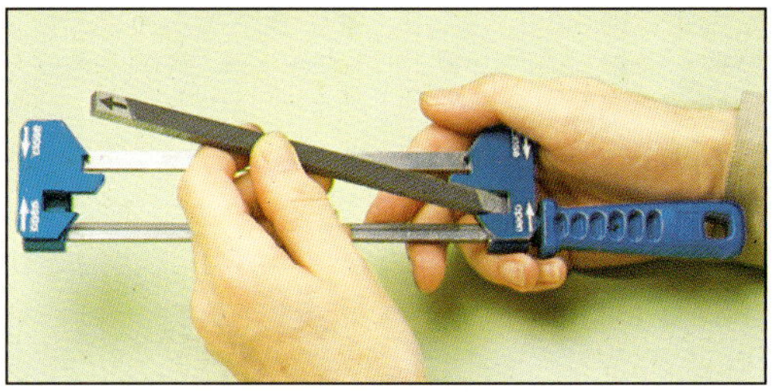

2. ...nach rechts und links zeigen, erst die rechten, dann nach Feilenrichtungswechsel die linken Zähne schärfen.

2. Wenn keine Feillade zur Verfügung steht, wird das Sägeblatt eben zwischen zwei Kanthölzer gespannt.

3. Soweit möglich sollte man die Sägezähne vor dem Schärfen schränken. Zum Beispiel mit dem Brechmaul des Glasschneiders.

4. Bei Sägeblättern mit grober Wolfszahnung nur den Zahnrücken bearbeiten. Dazu dient eine Halbrundfeile mit einfachem Hieb.

5. Lochsägen werden mit ihrem Kreisausschnitt in den Schraubstock eingespannt.

Ganz wichtig ist es jedoch, daß das Sägeblatt bei der Bearbeitung fest und möglichst knapp an der Zahnreihe eingespannt wird. Mit einer Schraubzwinge zwischen stabile Leisten gespannt, kann es auch in der Kreissäge bleiben. Nicht vergessen, den Netzstecker aus der Steckdose zu ziehen!

Spannt man das Blatt in eine Feillade, ist die Bearbeitung einfacher. So eine Hilfsvorrichtung für Handsägen, aus stabilem 15 Millimeter Mehrschichtsperrholz, hat außen Tragleisten zum Einspannen in die Spannzange der Hobelbank. Die aufgeleimten Spannleisten aus Hartholz sollen etwa 1 Millimeter hinterschnitten sein, damit sie dicht schließen. Ein aufgeschraubter Zapfen dient als Träger für das Blatt. Eine eigene Feillade für Kreissägeblätter kann eine bogenförmige Oberkante haben. Damit sich mehr Zähne hintereinander, ohne umzuspannen zu müssen, bearbeiten lassen.

Werkzeugkasten

Feinsägenschärffeile, Kreissägenschärffeile, Halbrundfeile einhiebig, Schränkeisen

Text und Fotos: Dietrich Engelhard

3. So werden die rechten Zähne bearbeitet. Im übrigen nur im geraden Bereich Feile ansetzen.

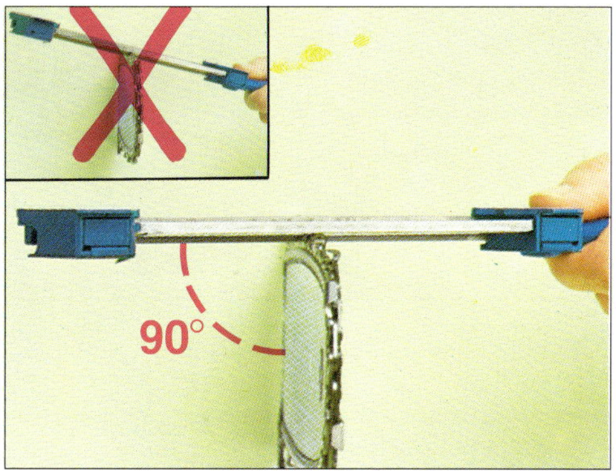

4. Das Schärfgerät sollte immer rechtwinkelig zum Schwert aufgelegt und bewegt werden.

5. Zwischen Gerät und Schwert sollen 55 Grad liegen. Feile mit zwei Händen parallel führen.

6. Die runde Feile schärft den Zahn, die breite (gleich rechts daneben) den Tiefenbegrenzer.

Zahn beim Sägen nicht tief ins Holz frißt. Zwischen Zahndach und Tiefenbegrenzernase liegen bei einer neuen Kette je nach Hersteller 0,5 bis 1,2 Millimeter. Dieser Abstand muß gewahrt bleiben. Mit dem Schärfgerät werden nun Zahn und Begrenzer in einem Arbeitsgang um die selbe Materialstärke abgeschliffen. Damit jedoch die anfängliche Rundung des Tiefenbegrenzers wiederhergestellt wird (die Tiefenbegrenzerfeile begradigt ja), muß diese nach jedem dritten Schleifvorgang gesondert nachgerundet werden, damit die Säge mit der Zeit nicht holpert.

Bevor Sie eine Kette schärfen und eine Feile kaufen, sollten Sie den Gerätetyp und das Maß der Kettenteilung notieren, da jede Säge ihre spezielle Feile verlangt. Die vier gängigsten Maße sind 1/4", 0,325", 3/8", 0,404", und erst mit dem darauf abgestimmten Feilendurchmesser ergibt sich die optimale Zahnschärfung. ■

Werkzeugkasten

Pferd-Kettensägeschärfgerät Chain Sharp KSSG 90 oder 91.

Fotos: Pferd-Rüggeberg

Profitips

Hobeleisen schärfen

Wenn Hobel stopfen und keine sauberen Späne mehr produzieren, ist es Zeit, das Hobeleisen wieder nachzuschleifen.

Zum Schleifen von Hobeleisen verwendet man am besten einen Schleifbock mit Spannvorrichtung, die das Einhalten des richtigen Schleifwinkels erleichtert. Hobeleisen werden mit einem Schneidenwinkel von zirka 25 Grad angeschliffen. Das entspricht einer Schneidenlänge von etwa 6,5 bis 7 Millimetern bei einem drei Millimeter dickem Hobeleisen. Achten Sie darauf, daß nicht hohl oder rund geschliffen wird. Hohl angeschliffene Schneiden brechen bei Belastung leicht ab, rund geschliffene Fasen verschlechtern die Hobelqualität und machen im Extremfall das Hobel gar unmöglich.

Schleifen Sie das Hobeleisen am besten auf einer weichen Topfscheibe und achten Sie darauf, daß sich das Hobeleisen durch die Reibung beim Schleifen nicht zu sehr erwärmt und verbrennt (Blaufärbung der Schneide). Schleifen Sie deshalb nur mit geringem Druck, oder verwenden Sie Kühlmittel. Die Schleifscheibe bewegt sich stets gegen das Hobeleisen, nicht umgekehrt.

Anschließend den beim Schleifen entstandene Grat durch Abziehen entfernen, „ermüden", wie der Fachmann sagt. Hierzu gibt es verschiedene Möglichkeiten. Die klassische Methode ist das Abziehen auf einem Belgischen Brokken oder einem Ölstein. Es geht aber auch an einer Gummischeibe eines Schleifbocks oder wie in unserem Beispiel an einem Lederabziehband. Das wichtigste beim Abziehen ist der stetige Wechsel zwischen den beiden Seiten des Hobeleisens. Die der Schneide gegenüberliegende Seite wird flach auf dem Abziehstein hin- und herbewegt beziehungsweise an das Lederband gehalten. Die Schneidenseite wird dagegen steiler gestellt als beim Anschliff, dadurch entsteht an der Spitze eine zweite, kaum sichtbare Schneide. Bei den meisten Hobelarten empfehlen die

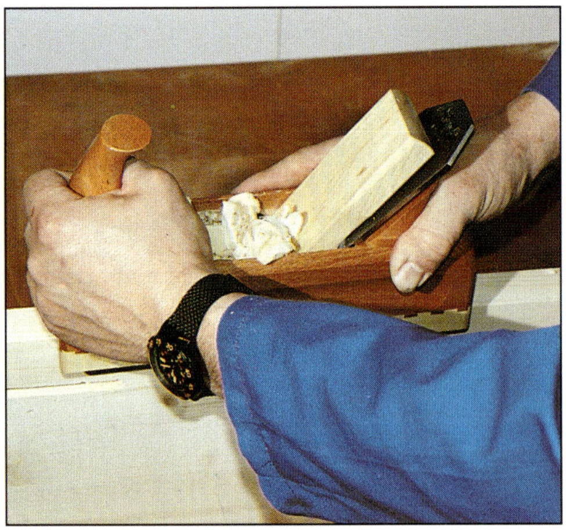

1. Wenn der Hobel keinen sauberen Span mehr liefert, sondern „stopft", ist das Hobeleisen unscharf oder schlecht eingestellt. Wir zeigen, wie Sie mit wenig Aufwand, ein Hobeleisen selber schärfen können.

2. Durch seitliches Drücken des Keils läßt sich das eingespannte Hobeleisen lösen.

3. Beim Doppelhobel muß zuerst die auf dem Hobeleisen sitzende Klappe entfernt werden.

Profitips

Flachmeißel richten

Ein stumpfer Meißel macht das Arbeiten mühevoll, ein Bart am Meißelkopf ist zudem noch gefährlich. Sorgen Sie also für ein stets intaktes Werkzeug.

Beim Meißeln gilt die Regel: Härteres Material bearbeitet weicheres Material. Die Meißelspitze muß demzufolge härter sein als beispielsweise eine Mauer, der Kopf jedoch muß weicher sein als die Hammerbahn, die auf ihn einschlägt.

Die Meißelspitze ist deshalb gehärtet, wird aber durch ihre kleine Kraftübertragungsfläche dennoch mit der Zeit stumpf. Der Kopf herkömmlicher Meißel ist unbehandelt und weicher als der Hammer - so werden zu starke Vibrationen und gefährliche Absplitterungen vermieden. Das führt natürlich unweigerlich zur Deformation, ein sogenannter Meißelbart entsteht. Dieser ist stark ausgefranst und kann zu schweren Verletzungen führen. Gleichzeitig ist er oben abgerundet, das heißt, der Hammer kann leicht abrutschen.

Mit Hilfe einer Schleifmaschine muß der Meißel also immer wieder in Form gebracht werden. Gut geeignet ist eine Doppelschleifmaschine mit Schleifscheiben unterschiedlicher Körnung. Aber dabei nicht vergessen: Beim Arbeiten an der Schleifmaschine ist das Tragen einer Schutzbrille Pflicht!

Zunächst den Meißelbart entfernen. Nacheinander werden an allen vier Seiten des Meißelkopfes die Überstände abgeschliffen, dann der Kopf geebnet. Dann mit der feineren Schleifscheibe nacharbeiten und alle Kanten leicht brechen. Mit Schleifpapier müssen Sie anschließend sämtliche Grate entfernen.

Die Meißelspitze wird so bearbeitet: Meißel vorne eben schleifen, danach eine neue Schneide anfertigen (Keilwinkel der Fase beim Elektriker-Steinmeißel etwa 70 Grad). Bei hohem Andruck auf die Schleifscheibe besteht die

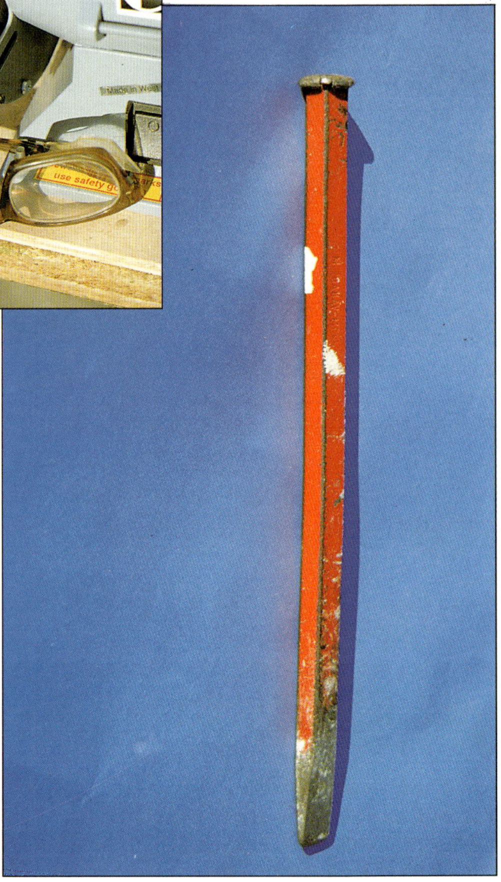

1. Jeder Handwerkslehrling lernt's: Ein Meißelbart ist gefährlich und muß entfernt werden. Beim Arbeiten an der Schleifmaschine immer eine Schutzbrille tragen!

4. Mit einem verstellbaren Schleifschuh läßt sich der 25 Grad-Winkel einfach erzielen.

5. Zum Abziehen wird zuerst die Rückseite flach auf das Lederband gehalten, dann...

6. ...die Schneide in steilerem Winkel abziehen. Beide Schritte immer wieder abwechseln.

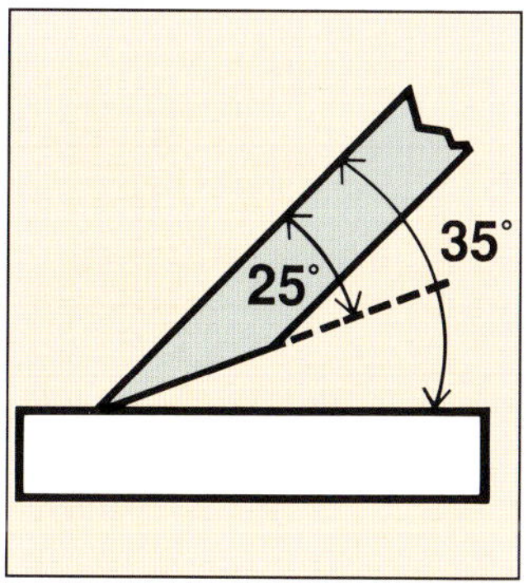

7. Das Hobeleisen mit etwa 25 Grad anschleifen und die Spitze mit 45 bis 48 Grad abziehen.

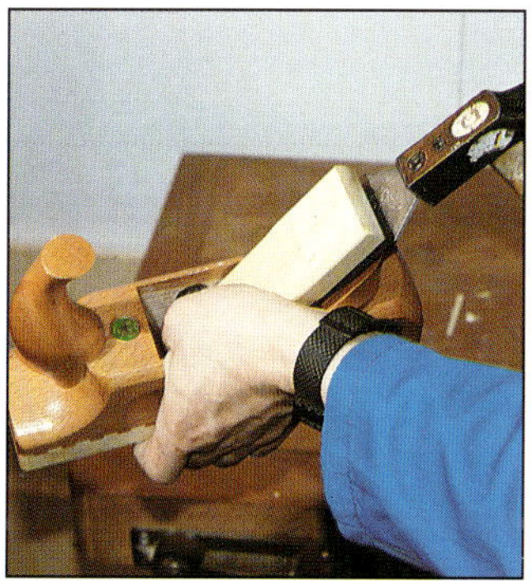

8. Den Keil einstecken und das Hobeleisen mit leichten Hammerschlägen nach vorn treiben.

9. Durch Schlagen auf den Metallknopf an der Hobelrückseite kommt das Eisen wieder zurück.

Hersteller Winkel von etwa 45 bis 48 Grad. Diese beiden Vorgänge müssen solange wiederholt werden, bis an der Schnittkante kein Grat mehr zu spüren ist. Dann kann das Hobeleisen wieder soweit eingesetzt werden, daß es noch nicht aus der Hobelsohle herausragt. Die Fase muß dabei nach hinten zeigen. Den Keil einstecken und mit einem Hammerschlag festklemmen. Mit leichten Hammerschlägen kann jetzt das Hobeleisen nach vorn getrieben werden. Zwischendurch immer wieder über die Hobelsohle schauen, um zu prüfen, ob die gewünschte Spandicke bereits erreicht ist und die Schneide auch parallel zur Hobelsohle steht. Ist das Hobeleisen zu tief eingestellt, läßt es sich mit einigen Schlägen auf den Schlagknopf hinten am Hobel wieder zurückholen. Zum Schluß das Hobeleisen mit einem angemessenen Hammerschlag auf den Keil sicher befestigen. ■

Werkzeugkasten

Schleifbock mit Korundschleifstein, Abziehstein, -scheibe oder Lederband, Hammer.

Text und Fotos: H-A Losch

2. Zuerst den Meißelbart entfernen. Der Materialüberstand wird nacheinander...

3. ... an allen vier Seiten jeweils bis zur planen Fläche weggeschliffen.

4. Die Kanten leicht brechen und alle Grate mit Schleifpapier entfernen.

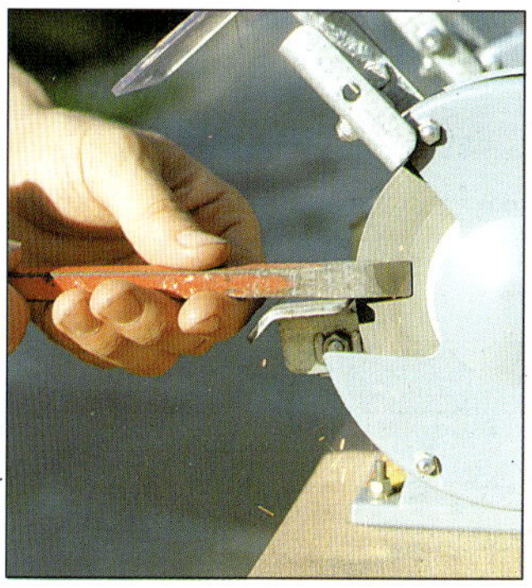

5. Schneide vorn eben schleifen, dann beidseitig mit sanftem Druck schärfen.

6. Damit das Material nicht ausglüht und weich wird, immer wieder in Wasser abkühlen.

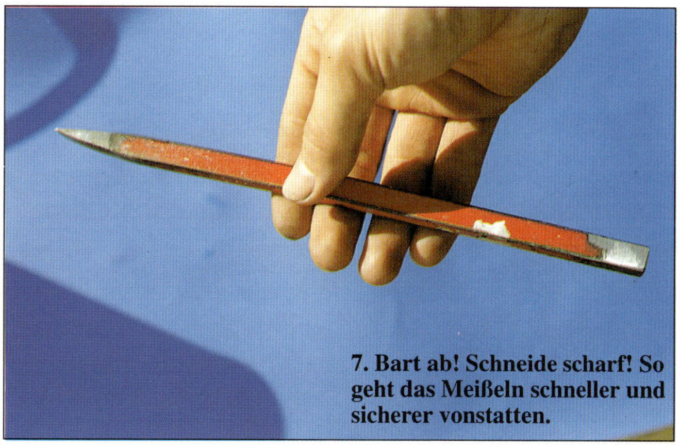

7. Bart ab! Schneide scharf! So geht das Meißeln schneller und sicherer vonstatten.

Gefahr des Ausglühens. Deshalb das Werkzeug nur mit leichtem Druck an der flachen Seite der Schleifscheibe bearbeiten und immer wieder zum Abkühlen in Wasser tauchen. Blau gefärbtes Material, das durch die Hitzeeinwirkung weich geworden ist, muß weggeschliffen werden. Dann auch hier alle Grate mittels Schleifpapier entfernen. ■

Werkzeugkasten

Schleifmaschine, Schleifpapier, Kühlwasser, Schutzbrille

HERSTELLER- ANSCHRIFTEN UND KONTAKTADRESSEN

AEG, Atlas Copco Tools GmbH, Lahnbeckestraße 2, 45307 Essen, Tel. (0201) 563010

Athmer, Rönkhauser Straße 9, 59757 Arnsberg, Tel. (02932) 4770

Bauta Bauchemie GmbH & Co. KG, 45702 Datteln, Tel. (02363) 33021

Bischoff, Untere Ortsstraße 14, 72270 Baiersbronn, Tel. (07442) 7641

Black & Decker GmbH, Black & Decker-Straße 40, 65510 Idstein, Tel. (06126) 21-0

Bosch GmbH, Gutenbergstraße 4, 70771 Leinfelden-Echterdingen, Tel. (0711) 7982-0

Caparol Farben, Roßdörfer Straße 50, 64372 Ober-Ramstadt, Tel. (06154) 71-0

Clouth Lackfabrik, Postfach 100363, 63003 Offenbach, Tel. (069) 89007-0

Coelan-Chemie, Boschstraße 14 - 16, 48653 Coesfeld, Tel. (02541) 2326

Collares Services, Wastop, Dorfplatz 1, 23936 Rodenberg, Tel. (038824) 3001

Döllken & Co. GmbH, Ruhrtalstraße 71, 45239 Essen, Tel. (0201) 84930-0

Elu International, Black & Decker-Str. 40, 65510 Idstein, Tel. (06126) 210-0

Fischerwerke, Postfach 52, 72178 Waldachtal, Tel. (07443) 12-0

G + H Isover, Dr.-Albert-Reimann-Straße 20, 68526 Ladenburg, Tel. (0621) 4701-0

Glasurit, Postfach 6123, 48136 Münster, Tel. (02501) 143302

Henkel, Henkelstraße 67, 40191 Düsseldorf, Tel (0211) 797-0

Hobby-Time Bastel-System GmbH, 88099 Neukirch, Tel. (07528) 210

ICI-Dulux Lacke GmbH, Postfach 140, 40721 Hilden, Tel. (02103) 771

Knauf Westdeutsche Gipswerke, Postfach 10, 97343 Iphofen, Tel. (09323) 31-1

Lehnartz, Jägerwald 3, 42897 Remscheid, Tel. (02191) 60505

Leinos Naturfarben, Weilenburgstraße 29, 42579 Heiligenhaus, Tel. (02056) 2861

Lux GmbH, Postfach 1610, 42929 Wermelskirchen, Tel. (02196) 8600

Martor-Argentax, Postfach 100387, 42648 Solingen, Tel. (0212) 25805-0

Molto GmbH, Postfach 1120, 35790 Löhnberg, Tel. (06471) 604-1

Nr. Sicher, Goebenstraße 15, 44135 Dortmund, Tel. (0231) 5569070

Osmo, Postfach 6340, 48033 Münster, Tel. (0251) 6920

Overmat Industries GmbH, Postfach 2105, 48510 Nordhorn, Tel. (05921) 14703

Owatrol, Nor-Agent Borlaug, Bargteheider Str. 80, 22143 Hamburg, Tel. (040) 6773072

Pferd-Werkzeuge, Hauptstraße 13, 51709 Marienheide, Tel. (02264) 90

Pyro-Schmitt GmbH, Goethestraße 3, 67591 Offstein, Tel. (06243) 5596

Quick Mix Gruppe, Postfach 3205, 49022 Osnabrück, Tel. (0541) 601-01

Rakso, Oscar Weil GmbH, Postfach 2420, 77914 Lahr, Tel. (07821) 9396-0

Remmers Chemie GmbH & Co., Postfach 1255, 49619 Löningen, Tel. (05432) 83-0

Renova, Rudolf-Diesel-Straße 5, 89312 Günzburg, Tel. (08221) 33000

Saar-Gummiwerk GmbH, 66687 Wadern, Tel. (06874) 69-0

Sadolin Nobel GmbH, Adenauerallee 33, 20097 Hamburg, Tel. (040) 2484550

Sakret GmbH & Co. KG, Friedrich-List-Straße 1, 35398 Gießen, Tel. (0641) 61006

Schillberg, Ökologie in der Regio, 79206 Breisach, Tel. (07667) 7190

Schlüter-Systems GmbH, Schmölestraße 7, 58640 Iserlohn, Tel. (02371) 4302-0

Scotch, 3 M Deutschland GmbH, 41453 Neuss, Tel. (02131) 14-0

SFS Stadler, In den Schwarzwiesen 2, 61440 Oberursel, Tel. (06171) 70020

Skil Deutschland, Postfach 400551, 50835 Köln, Tel (02234) 1839-0

Südwest Lacke + Farben, Iggelheimer Str. 13, 67459 Böhl-Iggelheim, Tel. (06324) 709-0

Teroson GmbH, Hans-Bunte-Straße 4, 69123 Heidelberg, Tel. (06221) 7040

Tesa, Beiersdorf AG, Unnastraße 48, Hamburg, Tel. (040) 569-0

Tox Dübel Werk, 78351 Bodman-Ludwigshafen, Tel. (07773) 809-0

Uhu Vertrieb GmbH, Postfach 1440, 77815 Bühl, Tel. (07223) 2841

Ultrament Chemie, Postfach 230150, 45069 Essen, Tel. (02041) 69090

Uzin-Werk, Georg Utz GmbH & Co.KG, Dieselstr. 3, 89079 Ulm, Tel. (0731) 4097-0

Vosschemie, Postfach 1355, 25431 Uetersen, Tel. (04122) 717-0

Wanit-Universal GmbH & Co.KG, 63120 Dietzenbach, Tel. (06074) 49960

Weyer GmbH & Co.KG, Dieselstraße 26, 42579 Heiligenhaus, Tel. (02056) 593-0

Wiedemeier Bautenschutz, Düsterweg 9, 59494 Soest, Tel. (02921) 82400

Wolf-Geräte, Postfach 860, 57518 Betzdorf, Tel. (02741) 281343